河南省哲学社会科学研究重大课题攻关项目"中国当代重要作家年谱的编制与出版"（WZ01）阶段性成果

国家社会科学基金重大招标课题"期刊史料与20世纪中国文学史"（11&ZD110）阶段性成果

河南省高等学校哲学社会科学创新团队支持计划"报刊史料与20世纪中国文学史"（2012-CXTD-02）阶段性成果

河南省高校科技创新人才支持计划（2013人文社科类）

黄河文明传承与现代文明建设河南省协同创新中心资助

河南省哲学社会科学规划项目（2017BWX007）阶段性成果

河南省博士后基金资助项目

中国当代重要作家年谱丛书 武新军 主编

贾平凹年谱

张东旭 著

中国社会科学出版社

图书在版编目（CIP）数据

贾平凹年谱/ 张东旭著 .—北京：中国社会科学出版社，2018.11
（中国当代重要作家年谱丛书）
ISBN 978 – 7 – 5203 – 3665 – 9

Ⅰ. ①贾… Ⅱ. ①张… Ⅲ. ①贾平凹—年谱 Ⅳ. ①K825.6

中国版本图书馆 CIP 数据核字（2018）第 290838 号

出 版 人	赵剑英
责任编辑	王　曦
责任校对	孙洪波
责任印制	戴　宽

出　　版	中国社会科学出版社
社　　址	北京鼓楼西大街甲 158 号
邮　　编	100720
网　　址	http：//www.csspw.cn
发 行 部	010 – 84083685
门 市 部	010 – 84029450
经　　销	新华书店及其他书店
印刷装订	北京君升印刷有限公司
版　　次	2018 年 11 月第 1 版
印　　次	2018 年 11 月第 1 次印刷
开　　本	710 × 1000　1/16
印　　张	17.75
插　　页	2
字　　数	282 千字
定　　价	78.00 元

凡购买中国社会科学出版社图书，如有质量问题请与本社营销中心联系调换
电话：010 – 84083683
版权所有　侵权必究

总　序

武新军

　　任何种类的历史研究，都离不开史料的积累，编订各类"年谱"则是积累史料的好方法。唯其如此，许多著名的学者才会把"年谱"视为史学研究的重要基础。梁启超曾把年谱视为"国史取材之资"；王瑶先生在新时期之初，也曾提出"由年谱入手，钩稽资料，详加考核，为科学研究提供必要的条件"的设想与规划。

　　在中国当代文学研究领域，史料建设和作家年谱编撰工作的整体滞后，严重影响着文学史研究整体水平的提高。几年前，我在《关于中国当代重要作家年谱的编制的几点想法》一文中曾指出：充分借鉴古代、现代作家年谱编撰的经验，有计划地推进当代重要作家年谱的编制工作，编撰出版一批高质量的作家年谱，可以突破制约当代文学史料建设的"瓶颈"，使其进入良性发展的轨道，可以为中国当代文学史研究的进一步深化奠定坚实的史料基础，并深入论证了系统地编撰作家年谱对于中国当代文学学科发展的意义。

　　近几年来，也有一些学者开始意识到编撰当代作家年谱的重要性，林建法先生在《东吴学术》杂志持续不断地推出当代作家、批评家年谱，并与复旦大学出版社合作，先后出版了苏童、余华、阎连科、范小青、阿来等当代作家的文学年谱。尽管这些已出版的年谱还存在不少问题，但无疑是中国当代文学史料建设工作的一个突出的亮点。

　　我们是在2011年开始着手"中国当代重要作家年谱丛书"的编撰工作的。在课题组反复沟通的过程中，我们逐渐达成了一些基本的共识：作家年谱应该是高水平的研究论著，是在长期梳理、消化史料的基础上浓缩的精华。作家年谱首先应该是对作家本人的研究成果，要通过对史料的精心编排，较为完整地复原作家的生平与创作经历，清晰地呈现出作家思想、文学观念发展转变的轨迹，准确地把握不同时段作家的生活方式、精神状态与写作方式，从而推进和深化对于作家作品的理解。同时，年谱又不仅是对谱主本人的研究，好的作家年谱应该是了解一个时代文学整体风貌的窗口，应该能够通过一个作家的成长环境与成长经历、社会活动和文学活动，整理出尽可能多的文学史发展演变的信息，复原当时文坛复杂的网络结构。只有如此，才能确保本丛书的学术质量和文献参考价值。

围绕上述目标，课题组经过几年的努力，多次聚集开封，召开年谱改稿会，终于完成"中国当代重要作家年谱丛书"（第一辑）的编撰工作。由于研究者学术个性、兴趣的差异，几本年谱在个性和风格上虽略有不同，但在研究内容、方法和整体目标上，却有着以下几个共同的基本特征：

（1）尽可能地拓展了年谱史料采集的来源。章学诚曾说：年谱是"有补于知人论世之学，不仅区区考一人文集已也"，征引史料的范围狭小，容易导致年谱的内容贫乏。在编制年谱时，我们除了遍寻作家本人的著述外，还广泛查阅与其关系密切的人物（家人、亲友、同事、编辑、研究者）的论著和回忆文章。条件许可的，还围绕相关问题对知情者进行采访，把书面与口述材料结合起来。同时把作家生活、工作所在地的地方史志、文学年鉴、地方文学发展文献、地方文学研究成果等，也纳入了史料采集的范围。面对庞大而散乱的著述，我们也有所侧重：重视作家自述与访谈、书信、日记，这里面有着更多的有价值的历史细节和闪光的碎片；更为重视文章发表的原始刊物和初版本，而不是简单地抄录选集、文集、回忆录、研究论著等。一方面，可以避免以讹传讹，最大限度地减少史料的错误；另一方面，也是为了能有新的发现，发表在刊物上的作品和初版本，带有更多的原初形态，它们是与诞生时的复杂的社会语境联系在一起的，在刊发作品时往往会附有编者按、作家创作谈、批评家与读者评价等，从中更容易发掘出有价值的文学史的信息。

我们也看重各类电子文本，充分利用"中国知网""维普""报刊目录索引""超星发现系统""读秀学术搜索""全国报刊索引数据库"等现代电子检索工具，可以使史料的检索工作事半功倍。但也不能过分依赖电子检索，因为20世纪90年代之前的大量图书文献、许多地方文学报刊，甚至某些名刊大刊，尚未录入上述检索系统。有些"作家传略""作品目录""作品系年"包括部分已经出版的当代作家年谱,更多依赖上述电子检索系统,收入检索系统的篇目,大多被收目,而未录入检索系统的,则只能付之阙如。许多年谱或"准年谱",20世纪90年代之后的材料较为充分,而此前的材料较为薄弱。因此,在编撰当代作家年谱时,要处理好翻阅原始报刊与借用电子检索的关系,使其相互补充,相互资益。

(2) 在描述作家的个人行迹和著述时,力求做到"详尽细致""选精择粹"。所谓"详尽细致",就是在"考订事迹之详""排定年月之细"上见功力。特别是对于作家重要的成长经历,对于作家思想和文学观念的重大转换的过程,要想尽一切办法,逐年逐月乃至逐日进行排查,尽量使其完整,不留空白。作家早年的经历,一般材料比较少,可以简要交代人文、地理、语言环境对作家的影响。对于作家的重要经历,也有穷尽了一切办法,还是不能解决问题的情况,这就需要按照统一的规范"存疑":具体日期考订不清者,则列于该月之末;具体月份不详者,则列于季节之末;季节考订不清者,则列于该年之末。细致地排定年月日,是为了有利于后继者的拾遗补阙。

"详尽细致"并非"巨细靡遗",有些不成功的年谱,过分罗列生活起居等琐碎的事实,反而淹没了作家思想、文学观念变迁的次序。为了避免这一缺陷,我们突出强调对史料要"选精择粹":不能反映作家成长经历的材料,要尽量舍弃;在辑录作家、评论者的著作时,除非具有珍贵的史料价值,一般不做大段的引述;对能够反映出作者思想、文学观念变革的重要文章,则坚持"择要摘录,分年编入"的原则。在摘录时,或仅摘取其一两段,或只摘录几个精彩的句子,旨在深化对作家的理解,并保证年谱不失钩玄提要的功效。

(3) 高度重视作家与同时代的作家、批评家的关系。考究师友渊源、生徒授受,是传统年谱编撰工作的重中之重,我们对此也有所借鉴。在录用同时代作家、批评家的材料时,尽可能简短精练,力避"喧宾夺主"。凡有所征引,必须有助于理解谱主本人成长的环境、社会风气和文学风尚,或者能展示作家、批评家与谱主相互影响、相互促进的关系。为更清晰地呈现谱主思想、文学观念演进的轨迹,当年刊发的重要研究论著,以存目的方式列于该年之末,并遴选最具褒贬之意的观点,摘要录于该年年谱之中。

（4）高度重视重大政治、历史、文化事件，尤其是文学事件对作家的影响。"文变染乎世情"，在作家的生存方式、精神状态、文学观念与时代潮流之间，存在着相互影响、相互制约与相互促进的复杂的纠缠关系，要想理清作家思想和文学观念演变的轨迹及其原因，必须对"时事"与"作家"关系进行全方位的深度挖掘。中国古代和现代作家年谱，凡具有较高史料价值与文献价值的，往往都能够把政治史、文化史与文学的整体风貌勾连起来，使其他研究领域的学者，也能从作家年谱中受益。

（5）高度重视作家与各类文学传媒的关系。如今有过30年以上创作经历的作家，在创作起步、发展乃至成名之后，都对文学出版和文学报刊这类传统媒体有着强烈的依赖关系，出版社和文学报刊的约稿、改稿、刊稿行为，以及他们所召开的笔会、改稿会、研讨会、座谈会、评奖等文学活动，都会对作家的文学观念、写作方式、文学文体、表达方式等产生极其深刻的影响，对此我们予以高度关注，期盼能从这个角度打捞出更多的有意义的历史碎片，为研究者重建文学史的整体性提供重要的材料。当然，我们也没有忽视新兴媒体对作家的影响：在20世纪90年代之前，广播电台是一种强势媒体，许多作家是通过广播而扬名立万的，许多作品是通过空中电波而被广泛认可的。90年代以后，网络影视的迅猛发展，深刻地改变了作家的生存方式与写作方式。在年谱丛书的编撰中，我们对各类传媒与作家的关系进行了深入的发掘，期望能够积少成多，在广泛搜求这类史料的基础上，揭示出文学传媒结构的变革与文学历史发展之间的内在关联。

在整理当代重要作家年谱时，我们都会遭遇一个难题：在20世纪90年代中后期媒体批评崛起之后，作家们频繁地对各类媒体发言，往往会"新见"与"旧识"杂陈，而各类媒体对作家的"访谈"，不顾"创新"而相互"套用"几成普遍现象。对此我们既不能回避，也不能简单地套用，我们更需要在泥沙俱下的媒体批评中"披沙拣金"，寻找作家思想、文学观念发展演变的轨迹。媒体批评的泛滥给史料整理工作所带来的挑战，我们必须认真地面对。

作家年谱的编撰是件非常艰苦的工作，要想一下子做到翔实完整、无所错讹，是非常困难的。许多成功的年谱，都是在反复补充和修订中完成的。唯其如此，中国古代和现代的年谱编撰，才会不断地出现"年谱补编""年谱新编""年谱改编"之类的著作。因此，呈现在大家面前的这套年谱丛书，都可以说是年谱"初稿"或"初编"，遗漏或者失误之处在所难免，我们诚挚地欢迎学界同人批评指正，欢迎在此基础上钩沉补遗，考订错讹，增益完善。就中国当代文学学科而言，作家年谱编撰是一项最基础的工作，只有具有一定的规模，才能够产生良好的效益，我们也期待能够有更多的朋友加入到这项工作中来。

2016 年 2 月 18 日

目 录

一九五二年　出生 …………………………………………… 1

一九五七年　五岁 …………………………………………… 2

一九六四年　十二岁 ………………………………………… 3

一九六六年　十四岁 ………………………………………… 4

一九六七年　十五岁 ………………………………………… 5

一九七〇年　十八岁 ………………………………………… 6

一九七一年　十九岁 ………………………………………… 8

一九七二年　二十岁 ………………………………………… 9

一九七三年　二十一岁 ……………………………………… 10

一九七四年　二十二岁 ……………………………………… 11

一九七五年　二十三岁 ……………………………………… 12

一九七六年　二十四岁 ……………………………………… 13

一九七七年　二十五岁	14
一九七八年　二十六岁	15
一九七九年　二十七岁	18
一九八〇年　二十八岁	21
一九八一年　二十九岁	25
一九八二年　三十岁	31
一九八三年　三十一岁	38
一九八四年　三十二岁	43
一九八五年　三十三岁	49
一九八六年　三十四岁	63
一九八七年　三十五岁	69
一九八八年　三十六岁	74
一九八九年　三十七岁	79
一九九〇年　三十八岁	84
一九九一年　三十九岁	87
一九九二年　四十岁	90

一九九三年	四十一岁	98
一九九四年	四十二岁	114
一九九五年	四十三岁	121
一九九六年	四十四岁	127
一九九七年	四十五岁	137
一九九八年	四十六岁	145
一九九九年	四十七岁	149
二〇〇〇年	四十八岁	155
二〇〇一年	四十九岁	162
二〇〇二年	五十岁	166
二〇〇三年	五十一岁	172
二〇〇四年	五十二岁	176
二〇〇五年	五十三岁	179
二〇〇六年	五十四岁	187
二〇〇七年	五十五岁	194
二〇〇八年	五十六岁	200

二〇〇九年　五十七岁 …………………………………… 204

二〇一〇年　五十八岁 …………………………………… 208

二〇一一年　五十九岁 …………………………………… 212

二〇一二年　六十岁 ……………………………………… 222

二〇一三年　六十一岁 …………………………………… 227

二〇一四年　六十二岁 …………………………………… 239

二〇一五年　六十三岁 …………………………………… 251

参考文献 …………………………………………………… 257

致　谢 ……………………………………………………… 259

后　记 ……………………………………………………… 262

一九五二年　出生

3月16日（农历二月二十一日）　贾平凹出生于陕西省丹凤县金盆乡一个农民家庭。父亲贾彦春中华人民共和国成立前毕业于陕西师范学校，在金盆乡的南寺小学教书。为了纪念贾平凹的顺利出生，父亲为他取乳名贾李平。父辈弟兄四个，到了20世纪50年代中期，贾家22口人还在一口大铁锅里吃饭，县上颁发了"模范家庭"的红匾，直到60年代初才一分为四。①

---

① 孙见喜：《鬼才贾平凹》，北岳文艺出版社1994年版，第7—8页。

一九五七年　五岁

开始上小学。在散文《我的小学》中贾平凹回忆:"五岁那年,娘牵着我去报名,学校里不收,我就抱住报名室的桌子腿哭,老师都围着我笑。最后就收下了,但不是正式学生,是一年级'见习生'。娘当时要我给老师磕头,我跪下就磕了,头还在地上有了响声。"① "我那时最爱语文,尤其爱造句,每一个造句都要写得很长,作业本就用得费……学写大字也是我最喜欢的课,但我没有毛笔,就曾偷偷剪过伯父的羊皮褥子上的毛做笔,老师就送给我一支。我很感激,越发爱起写大字,别人写一张,我总是写两张、三张。老师就将我的大字贴在教室的墙上,后来又在寺庙的高年级教室展览过。她还领着我去让高年级学生参观。"②

贾平凹的启蒙教育是在老一辈人的"乡村夜话"中进行的。夏夜的晚上,一家老小铺席在麦场上,饭后乘凉聊天,是一天之中最轻松舒适的时间。老人口里衔着旱烟杆,慢条斯理地讲述历史人物的故事、改朝换代的情形,以及村中的掌故,小孩子全都竖起耳朵听。"秋收后,他最乐意帮人家剥苞谷。这时候,各家的大人都把自己最精彩的故事讲出来,他们要吸引爱听故事的孩子来给自己帮忙。他们要最早地剥完自家的玉米,以便于收藏。特别是一位邻居老爷爷,他不仅善讲狼和鬼,还能评说薛仁贵征东征西,这故事很长,要从立夏说到立秋。平娃是他最忠实的崇拜者,拿烟取火,端茶水,小脚儿比谁都勤。他缩在人家的膝盖下,整个夏夜全在光棍楼过。"③

---

① 贾平凹:《我的小学》,王永生主编:《贾平凹文集》第11卷,陕西人民出版社1998年版,第307页。
② 同上书,第310页。
③ 王娜:《贾平凹的道路》,太白文艺出版社1998年版,第15页。

一九六四年　十二岁

贾平凹考入商洛镇初级中学,过起了中学寄宿生活。他所在的班级同学成分较复杂,占优势的是镇上干部的子弟,他们穿得好,还梳着分头,骑自行车,条件优越的他们总是用鄙夷的目光看着农民的孩子。贾平凹回顾这段历史时说:"(人以群分)这种现象,过去有,现在依然有,人性天然使然。知识决定着人的素质,钱财可以提高人的境界。城镇的孩子与乡下的孩子智商并没有什么差别,城镇的孩子表现出来的聪明、大方、灵活是因为见多识广,乡下的孩子却因为穷产生自卑、萎缩、胆怯而转为强烈的嫉妒。人越穷越是心思多,敏感而固执。仇恨有钱人,仇恨城市,这就是我们父辈留给我们的基因,而又使我们从孩子时起就有了农民的德性。当我已不是农民,在西安这座城市里成为中产阶级已二十多年,我的农民性并未彻底退去,心里明明白白地感到厌恶,但行为处事中沉渣不自觉泛起。"①

贾平凹此时对写作表现出很浓的兴趣,规定是一周一篇的作文,我几乎一直是一周写两篇。我曾经重写过一位老师为我起草的在全校会议上的讲话稿,也曾经被语文老师关在他的房里替他为别的同学批改作文"。②

---

① 贾平凹:《我是农民》,陕西旅游出版社 2000 年版,第 21—22 页。
② 同上书,第 14 页。

一九六六年　十四岁

"文化大革命"爆发。贾平凹借着"串联"的机会,第一次走出秦岭,到了省城西安。

一九六七年　十五岁

夏　贾平凹结束了中学时代的生活，回家务农。这个结果让贾平凹的父亲很失望："他原本对我是寄了很大的希望的，只说我会上完初中，再上高中，然后去省城上大学，成为贾家光宗耀祖的人物，而现在初中未上完却毕业了，就要一生窝在小山村了，沉重的打击使他多么懊丧与无奈呀！"①　回家务农，贾平凹一天计三工分。而那些女子们每天能挣八工分。贾平凹日后谈到这段经历时说："老农们全不喜爱我做帮手，大声叱骂，作践我。队长分配我到妇女组干活。让那些35岁以上的所有人世的嫉妒、气量小、说是非、庸俗不堪等诸多缺点集于一身的婆娘来管制我，用唾沫星子淹我。"②

---

① 贾平凹：《我是农民》，陕西旅游出版社2000年版，第35页。
② 贾平凹：《自传——在乡间的十九年》，《商州：说不尽的故事》第4卷，华夏出版社1995年版，第512页。

一九七〇年　十八岁

贾平凹的父亲贾彦春被戴上"历史反革命"的帽子，被开除了公职，下放到原籍劳动改造。贾平凹由一个贫下中农成分的党的可靠青年沦为"可教子女"。"革职后，父亲没有了工资，身体又不好，父亲成了反革命分子，政治上完蛋了，工资也突然没有了，生活陷入了极度的困境。生产队分粮时，以往我家是缺劳户，要分口粮必须先交一批粮款的，而那些劳力多可以分红的人家常常是争着为我家垫上；现在，无人替垫款了，家里又没有现钱，高高兴兴地拿着口袋去分粮，粮却不分给我们，扣留在生产队的库房里。"① 贾平凹一直牢记着有一次他去学习班探望父亲的情景："我在一间矮屋前见到了我父亲，他脸色青灰，胡子老长。一见到我两行泪就流下来。父亲没有收（家里带来的）肉片，他说他不想吃，一口也吃不下，只拿了那五包烟。他正要问家里的事，一个麻子脸的人就呵斥着父亲到屋子里去，而推着我出了校后门，铁栅栏门'哐'的一声关了。我趴在铁栅栏门上，瞧见父亲在拐过那间矮屋墙角时回头来看我，麻子脸推了他一下，他的头撞在了墙角棱上。朱自清的《背影》里写到他的父亲微胖的身子从车站月台上翻下的背影，我在中学时读了并没有任何的感觉，后来每每再读，就想起父亲头撞在墙角棱上的一幕，不禁热泪长流。"② 贾平凹在两篇自传性小说——《纺车声声》和《头发》中，专门抒写了父亲的人格魅力及其对自己的影响。

贾平凹报名参军，因体检不合格，参军未果。

家乡丹凤县修建苗沟水库，贾平凹成为水库工地上的美工、播报员，

---

① 贾平凹：《我是农民》，陕西旅游出版社2000年版，第112页。
② 同上书，第108页。

还负责编辑一份刊物《工地战报》。在此期间，他一天记八工分，近乎他在村里劳动的三倍，另外每月还可补助两元钱，这是其他民工所没有的。他曾将刊于战报上的一首诗抄好第一次向报社投稿，以失败告终。①

---

① 孙见喜：《鬼才贾平凹》，北岳文艺出版社1994年版，第19页。

一九七一年　十九岁

贾彦春经过多次上访，得到正式平反，恢复了公职，补发了工资，他从自己在教育局工作的一个学生那里，提前知道停办了几年的大学要招生的消息，贾彦春坚决要贾平凹报考。在父亲的支持下，贾平凹几经周折终于被确定为棣花公社推荐的大学生人选[①]。

[①] 许爱珠：《性灵与启蒙：贾平凹的平平凹凹》，团结出版社，2007年版第33—34页。

一九七二年　二十岁

4月28日　贾平凹经工地推荐，获西北大学录取，开始了他的大学生活。入学后不久，他的第一首长诗《相片》刊登在校刊上。

在大学期间，他广泛涉猎古今中外的文学作品，为后来的文学创作打下了深厚的基础。"我上大学时看过几回《金瓶梅》，找不到全本，所以没看全。《红楼梦》大学时我看过几遍。最初创作时30年代的作家对我影响大些。后来我读拉美作家作品。我不喜欢俄国作家的作品。我有个毛病，别人都看什么我就不看。到现在我也没看过《百年孤独》，因为光听别人说我就知道什么内容了，就不想看了。"①

---

① 孙见喜：《废都里的贾平凹》，陕西人民出版社2013年版，第98页。

一九七三年　二十一岁

8月　贾平凹与大学同窗冯有源合著的《一双袜子》刊于《群众艺术》8月号。从发表《一双袜子》开始使用"贾平凹"这个笔名。贾平凹在《我的小传》一文中解释道："娘呼'平娃'，理想于顺通；我写'贾平凹'，正视于崎岖。一字之改，音同形异，两代人心境可见也。"

《群众艺术》是陕西省群众艺术馆办的公开刊物，费秉勋是责任编辑。贾平凹在《我所认识的几位编辑·费秉勋》一文中写道："他是一位学者，一位批评家，但我一直认作他是一位极好的编辑。十多年前，他还在《群众艺术》杂志社，我的第一个故事《一双袜子》就是他责编的。从那以后我们相识，十多年来我调换了许多单位，他也从编辑部出去当研究生、当大学的先生。但我们的关系一直亲密。我常到他那儿去，请教一些哲学上、美学上的事，他也常到我家来，谈他对我的新作的看法、有什么突破、有什么要极力修正。我们交谈相伴的只有一杯清茶，到吃饭的时候，他就走了。他是一个极严谨的人，不善言笑，反感拉扯吹嘘，与我的性格投合；故有时谈得很热火，忘了饭时睡时。有时则无言而坐，后来就默默地起身走了。一年春节间，我去看他，第一回给他带了一瓶酒、一包糕点，他显得很难堪，他夫人就说：'你和老费可不要兴这个，君子相交淡如水啊。'我不觉脸也红了。他为我的创作写了许多评论，也为我沾惹了许多是是非非。在我创作徘徊不前的时候，他首先发现我的长处在哪里，点明我的突破口；在我创作势头正旺的时候，他又首先发现我的弱点在哪里，提醒我的觉悟。我为有这样一位十多年来时时指导我的编辑而感到幸运。"[①]

9月　短篇小说《小雯和小龙》刊于《群众艺术》第9期。

[①] 王永生主编：《贾平凹文集》第13卷，陕西人民出版社1998年版，第47—48页。

一九七四年　二十二岁

10月　散文《深深的脚印》刊于《西安日报》。"当天夜里，我给父亲写了一封信，告诉了这一重大喜讯，信上说：'我开始有了脚印了！'"① 大学暑假期间，贾平凹回到商洛老家，他在棣花、武关乡间寻访，遍寻当地的风土人情，为他后来"商州"系列的小说创作打下了基础。暑假结束不久，贾平凹的身体出现了问题，经医院检查发现转氨酶偏高，经过诊断，疑是肝炎。回到学校，被隔离，一人住在一间小屋子里。

---

① 贾平凹：《我的台阶和台阶上的我》，《青春》1984年第7期。

一九七五年　二十三岁

贾平凹从西北大学中文系毕业，被分配到陕西人民出版社文艺部工作。这一年，贾平凹在文艺部负责人的带领下，到"烽火大队"体验生活，续写社史《烽火春秋》。根据这段生活经历，他写了小说《岩花》《果林里》等作品。这批小说意境清澈明亮，深受读者欢迎，《果林里》还被改编成连环画。

在此期间，农科所有一对姊妹深得贾平凹喜欢，他依据这段生活，写了短篇小说《满月儿》，后来刊于1978年第3期的《上海文艺》。

2月　短篇小说《鸭司令夜奔》刊于《群众艺术》第2期。

3月　短篇小说《商山枣花》刊于《群众艺术》第3期。

短篇小说《野枣刺》刊于《西安日报》。

6月　短篇小说《弹弓和南瓜的故事》刊于《朝霞》第6期。

12月　短篇小说《队委会》刊于《朝霞》第12期。

短篇小说《两个木匠》刊于《陕西文艺》第12期。

一九七六年　二十四岁

2月　短篇小说《曳断绳》刊于《陕西文艺》第 2 期。
短篇小说《豆腐坊的故事》刊于《群众艺术》第 2 期。

一九七七年　二十五岁

2月　短篇小说《铁妈》刊于《人民文学》第2期。

3月　陕西省作协召开短篇小说座谈会，陈忠实、路遥、贾平凹、王蓬、京夫、莫伸、李凤杰、徐岳、邹志安、王晓新等人参会。

短篇小说《铁手举火把》刊于《陕西文艺》第3期。

4月　散文《农村人物速写》刊于《安徽文艺》第4期。

6月　短篇小说集《兵娃》由中国少年儿童出版社出版，这是贾平凹的第一部作品集。一共六篇作品，五万三千字。所收六篇作品为《荷花塘》《小会计》《小电工》《兵娃》《参观之前》《深山出凤凰》，是从他刊于全国各地刊物上的四十多篇作品中精选出来的。主人公全都是当年的中小学生，他们突出的身份是红小兵、红卫兵。"兵娃"是这部小说集中一篇同名小说的主人公，是一位阶级觉悟特别高、斗争意识特别强的红卫兵小战士。

10月　《短篇四题》刊于《安徽文艺》第10期。

11月　短篇小说《春女》刊于《人民文学》第11期。

12月14日　贾平凹完成短篇小说《满月儿》。

12月　短篇小说《姚生枝老汉》刊于《延河》第12期。

一九七八年 二十六岁

1月 短篇小说《第一堂课》在《上海文艺》第1期发表。

散文《城市晨话》刊于《西安日报》。

2月 短篇小说《清油河上的婚事》刊于《甘肃文艺》第2期。

3月15—25日 《延河》复刊后召开了首次短篇小说创作座谈会。胡采、王汶石、杜鹏程、余念、贺抒玉、董得理、陈忠实、路遥、贾平凹、王蓬、京夫、莫伸、李凤杰、徐岳、邹志安、王晓新等二十余名骨干作者参加会议。《延河》1978年第5期刊出短篇小说座谈会会议纪要《探讨当前文艺创作中的几个问题》以及王汶石的讲话《思想境界及其它》和柳青的《生活是创作的基础》等文章。

3月 短篇小说《满月儿》刊于《上海文艺》第3期,同年获全国首届短篇小说奖。《满月儿》发表后,立即受到评论界的注意。

《满月儿》的责任编辑是唐铁海。1978年秋唐铁海和谷苇代表《上海文学》和《收获》杂志到西安组稿,见到了贾平凹。

《满月儿》获奖,贾平凹的感受可谓跌宕起伏,先是自得自满:"《满月儿》在京获奖,赴京的路上我激动得睡不着,吃不下。临走时我一连写就了七八封信给亲朋众友,全带着,准备领奖的那天从北京发出。"然后是自卑失落:"一到北京,座谈会上坐满了老作家,坐满了新作家,谈谈他们的作品,看看他们的尊容,我的嚣张之气顿然消失,唉,我有什么可自傲的呢?不到西安,不知道山外的世界大小,不到北京,不知道中国的文坛高低,七八封告捷的信我一把火烧了。颁奖活动的七天里,我一语不发。我没什么可讲的,夜里一个人在长安街上走,冷风吹着,我只是走。自言自语我说了许多话,这话我是说给我听的,我不想让任何人知道。所以，直到现在，请原谅我还是不能披露出来。"①

《满月儿》奠定了贾平凹早期的声望。由此开始，贾平凹开始进入文坛的"主流"行列。胡采回忆："他的小说《满月儿》在全国获奖后，每次从北京回来，都跑来看我，谈他自己的感想和收获。谈起话来，虽然还是那样慢声细语、朴实无华，表情还是那样腼腆、老老实实，但显然话是比过去多了，见闻广了，而且在腼腆、谦逊和慢声细语中，含蓄着一种奋发向前的豪情。他诚恳地表示：'党和人民给的荣誉，读者和战友们的祝贺，等于是一把铁锤，锻造我，督促我，增加我奋斗的雄心壮志。'他幽默地说：'我过去很欣赏契诃夫的一句话：大狗叫，小狗也叫。那时，我想：声音可以有大小，只要这声音是自己的，是有自己的真情实感的，也就可以了。现在，对这点，我有了新的理解，一个作者应当努力让自己的声音放大，这是时代、生活、人民的需要啊……'听了平凹的谈话，我明确地感觉到，这一年来，他的思想是显然在成长了。"②

短篇小说《"交待书"上的画》刊于《延河》第 3 期。

4 月 23 日 《瘪棒棒变成黄金珠》刊于《陕西日报》、《城河一片棒枪声》刊于《西安日报》。

4 月 《短篇二题》（《威信》《石头沟》）刊于《甘肃文艺》第 4 期。

5 月 短篇小说《夜话》《派饭》刊于《莲湖文艺》第 5 期。

邹荻帆的《生活之路：读贾平凹的短篇小说》刊于 5 月 23 日的《文艺报》，该文是最早研究贾平凹小说的一篇评论文章。老诗人邹荻帆以诗人特有的敏感，最早发现了这颗文坛新星的光芒。从贾平凹的近三十篇小说里，他欣喜地嗅到了一种新鲜、别样的气息。他认为作品的语言、描写、人物"都是有生活气的、生动的"，同时也诚恳地指出了贾平凹小说艺术表现中过于"单纯"的问题。

6 月 短篇小说《老师不在》刊于《陕西教育》第 6 期。

短篇小说《黎明》刊于《河南文艺》第 6 期。

短篇小说《水》刊于《儿童文学》第 6 期。

短篇小说《深深的秦岭里》刊于《郑州文艺》第 6 期。

---

① 贾平凹：《我的台阶和台阶上的我》，王永生主编：《贾平凹文集》第 12 卷，陕西人民出版社 1998 年版，第 52 页。

② 胡采：《新时期文艺论集》，陕西人民出版社 1983 年版，第 119 页。

短篇小说《第五十三个》刊于《上海文艺》第 6 期。该小说是对"'文革'模式"的突破。如研究者所说:"贾平凹的短篇,大都选材平易,情节简单。说它是诗,更像是一首绝句;说是画,更像是一幅斗方白描。作者努力从生活中撷取精英,把它们纳入艺术花朵所编织的花环,来反映山区农村的时代风貌。""作品来自生活,来自对生活的观察、敏感和热爱,艺术地再现生活的画面,这是贾平凹所刻意追求的艺术道路。"①

7 月 7 日 散文《静静的脚步声》刊于《西安日报》。
7 月 短篇小说《茶壶嫂》刊于《文艺作品》第 7 期。
9 月 短篇小说《保京上任》刊于《延河》第 9 期;
10 月 短篇小说《泉》刊于《安徽文艺》第 10 期。
12 月 短篇小说《眼睛》刊于《陕西少年》第 12 期。
短篇小说《闷姑》刊于《群众文艺》第 12 期。
短篇小说《端阳》刊于《甘肃文艺》第 12 期。

本年度重要研究论文

程德培:《短小简练 清新自然——读〈第一堂课〉〈满月儿〉〈第五十三个〉》,《上海文艺》1978 年第 10 期。

胡采:《关于贾平凹和他的小说》,《文汇报》1978 年 12 月 18 日。

邹荻帆:《生活之路——读贾平凹的短篇小说》,《文艺报》1978 年 5 月 23 日。

---

① 程德培:《短小简练 清新自然——读〈第一堂课〉〈满月儿〉〈第五十三个〉》,《上海文艺》1978 年第 10 期。

一九七九年　二十七岁

3月　散文《夜话》刊于《宁夏文艺》第2期。

4月　短篇小说《林曲》刊于《人民文学》第4期。

中篇小说集《姊妹本纪》由安徽人民出版社出版，这是贾平凹根据烽火大队的生活素材写成的一本小说集。小说分前本、中本、末本三部分，写了姊妹三人的成长过程。作品主题鲜明，立意新颖，语言独具特色，有浓郁的生活气息，写出了秦岭山区人民的精神风貌。

5月13日　短篇小说《结婚》刊于《光明日报》。

5月25日　创作谈《爱和情——〈满月儿〉创作之外》刊于《十月》第3期。贾平凹谈了自己创作《满月儿》的"设计"过程和"创作心得"："一出场要自然，要有场景，以形象抓人"；"时时写进生活情趣，使故事丰腴"；"让月儿和满儿活动，力避'我'来死板介绍，发议论；描绘要细腻，叙述要抒情；产生诗的意境"；"调子要柔和，不要出现成语和歇后语一类太土的话，节奏和音响要有乡下少女言谈笑语式的韵味；结尾要电影式的'淡出'，淡得耐嚼。"他认为《满月儿》的不足是："无论在主题的深化、情节的提炼、人物的塑造上，都明显地暴露了我生活底子薄、思想水平低、文学修养差"。通过《满月儿》的创作，也让他从中体会到了文学创作的乐趣："要搞文学，就要对文学爱；对文学爱了才会爱你文学作品中的人；爱得深了，才会出情；有情就能调动一切因素、一切手段，来塑造你的文学作品中的人了。这样，恐怕才不会被读者说：这篇写得没意思极了。"

5月　短篇小说《进山》刊于《十月》第3期。

短篇小说《结婚》刊于《光明日报》5月13日。

7月　短篇小说《竹子和含羞草》刊于《收获》第4期。

短篇小说《雪夜静悄悄》刊于《上海文学》第4期。

短篇小说《夏夜"光棍楼"》刊于《延河》第 7 期。

短篇小说《春》刊于《北方文学》第 7 期。

短篇小说《最后一幕》刊于《边疆文艺》第 7 期。

9 月 贾平凹、张敏合著的短篇小说《琴声》刊于《奔流》第 9 期。

10 月 19 日 和文友们成立"群木社",贾平凹撰写的"社章"如下:

一、社名:群木。

二、社铭:出路在天空,都要互相拥挤。

三、社圣:文学首先应是艺术,而且必须表现人生;写作不仅立足今天,还应有志占领明天;作品不仅求得发表,更要强调创造发展;讨论鄙视为了自己,推崇促进共同事业;争论反对显示高下,强调团结求真明理。

四、社性:在西安市文联倡导下的自我结合,充分发挥个性,不受权威约束的艺术团体。

五、社室:由文联提供,名曰"聊斋"。

六、社章:以文学为崇高艺术事业而为之献身的,有才华的,做出一定成绩者均可申请入社;须由本社二人介绍,集体讨论,社长批准;半年内停止小说创作的社员应取消社籍;不研究艺术而专弄文坛是非之文痞者,或思想见解有异于本社百分之五十人者,开除社籍。

七、社规:每月发表小说者,每篇至少交纳百分之一稿费为荣誉费;未发者则交奋斗费三角;每礼拜五下午为活动时间,必谈所作或见解;每年评选创作、活动奖各一人,奖励全年社费。

八、社律:入社者,人格文格必高雅;社员者,不准以本社名义在外招摇撞骗;凡进聊斋,必谈艺术,闲人禁入;列席者,须社长邀请;旁听者,经申请后由社长批准;缺席一次,罚款一角。

九、社容:社长二人,经选举由贾平凹、陈忠实担任;秘书一人,由社长指定周矢担任,顾问三人,姚虹、王愚、肖云儒(按年龄大小排列);指导二人,张炳文、贾玉森;社员现有八人:李佩芝、陈忠实、周矢、张敏、赵宇共、郭培杰、高铭、贾平凹(按姓氏笔画排列)。

十、社外:不欲为首,力求独步;志同道合,互依互立;群木成林之日，当是该社解散之时。为巩固本社，数月内暂不扩大社容。①

11月 短篇小说《丈夫》刊于《鸭绿江》第11期。

短篇小说《明日要上课》刊于《少年文艺》第11期。

散文《盼儿》刊于《少年文艺》第11期。

12月 短篇小说《纺车声声》刊于《青春》第12期。

散文《麦收时节》刊于《人民文学》第12期。

贾平凹总结自己1979年的创作时说："这一年，文坛上新人辈出，佳作不断涌现，惊叹别人，对照自己，我又否定起我前一段的作品，那是太浅薄的玩意儿了。我大量地读书，尽一切机会到大自然中去。培养着作为一个作家的修养，训练着适应于我思想表达的艺术形式。我不停地试探角度，不断地变换方式，我出版了几本书，却不愿意对人提起这些书名，不愿意出门见人，不愿意让外人知道我是谁。从夏天起，病就常常上身，感冒几乎从没有间断过。我警告自己：笔不能停下来。当痔疮发炎的时候，我跪在椅子上写，趴在床上写；当妻子坐月子的时候，我坐在烘尿布的炉子边写。每写出一篇，我就大声朗读，狂妄地觉得这是天下第一的好文章，但过不了三天，便叹气了，视稿子如粪土一般塞在抽屉里……"②

本年度重要研究论文

胡采：《关于贾平凹和他的作品》，《文艺报》1979年12月18日。

贾平凹：《爱和情：〈满月儿〉创作之外》，《十月》1979年第3期。

贾平凹：《需要十二分的雄心和虚心——〈满月儿〉写作后感》《延河》1979年第6期。

---

① 张敏：《贾平凹的艰苦岁月》（上），http://www.360doc.com/content/15/0918/18/6433232_499950240.shtml。

② 贾平凹：《我的台阶和台阶上的我》，王永生主编：《贾平凹文集》第12卷，陕西人民出版社1998年版，第53页。

一九八〇年　二十八岁

1月26日　短篇小说《罪证》刊于《人民日报》。

1月　短篇小说集《山地笔记》由上海文艺出版社出版。收入《满月儿》等1979年之前发表的短篇小说37篇。在小说集的序言中，贾平凹说："我清楚，我是在门前的山路上爬滚大的；爬滚大了，就到山上割那高高的柴草，吃山果子，喝山泉水，唱爬山调。山养活了我，我也懂得了山。后来，我进了城，在山里爱山，离开山，更想山了。每隔半个月，就给山里的朋友去信：峁后洼的野百合红了吗？大崖头的山梨花白了吗？"评论家费秉勋在著作《贾平凹论》中称这是贾平凹创作生涯的第一阶段，这一阶段小说创作的重要特点是"浓重的主观抒情"。人们喜欢《山地笔记》，因为它的价值不在客观描写，而在它把一个青年初入世时对生活的感受和愿望真诚地动情地抒写出来："说贾平凹于1977年在创作中发现了自己，是指他寻觅到一个文学角度，得以将他此时的际遇、心境、理想和美学的追求，和谐地表现出来；说他发现了自己同时是指他发现了自己文学表现上的所长，他就能在文坛上以鲜明的创作个性取得存在的价值和地位。贾平凹称得上是一个作家，严格地说就是从这时开始的。他所寻觅到的文学角度，就是以抒情的笔调讴歌事业和爱情。"①在刚刚打倒"四人帮"不久的凋敝的农村里，生产力尚未恢复，贾平凹以赞美的主调来反映一代青年人健康向上的精神面貌，给读者以强烈的共鸣和力量。贾平凹这个时期的作品，"总体上属现实主义文学的范畴"。

贾平凹、冯有源合著的短篇小说《癌症——一个真实的故事》发表于《芳草》第1期。

短篇小说《笛韵》刊于《绿原》第1期。

---

① 费秉勋：《贾平凹论》，西北大学出版社1990年版，第14页。

2月 短篇小说集《早晨的歌》由陕西人民出版社出版,此书获陕西省"第一届优秀图书奖"。和《山地笔记》一样,这个集子中的作品多方面地展示了人物纯真的内心世界。小说语言质朴清新,描述了人们从特定时期走入"新时期"的欢欣喜悦之情。

短篇小说《日历》刊于《朝花》第2期。

短篇小说《牧羊人》刊于《新港》第2期。

3月 短篇小说《提兜女》刊于《上海文学》第3期。

4月 到西安市文联新创办的刊物《长安》编辑部工作。

短篇小说《山镇夜店》刊于《雨花》第4期。

短篇小说《阿娇出浴》刊于《长安》第4期。

5月 短篇小说《青枝绿叶》刊于《雪莲》第3期。

短篇小说《月夜》刊于《芒种》第5期。

短篇小说《夏家老太》刊于《芳草》第5期。

短篇小说《大碗"羊肉泡"》刊于《滇池》第5期。

短篇小说《他和她的木耳》刊于《延河》第5期。

6月 短篇小说《头发》刊于《广州文艺》第6期。

7月 搬至西安北郊的方新村居住。后来他在散文《静虚村记》中详细记载过这里的生活:"方新村村子并不大,屋舍仄仄斜斜,也不规矩,像个公园,又比公园来得自然,只是没有花,被高高低低的绿树、庄稼包围。在城里,高楼大厦看得多了,也便腻了,陡然到了这里,便活泼泼地觉得新鲜。先是那树,差不多没了独立形象,枝叶交错,像一层浓重的绿云,被无数的树桩撑着。走进去,绿里才见村子,又尽被一道土墙围了,兀自立身,并不占瓦,却完好无缺,生了一层厚厚的绿苔,像是庄稼人剃头以后新生的青发。拢共两条巷道,其实连在一起,是个'U'形。屋舍相对,门对着门,窗对着窗;一家鸡叫,单声儿持续半个时辰;巷头家养一条狗,贼便不能进来,几乎都是茅屋,并不是人家寒酸,茅屋是他们的讲究;冬天暖,夏天凉,又不怕被地震震了去。从东往西,从西往东,屋架撑得最高的,人字形搭得最起的,就是我的家了。"[①] 贾平凹在方新村住了一年半。

[①] 贾平凹:《静虚村记》,范培松编:《贾平凹散文选集》,百花文艺出版社2009年版,第5页。

7月10—20日 《延河》编辑部组织陕西省老、中、青作家在陕西省太白县召开农村题材短篇小说创作座谈会。胡采、陈忠实、路遥、贾平凹、王蓬、京夫、邹志安、王晓新、蒋金彦、肖云儒、李星、蒙万夫等作家与评论家20余人参加会议，会议历时10天。时任《陕西日报》记者的肖云儒评论："这是一次深入到艺术创作过程去指导创作的会，领导创作就要这样切实地领导。"

7月29日 《文艺报》编辑部为了解各地反映农村生活创作情况，派人到陕西调研，作协西安分会召开农村题材创作漫谈会。出席会议的有陈忠实、路遥、贾平凹、邹志安、王晓新、蒋金彦、韦昕、王愚等，《延河》主编王丕祥主持会议，《文艺报》编辑雷达出席会议。

7月 短篇小说《春愁》刊于《花溪》第7期。

8月 短篇小说《空谷箫人》刊于《上海文学》第8期。

短篇小说《饭间》刊于《春风》第8期。

9月13日 偶遇日本画家东山魁夷的名作《冬花》。引发内心的无限感慨，专门在散文《冬花》中描述："像在千里之外遇见了知音，像浪迹的灵魂突然寻到了归宿。""那画儿描绘的是一个冬夜。天上有一轮月亮，满满圆圆的，又在中天，可见是十五夜晚的子时。没有一点杂云，也没有一颗星星，占去了画面的二分之一的空间。月亮却还是不亮，淡极，白极……多么冷的夜晚啊，月亮欲明未明，世界在朦胧中虚去了，淡去了，只有树的存在……"

9月 短篇小说《雨后》刊于《天津日报》主办的《文艺增刊》第4期。

短篇小说《地震——1976年的一个故事》刊于《北京文学》第9期。

短篇小说《瓦罐》刊于《长安》第9期。

10月 短篇小说《七巧儿》刊于《新港》第10期。

短篇小说《上任》刊于《延河》第10期。

11月 短篇小说《鲤鱼杯》刊于《解放军文艺》第11期。

散文《月迹》刊于《散文》第11期。

12月23日 短篇小说《在姚村》刊于《光明日报》。

本年度重要研究论文

丁帆：《读贾平凹作品的描写艺术》，《文学评论》1980年第4期。

费秉勋：《试论贾平凹小说的艺术风格》，《延河》1980年第8期。

费秉勋：《贾平凹新作浅议》，《光明日报》1980年10月22日。

薛迪之：《〈山地笔记〉的艺术笔法》，《长安》1980年第10期。

阎纲：《贾平凹和他的短篇小说》，《光明日报》1980年2月6日。

一九八一年　二十九岁

1月　《延河》1981年第1期推出"陕西青年作家小说专号"。有莫伸的《雪花飘飘》、路遥的《姐姐》、王晓新的《邻居琐事》、邹志安的《喜悦》、陈忠实的《尤代表轶事》、王蓬的《银秀嫂》、贾平凹的《病人》、李天芳的《我们学校的焦大》以及京夫的《深山明月》。这期"专号"标志着陕西第二代作家崭露头角、集体走向中国文坛。评论家曾镇南认为陕西的青年作家坚持了我国小说的现实主义传统，"他们把自己的根须，深深扎入生活的土壤，以朴实、锋利的笔，向现实的深处开掘，在思想上严肃追求，艺术形式上不尚花巧。"同时，他也指出了陕西青年作家"创作视野狭窄"和"艺术想象力和艺术形式创新的胆力稍逊"的不足。文章还特别对"专号"中贾平凹的小说《病人》进行评价，认为贾平凹"想在艺术上有所追求，特别在用字遣词上刻意研磨"，"但有的篇什，缺乏生活，风格趋于空灵，描写流于细巧，也就不能给读者以一种强烈的感动了"。①

短篇小说《野火》刊于《奔流》第1期。

短篇小说《老人》刊于《当代》第1期。

散文《溪》刊于《芒种》第1期。

2月　短篇小说《下棋》刊于《北京文学》第2期。

短篇小说《亡夫》刊于《长安》第2期。

3月5日　参加西安市文联、市总工会、团市委、中国作协西安分会联合召开的茶话会。作协西安分会主席胡采，市文联副主席杨公愚，市总工会副主席葛瑜，陕西师范大学马家骏、高海夫，西北大学石昭贤、

---

① 曾镇南：《向现实的深处开掘——读〈延河〉陕西青年作家小说专号》，《延河》1981年第3期。

蒙万夫、张华,作家毛锜、晓雷等出席会议。

3月 短篇小说《水月》刊于《上海文学》第3期。

4月 中篇小说《二月杏》刊于《长城》第4期。

《二月杏》发表后,受到评论界批评,也引起了争议。引起争议的主要方面,是小说在处理历史错误遗留下来的心理创伤,对造成主人公性格上的扭曲影响是不是可信,是不是有典型性。有人认为小说的感情基调太伤感压抑,似乎不太利于文学的健康发展,如臻海认为《二月杏》提供给人们的是一幅"被歪曲、丑化了的,色调灰暗的生活图画","小说的悲剧收场并不是生活发展情节的客观逻辑所使然,它宣扬一种没有前途、没有出路、无可奈何的悲观主义情绪。"① 陈深认为贾平凹这时期的作品"在认识、评价、把握生活上不够准确,表现的思想比较消极,他写人物的精神创伤,以至于在痛苦中不能自拔;他写人物命运的坎坷,以至于很难看到生活出路;他否定尘世的污浊,以至于有时候否定了人生的意义。"② 费秉勋则认为《二月杏》的可贵之处是"把时间背景放到这两个人那些关键性的生活变故之后,让他们和生活发生关系,把他们作为生活的化学试剂,让生活在他们身上发生反应,从而写出他们带着旧的伤痕怎样在生活的浪涛中挣扎浮沉,内心隐秘的感情怎样激越地涌动"。但是由于"对生活的展望显然太伤感,不切合生活本身的基调"③。

另外,据《地质报》第230期(1982年3月8日)报道,"由于这篇小说涉及了地质队的工作以及地质工作者的生活,在地质职工中引起了很大反响。"该报编辑部于2月在北京召开座谈会,讨论《二月杏》的意义。座谈会上,一些人指出:"《二月杏》的思想主题是消极的不正确的,把地质工人的像画歪了。作品描写的环境是不真实的,艺术上也是不真实的,而且是自然主义地表现社会,作品的社会效果不好。认为作家的创作态度不够严肃,创作上的探索也是失败的。"据资料记载,贾平凹于5月4日在西安市文联秘书长刘大鹏陪同下专程到陕西省地质局"征求意见",表示"要根据批评意见把《二月杏》好好修改一下",要

---

① 臻海:《揭出病苦应是为了疗救——评中篇小说〈二月杏〉》,《工人日报》1982年3月26日。
② 陈深:《把生活的井掘得更深——贾平凹小说创作直观论》,《延河》1982年第4期。
③ 费秉勋:《贾平凹一九八一年小说创作一瞥》,《延河》1982年第4期。

"取得地质职工的谅解,不然就说不过去。"①

《长城》杂志也在1982年第3期发表了《对〈二月杏〉的批评意见》等文章。

4月30日 散文《一棵小桃树》刊于《天津日报》。在这篇文章中,贾平凹表达了自己复杂的心迹:"雨却这么大地下着,花瓣儿纷纷零落去。我只说有了这场春雨,花儿会开得更艳,香味会蓄得更浓,谁知它却这么命薄,受不得这么大的福分,受不得这么多的洗礼,片片付给风了,雨了!我心里喊着我的奶奶。雨还在下着,我的小桃树千百次地俯下身去,又千百次地挣扎起来,一树的桃花,一片,一片,湿得深重,像一只天鹅,眼睁睁地羽毛剥脱,变得赤裸的了,黑枯的了。"此文受到了老作家孙犁的褒奖,孙犁在4月30日当日写下的《读一篇散文》(后刊于《人民日报》1981年7月4日)中称赞贾平凹散文的"短",他说:"贾平凹同志这篇散文,却写得很短。形式也和当前流行的不一样。"称赞其"是一篇没有架子的文章。""好文章,短小是一个重要条件。""这篇散文的内容和写法,现在看来也是很新鲜的。但我不愿意说,他在探索什么,或突破了什么。我只是说,此调不弹久矣,过去很多名家,是这样弹奏过的。它是心之声,也是意之向往,是散文的一种非常好的音响。"②

5月28日 短篇小说《在一个小镇的旅店里》刊于《天津日报》。

5月 小说集《贾平凹小说新作集》由中国青年出版社出版(收入短篇小说24篇)。这一时期的创作,其思想深度大大超过了他以前的作品,许多作品如《山镇夜话》《夏家老太》等或多或少地受到了鲁迅小说的影响,在一幅幅生动的风俗画的描述过程中,勾勒了活泼的人物群像,通过这些人物群像的举止、言谈、情态、心理,挖掘了当代农民身上几千年封建历史遗留下来的国民劣根性。在序言《溪流》一文中,贾平凹充满感情地抒发了自己对商州山山水水的热爱:"我愈来愈爱生我养我的山地了。就像山地里有着纵纵横横的沟岔一样,就像山地里有着形形色色的花木一样,我一写山,似乎思路就开了,文笔也活了。我甚至觉得,

---

① 苏剑咏:《〈二月杏〉发表后受批评,贾平凹走出门听取意见》,《中国青年报》1982年6月17日。

② 孙犁:《孙犁全集》第六卷,人民文学出版社2004年版,第42页。

我的生命，我的笔命，就是那山溪哩。虽然在莽莽苍苍的山的世界里，它只是那么柔得可怜、细得伤感的一股儿水流。"

短篇小说《哥俩》刊于《文汇月刊》第5期。

散文《陈炉》刊于《散文》第5期。

散文《钓者》刊于《绿原》第3期。

6月25日 参加中国作家协会西安分会在西安举行的茶话会，祝贺陕西30多位作家的36篇（部）文学作品获奖。参加会议的有中青年作家莫伸、陈忠实、郭京夫、路遥、李凤杰、毛锜、刘斌等人。

6月 短篇小说《镜子》刊于《南苑》第6期。

7月 短篇小说《马大叔》刊于《芒种》第7期。

短篇小说《香椿芽儿》刊于《奔流》第7期。

短篇小说《生活》刊于《长安》第8期。

散文《丑石》刊于《人民日报》7月20日。

散文诗《在这块土地上》刊于《延河》第7期。

8月 短篇小说《乡里舅家》刊于《河北文学》第8期。

散文《鸟巢》刊于《人民文学》第8期。

散文《夜游龙潭寺》刊于《散文》第8期。

9月 短篇小说《厦屋婆悼文》刊于《十月》第5期。

短篇小说《任小小和他的舅舅》刊于《泉城》第9期。

短篇小说《文物——一个过去的童话》刊于《上海文学》第9期。

短篇小说《年关夜景》刊于《安徽文学》第9期。

10月 短篇小说《好了歌》刊于《北京文学》第10期。

该文发表后遭到了"读者"和"有关重要人物"的批评：在1982年的《北京文学》第3期上，发表了两封"读者来信"。一封署名为"武汉钢铁公司大冶铁厂一读者"，"来信"中说，在《好了歌》中，"看不到正义的力量，看不到新旧社会的区别，更看不到工厂和农村党组织的存在！哪里还有一点新时代的气息？"另一封署名为"湖北王石羊"的读者在信中说："一个过于善良、诚实的人反而遭到这母女（近乎妓女）俩无情的嘲弄，弄得到头来'老婆没老婆，产业没产业，名声没名声'，难道小说要告诉我们：为人要狡猾些，在我们周围坏家伙是不算少数吗？"据作家白描在散文《在故乡种棵树——对一位长者的追思》中的记载，贾平凹的《好了歌》发表后，"招致了一些重要人物的严厉批评，搞得平凹灰头耷脑,很是伤心。若冰一直认为平凹是个难得人才,不能因为创作上的某种探索和实验就损伤他的热情和自信,他让我转告平凹,一定要振作起来,指示我《延河》仍应该继续向平凹约稿。"①

短篇小说《晚唱》刊于《文学报》10月14日。

小说发表后,遭受争议。于朝贵在《格调低沉 立意失真——评〈晚唱〉》一文中认为《晚唱》是一篇"立意不高,格调低沉,感情压抑"的小说,"小说的气氛与我们这个努力奋进的时代格格不入。""(主人公——编者注)这样一个浸透了封建礼教污秽的灵魂,在二十世纪八十年代的中国,恐怕是不可能存在的。"甚至质疑作家构思这个形象的初衷,是根据"某一个概念"或者"某一个主题"。②梁建兴在《形象鲜明 讽刺真切——读贾平凹小说〈晚唱〉》一文中认为"整篇作品结构严谨,语言简明,比喻恰当,讽刺真切"。"整篇作品的用意在于有力地鞭挞和批判一些旧型的知识分子,他们落后于形势,跟不上社会主义建设事业的要求",所以说,"贾平凹是一位出色的心理学家,以他高超的技巧和洞察力,来解剖着人物的复杂心理。"③

散文《云雀》刊于《长安》第10期。

散文《观沙砾记》刊于《人民日报》10月14日。

散文《地平线》刊于《人民日报》10月24日。

11月 短篇小说《沙地》刊于《延河》第11期。

散文《冬花》刊于《草原》第11期。

12月 短篇小说《在鸟店》刊于《长安》第12期。

散文《冬景》刊于《散文》第12期。

散文集《风里唢呐》由中国戏剧出版社出版。

本年度获奖作品:

创作谈《爱和情——〈满月儿〉创作之外》获《十月》文学杂志首届"文学创作奖"。

---

① 陕西省文学艺术界联合会编:《李若冰纪念文集》,三秦出版社2007年版,第43页。
② 于朝贵:《格调低沉 立意失真——评〈晚唱〉》,《文学报》1981年11月19日。
③ 梁建兴:《形象鲜明 讽刺真切——读贾平凹小说〈晚唱〉》,《文学报》1981年11月19日。

本年度重要研究论文

梁建兴：《形象鲜明 讽刺真切——读贾平凹小说〈晚唱〉》，《文学报》1981年11月19日。

王愚、肖云儒：《生活美的追求——贾平凹创作漫评》，《文艺报》1981年第12期。

晓蓉、李星：《深入农村写变革中农民的面貌和心理——在西安召开的农村题材小说创作座谈会纪要》，《文艺报》1981年第22期。

夏康达：《读贾平凹的两篇近作》，《天津日报》1981年7月16日。

孙犁：《读一篇散文》，《人民日报》1981年7月4日。

于朝贵：《格调低沉 立意失真——评〈晚唱〉》，《文学报》1981年11月19日。

一九八二年　三十岁

1月　诗歌《老树》刊于《延河》第 1 期。
短篇小说《房东》刊于《泉城》第 1 期。
短篇小说《春天》刊于《鹿鸣》第 1 期。
短篇小说《退婚》刊于《文艺》第 1 期。
散文《爱的踪迹》刊于《芒种》第 1 期。

2月10—13日　在陕西省作协主席、党组书记胡采的安排和领导下，"笔耕"文艺研究组在西北大学图书馆召开了"贾平凹近作研讨会"。

对贾平凹1981年以来的近期创作，大家认为艺术技巧上比较圆熟，但对其思想倾向等问题的认识，则有较大的分歧，一种意见认为："贾平凹的近作，有一部分仍然保持了以往创作的特色，基调是积极、健康、向上的。但有一部分作品，思想倾向上出现了一些偏差，从过去写美人美事美景，到写丑人丑事丑景，怪人怪事怪景。他写人物的精神创伤，以至于在痛苦中不能自拔；他写人物命运的坎坷，以至于有时很难看到生活出路。""作者对什么是生活、对生活抱什么态度、生活的归宿在哪里这三个问题的回答，都是不够正确的。他追求的是一种类似超脱现实的宗教境界，表现了一种消极的出世思想和对生活的冷漠态度。"李星认为贾平凹这些小说"浸透着消极失望等灰暗情绪"，"导致了对生活本质的歪曲"，"背离了文学引导人们正确认识生活、指引生活的神圣职责"。

有的同志认为，贾平凹的思想不是出世而是入世。他近来反映的生活越来越广，越来越深，越来越复杂，他在思考生活，触及社会，探索人生，解剖灵魂，企图把生活的本来面目，真实地暴露在读者面前。有的同志说，贾平凹作品中所暴露的，是别人没有注意的、我们民族性格中不光彩的一面。有的作品的主人公失败了，但不是败给哪一个人，而是败给了民族的惰性。它告诉读者需要改造的是造成社会弊端的土壤。

从某种意义上说，这种作品意义更大。

贾平凹在创作中，遵循的是什么创作方法？绝大部分同志认为，贾平凹在艺术探索中，比较注意吸收中国古典艺术的优秀传统，吸收国外各种艺术流派可供借鉴的经验，但就其基本倾向看，仍是按革命现实主义的方法进行创作的。另一种意见说，贾平凹的创作，开始表现出对革命现实主义、革命浪漫主义的偏离，而向批判现实主义倾斜。

还有一种意见认为，贾平凹的创作方法，属于"表现"艺术的中国古典艺术体系传神写照的创作方法。主要特点一是重在写神，不求形似；二是作品中流动充盈着作者的艺术气韵。如果硬用现实主义的创作方法去套贾平凹的作品，自然是套不上的。

贾平凹在会上概括地介绍了他对创作的追求，他把自己的创作分为三个阶段，或者说是三种境界，即单纯入世、复杂处世、单纯出世，他将力求以中国传统美的表现方法，真实地表达现代中国人的生活和情绪。①

2月 贾平凹搬离方新村，入住市委家属楼。

文艺随笔《自在篇》刊于《延河》第2期。

短篇小说《拉车》刊于《上海文学》第2期。

短篇小说《马玉林和他的儿子》刊于《华夏》第2期。

短篇小说《针织姑娘》刊于《飞天》第2期。

散文《品茶》刊于《草原》第2期。

散文《落叶》刊于《芳草》第2期。

散文《泉》刊于《新港》第2期。

《性格心理调查表》刊于《丑小鸭》第2期。贾平凹认为自己属于"粘液质+抑郁质"型；具体来说是"内倾型+独立型"；业余爱好是"爱看杂书：建筑、医药、兵法、农林、气象、佛学……"；个人生活："在吃上极不注意，不愿穿得整整齐齐，睡觉前要扫一遍地才能入睡，若不扫地，文章是无法写的。"

3月 短篇小说《阿秀》刊于《延河》第3期。

散文《夜籁》刊于《人民文学》第3期。

诗歌《远行》刊于《诗刊》第3期。

---

① 参见《记"笔耕"组贾平凹近作讨论会》，《延河》1982年第4期。

短篇小说《清官》刊于《南苑》第 3 期。

4 月 短篇小说《山镇夜店》刊于《雨花》第 4 期。

散文《入川小记》刊于《散文》第 4 期。

诗歌《致陕北黄土高原》刊于《星星》第 4 期。

5 月 短篇小说《清茶》刊于《小说界》第 3 期。

散文《酒》刊于《文艺》第 3 期。

散文《少不入川》刊于《青年作家》第 5 期。

短篇小说《小城街口的小店》刊于《人民文学》第 5 期。

诗歌《诗二首》(《奖》和《自行车》)刊于《星星》第 5 期。

诗歌《夜航给月》刊于《丑小鸭》第 5 期。

6 月 短篇小说《喝酒》刊于《奔流》第 6 期。

贾平凹、商子雍、和谷合著的报告文学《温暖的角落》刊于《长安》第 6 期。

接待从北京来访的四位作家：刘心武、汪曾祺、林斤澜、孔捷生。评论家樊星曾经比较汪曾祺与贾平凹在"回顾民族精神"上的异同，认为汪曾祺"高举起沈从文的旗帜"，其文"淡泊达观，更富有哲人智慧"，为复兴民族文化精魂作出了独到的努力。贾平凹则"因着中国传统士大夫'念天地之悠悠'的忧患意识与当代思想者对人类命运的深重思考而致力于追求民族文化的精魂。"①

7 月 5 日 孙犁的《贾平凹散文集序》刊于《人民日报》。

7 月 中篇小说《童年家事》刊于《莽原》第 4 期。

散文《"卧虎"说》刊于《当代文艺思潮》第 2 期。在该文中，贾平凹提出"以中国的传统的美的表现方法，真实地表达中国人的生活和情绪。"有学者认为，贾平凹的这篇"创作谈"最早流露出了一代青年作家返身历史文化寻根的动因。

散文《天上的星星》刊于《北京文学》第 7 期。

散文《十八桥》刊于《福建文学》第 7 期。

8 月 短篇小说《院子》刊于《雨花》第 8 期。

9 月 3—11 日 参加中国作家协会在西安召开"西北、华北地区部分青年作家座谈会"。参加会议的青年作家共 27 人，陕西与会者有路遥、

---

① 樊星：《民族精神之光——汪曾祺、贾平凹比较论》，《当代作家评论》1989 年第 6 期。

陈忠实、贾平凹等十人。

9月17—19日 出席延川县人民政府主持召开的《山花》创刊10周年座谈会，路遥、陶正、和谷和陕西省地文化部门负责人应邀出席了座谈会。

9月20日 贾平凹在他的读书笔记中阐释了对川端康成的理解："第一，川端康城的身世决定了他以后文学的情绪和基调。孤苦凄凉的生活使他性格内向。他受尽了人世的歧视，却又不肯屈服，便只有孤独、虚无、颓废、官能的压制。但只有这种人，其内心才最龙腾虎跃，才最敏感，才最神经质，才善于有瞬息间纤细的感觉和细致的微妙的心理活动。这类气质的人，表面上是冷漠的，内心是热烈的，他永远使人看不透。以此深入文学，必然有一股神秘色彩，变幻莫测，有不可模仿的特点，他不善于打正面攻击战，却极会选择角度进入中心地带。因此，题材的选择对这一类作家尤其重要。拿手的是写日常生活中的微妙的感情的东西，靠的是感觉，靠的是体验，而不是靠的知识面广赢人。第二，川端的作品在主题和题材上，局限了他的范围，然后却发展到了极致。一般说来，优点愈是鲜明的，缺点亦愈是鲜明。第三，一个作家的哲学思想的形成，一方面是因他的身世所致，另一方面是所处的社会的心理状态所致。川端正如此，换句话说，作家要重视发现自己的气质，同时要研究社会，准确地抓社会情绪、社会心理。第四，玄妙的余韵，幻想的感觉，幽情的哀伤，将四季山川草木、风花雪月的自然美同人的哀伤、灭亡联系起来，这就是川端了。第五，川端走的是西方现代派文学同日本古典传统结合起来的创作之路。没有民族特色的文学是站不起来的文学，没有相通于世界的思想意识的文学同样是站不起来的文学。他用民族传统的美表现现代人的意识、心境、认识世界的见解，所以，川端成功了。"[①]

9月 短篇小说《阳光下的绿湖》刊于《文汇月刊》第9期。

散文《紫阳城记》刊于《散文》第9期。

10月 短篇小说《鸽子》刊于《北京文学》第10期。

散文《太阳路》刊于《河北文学》第10期。

[①] 孙见喜、孙立盈：《贾平凹传》，陕西新华出版传媒集团、陕西人民出版社2017年版，第350页。

散文《五味港》刊于《文学报》10 月 21 日。

11 月 短篇小说《一个足球队员》刊于《百花洲》第 5 期。

短篇小说《土地》刊于《新港》第 11 期。

短篇小说《朝拜》刊于《江城》第 11 期。此文发表后，引起争议。该刊自 1983 年第 1 期开始，在"创作论坛"栏目内，对小说展开讨论，到第 3 期为止，共发表了 8 篇评论。赞成者认为《朝拜》是"贾平凹探求社会与人生的道路上一个新的转机"，"从思想认识的深度、艺术手法的成熟乃至整个作品的格调，都较以前的一些作品呈现出新的亮色"[1]。有人认为《朝拜》是一篇"富有生活哲理的小说"，"好就好在作者不露声色地在这幅风俗画中巧妙地融进了历史新时期的光彩，艺术地表现了作者对生活的深沉思索、独特的生活感受以及由此得出的自己确信不移的生活哲理。"[2]。有人认为小说写出了"激烈的性格冲突"[3]。对小说持不同看法的评论家则认为"作者思考不够深刻，生活积累单薄"，"不顾生活真实和艺术规律，图解思想意念"[4]。有人认为这篇小说在艺术表现及形象塑造上是"不成功的"，因为"作者无视社会生活的历史性、具体性及生活本身的发展变化，用虚构的彩笔，捏造人物形象，从而扭曲了生活，减弱了小说所应有的真实性的程度，妨碍了思想的表达。"[5] 还有人认为"从不同角度可以找出许多似是而非的与故事和人物描写有关而派生出来的完全不同的主题或形象描写意义的种种答案"，"读者完全可以得出许多完全不同的主题和形象意义"，这与作品"本身的含混"和"作品倾向性的晦涩"有关[6]。

第一本散文集《月迹》由百花文艺出版社出版。贾平凹在散文集的序言中用一首诗表露自己初入文坛的"羞怯和不安"："心灵在天空飞翔，从此我退化了翅膀，因为我没有一件乐器，所以我才写诗的文章。""可惜我的阅世太浅了，知识太狭窄了。我羡慕那种横空排浪式的汪洋场面，但我无能，只是感受来了，情绪有了声响，幻想有了色彩，旋转着向一

---

[1] 岫岩：《贾平凹小说创作的新转机——兼论〈朝拜〉的真实性问题》，《江城》1983 年第 1 期。
[2] 高继才：《严峻的现实，光辉的未来——读小说〈朝拜〉》，《江城》1983 年第 2 期。
[3] 武亦文：《激烈的性格冲突——谈小说〈朝拜〉的人物描写》，《江城》1983 年第 1 期。
[4] 黄宇：《探索中的失误——小说〈朝拜〉的特色与缺陷》，《江城》1983 年第 2 期。
[5] 易木整理：《对运合形象的质疑》，《江城》1983 年第 3 期。
[6] 尤蕴石：《如何理解〈朝拜〉》，《江城》1983 年第 3 期。

点探深而去了。像河中石罅里的水的旋涡，一任儿钻下，眼瞧着其中就有了一个银亮亮的空心轴儿，咕咕地，有着力的响声。像一只鸟儿，突然落在一株老树枝上，使每一片叶子都悸动了，哗哗地，感到了身心的愉快。这便是我的散文吗？我感到了羞怯和不安。"孙犁为《月迹》作序，序文中说："从文章上看这位青年作家，是一个诚笃的人，是一位勤勤恳恳的人。他的产量很高，简直使我惊异。我认为，他是把全部精力，全部身心，都用到文学事业上来了。""他像是在一块不大的园地里，在炎炎烈日之下，或细雨濛濛之中，头戴斗笠，只身一人，弯腰操作，耕耘不已的农民。贾平凹是有根据地，也有生活基础的，是有恒产，也有恒心的。他不靠改编中国的文学，也不靠改编外国的文章。他是一边学习、借鉴，一边进行尝试创作的。他的播种，有时仅仅是一种试验。可望丰收，可遭歉收。可以金黄一片，可以良莠不齐。但是，他在自己的耕地上，广取博采，仍然是勤勤恳恳，毫无怨言，不失信心地耕作着。他在自己开辟的道路上，稳步前进。"孙犁说："我是喜欢这样的文章和这样的作家的。所谓文坛，是建筑在社会之上的，社会有多么复杂，文坛也有多么复杂。有各色人等，有各种文章。作家被人称作才子并不难，难的是才子之后，不要附加任何听起来使人不快的名词。"①

12月16日　创作谈《让短篇小说短起来》刊于《文学报》。

12月　中短篇小说集《野火集》由陕西人民出版社出版。《野火集》收录了贾平凹1980年至1981年的中、短篇小说22篇。作品展现了较广阔的生活画面，描写了各种类型人物的思想、感情以及对生活的追求，人物形象鲜明生动，语言精练优美。可以看出作者这一时期的创作思想和经历的创作道路。其中有的作品如《厦屋婆悼文》，在评论者中引起广泛注意。贾平凹说："我不知道我将来能否有什么花果，但好赖还有叶子长上来，虽然弱小、寂寞、艰难又不景气。"他表示："我不想去鼓起风，也不敢想要哗哗喧响。蜂儿不要来，蝶儿也不要来。我想静静地思索，就像我头顶上的一片云朵，然后一点一点地，走圆我的每一圈年轮。我珍惜我身上的每一片叶子，但我希望它很快就脱落。当我长出第一片叶子和最末一片叶子的时候，我都在清醒：叶子不是树木的目的，我注视着森林顶上的天空。"

---

①　孙犁：《贾平凹散文集序》，《人民日报》1982年7月5日。

本年度获奖作品

中篇小说《腊月·正月》获1982—1984年"《十月》文学奖"。

短篇小说《山镇夜店》获南京《雨花》杂志社第一届"雨花奖"。

本年度重要研究论文

畅广元:《作家应该具有透视力——读贾平凹几篇近作的感受》,《延河》1982年第7期。

陈深:《把生活的井掘得更深——贾平凹小说创作直观论》,《延河》1982年第4期。

费秉勋:《贾平凹一九八一年小说创作一瞥》,《延河》1982年第4期。

费秉勋:《贾平凹散文的美学探索》,《上海文学》1982年第5期。

李健民:《探索中的深化和不足》,《延河》1982年第7期。

李星:《贾平凹的几篇小说近作》,《延河》1982年第5期。

苏剑咏:《〈二月杏〉发表后受到批评,贾平凹走出门听取意见》,《中国青年报》1982年6月17日。

孙犁:《贾平凹散文集序》,《人民日报》1982年7月5日。

孙犁:《再谈贾平凹的散文》,《天津日报》1982年4月22日。

孙犁:《致贾平凹》,《解放日报》1982年12月26日。

和谷:《贾平凹速写》,《文汇月刊》1982年第9期。

肖云儒整理:《贾平凹作品讨论会纪要》,《当代文艺思潮》1982年第1期。

臻海:《揭出病苦应是为了疗救——评中篇小说〈二月杏〉》,《工人日报》1982年3月26日。

一九八三年　三十一岁

1月　短篇小说《鬼城》刊于《花城》第1期。此文发表后引起争议，《花城》杂志同时发表黄树森的《评鬼城》、舒大沅的《原上草一读〈鬼城〉》，《作品与争鸣》杂志也刊登了施谭的文章《令人失望的〈鬼城〉》（1983年第6期）。批评者认为小说充满了"鬼气"，不利于"人才的成长和有碍社会主义文艺的百花齐放"，赞成者认为作品是对"人民命运的严肃思考"，"人物写得细而不腻，给人留下深刻印象"。

短篇小说《老人与鸟》刊于《三月》第1期。

短篇小说《连理桐》刊于《人民文学》第1期。

散文《走三边》刊于《散文》第1期。

散文《一位作家》刊于《文艺》第1期。

散文《一匹骆驼》刊于《文学报》1月28日。

2月　散文《黄土高原》刊于《花溪》第2期。

散文《地下"动物园"》刊于《飞天》第2期。

散文《商州》刊于《朔方》第2期。

3月　短篇小说《土炕》刊于《钟山》第2期。

短篇小说《刘官人》刊于《北京文学》第3期。

短篇小说《遗璞》刊于《长安》第3期。

散文《雪品》刊于《奔流》第3期。

散文《雨花台拣石记》刊于《山丹》第3期。

4月　散文《凉台记》刊于《解放军文艺》第4期。

5月3日　与陕西师范大学刘路教授谈关于散文《丑石》的创作。刘路教授认为：此类文章"须得'通两头'，一头是作者的'心灵'（感受点），另一头是事物的'物灵'（寄托点），只有找到这方面精确而微妙的联系，方能寓意融切、托物无迹，方无情大于物、思绪游离之感！"贾平凹从文章结构上谈了《丑石》的创作心得："因为篇幅很小，写起来又必须要纵贯二三百年，必须要记十多件事，构思时就尽量限制自己：要写得紧凑，又要写得放松"，"结构上要严谨，但空间要留得一定多，而将一种诗的东西隐流于文字的后面"，"为了表现得自然一点，我抓住丑石的特点，竭力铺开，写细，写活，而当写到后边，突然归结到丑与美的辩证法，埋没与擢用的规律上，这是我构思时未完全想到的，当时十分惊喜。"①

5月 散文《小巷》刊于《长城》第3期。

6月 散文《黄陵柏》刊于《人民文学》第6期。

散文《读书示小妹十八生日书》刊于《萌芽》第6期。

7月 短篇小说《蜜子》刊于《鹿鸣》第7期。

短篇小说《两个瘦脸男人》刊于《奔流》第7期。

散文《一只贝》刊于《长安》第7期。

散文《风竹》刊于《文艺》第4期。

散文《棣花》刊于《十月》第4期。

贾平凹到北京参加全国青年联合会会议。贾平凹在《我所认识的几位编辑》一文中记载《十月》的编辑侯琪和同事苏予去宾馆探望他的情景："她俩询问了我好多情况，说：'是是非非的议论不要管它，关键是自己的创作！你要下个狠劲，多到生活中去，拿出几部作品。心里闷的时候，可以多给我们写写信，说些情况，作品一时不好发，就寄给我们。'这次谈话时间并不长，但给我的印象最深，心里感到很温暖。返回西安不久，我就请人作了《达摩面壁图》悬挂在书房，只身一人去商州山地'落草''流浪'了，后来就写出《鸡窝洼的人家》《腊月·正月》等一批商州系列小说来。"②

8月 短篇小说《核桃园》刊于《四川文学》第8期。

散文《十字街菜市》刊于《散文》第8期。

9月 贾平凹成为西安市文联的专业作家。

笔记体小说《商州初录》刊于《钟山》第5期。《商州初录》由一

---

① 两人的文章后来以《关于〈丑石〉的通讯》为题收入王永生主编《贾平凹文集》第14卷中，陕西人民出版社1998年版，第25—30页。

② 贾平凹：《我所认识的几位编辑》，王永生主编：《贾平凹文集》第13卷，陕西人民出版社1998年版，第45页。

组散文体小说（或称笔记小说）组成，最初发表时读者不多，但却在杭州的讨论会上由于阿城、李陀的大力推荐而成为同行们关注的中心。费秉勋认为，《商州初录》作为小说，更接近我国"小说"一词的原始概念，即魏晋以前的"小说"范畴。他说："《商州初录》这种创作方法，既非现实主义，也非浪漫主义，而是改造我国古代就已存在的文人小说体系的一种独特的创作方法。"许子东在论文《当代寻根文学中的贾平凹与阿城》中认为，《商州初录》的意义在于："其一，《初录》提醒'文革'后的青年不要一味陷在'我不相信'的愤怒反叛颓废伤感的情绪之中，而应回头看看朴素平实的民间，也回头看看沉静中和的文化传统；其二，《初录》也提醒当代文学的'先锋派'（大都是青年作家），不要一味只沿着'五四'以来的小说模式西方化的方向'探索'，不要一味只学步卡夫卡、福克纳的奇技异彩，还应回过头重新审视从《世说新语》到明清笔记再到三十年代散文的脉络线索，在语言和文体的意义上重新注意汉文学传统的魅力。""同一个山沟（或山寨山庄山村），韩少功王安忆会痛感其愚昧、封闭、'超稳定'，阿城会在其间得到'士'的顿悟超脱，郑万隆会歌颂其粗犷原始有野性，可贾平凹却在其间感受到善良、纯朴的乡情和仁义、健朗的儒风。在正面的意义上发掘乡情与儒风之间的联系，这确是贾平凹'寻根'的一个特点……"①

中篇小说《小月前本》刊于《收获》第5期。据研究者指出，这个故事的原型来自贾平凹在陕、豫、鄂三省交界的白浪街的见闻，"匆忙之中，激动之余，贾平凹利用现有的材料写出了《小月前本》"。②

短篇小说《干爹娘小史》刊于《北京文学》第9期。

散文《白浪街》刊于《延河》第9期。

散文《山石、明月和美中的我》刊于《钟山》第5期。

贾平凹和何丹萌往镇安考察。临别，他们给县上的朋友留下条子："五天后请给关坪河打电话，若我们未到，请派民兵上玉皇顶捞尸，留下四十元捞尸费及三十斤粮食作酬。近几日不必张扬我们去向，以免领导和其他朋友操心。"③

---

① 许子东：《当代文学阅读笔记》，华东师范大学出版社1997年版，第99—100页。
② 许爱珠：《性灵之旅：贾平凹的平平凹凹》，团结出版社2007年版，第78页。
③ 孙见喜：《鬼才贾平凹》，北岳文艺出版社1994年版，第293页。

10月26日　贾平凹在给《十月》编辑侯琪的信中说:"在我苦恼的时候,你们给以关心和鼓励,令我十分感激。我明天就要下乡去。我想与其在西安待着,还不如到农村去好好深入生活。今年我在那里已待过三四个月了。陕南山区很有意思,山好水好人更好,老老实实再写些东西吧。"①

10月28日　贾平凹谈了他对中国民族文学特点的理解。贾平凹认为:"在中国,先秦时期产生了诸子百家,而孔孟的哲学,老庄的哲学,几千年里一直沿袭统治着漫长的封建社会的精神,几乎渗透到社会的各个方面。以此形成了中国人的道德、观念、礼义、习尚,以及以此又形成的民族的气质、性格、风俗、习惯",只有对这个历史内容的了解,"才能深知中国民族传统的精神精髓"。"这并不是说继承民族的东西,就是要继承孔孟、老庄之道,意思仅仅在于了解了这些,而足以进一步探讨民族文学的东西",因为,只有在这种形式的民族传统的精神支配下,民族的文化艺术才"逐步形成了自己的一套美学体系","比如诗词、小说、散文、书法、绘画、音乐、戏曲,乃至医学、建筑、园林、武术等等。如果细细地逐一加以中外比较,中国民族的美的传统的表现方法就显而易见了"。②

11月　散文《一个有月亮的渡口》刊于《花城》第6期。

12月27—29日　"笔耕"文学研究组召开陕西中青年作家中篇小说研讨会,其中有路遥的《惊心动魄的一幕》《人生》《在困难的日子里》,贾平凹的《二月杏》《小月前本》等。

贾平凹曾这样总结他的1983年:"争鸣还在继续,后受到某些领导的点名批评。这一年,几乎写什么都引起争鸣,或批判。社会谣言更多,处境艰难,不出头露面了。不大写短篇小说,只写散文和诗。经过冷静后,去下商州生活,写出并发表了中篇《商州初录》《小月前本》等。此年为大苦恼期,父母身体又不好。"③

当选陕西省第六届人民代表大会代表、西安市第九届人民代表大会代表。

---

①　孙见喜:《鬼才贾平凹》,北岳文艺出版社1994年版,第187页。
②　贾平凹:《学习心得——与友人的信》,王永生主编:《贾平凹文集》第14卷,陕西人民出版社1998年版,第31页。
③　孙见喜:《鬼才贾平凹》,北岳文艺出版社1994年版,第187页。

本年度获奖作品

短篇小说《清官》获《南苑》杂志社"南苑"佳作奖。

散文《月迹》获"《散文》月刊二等奖"。

本年度重要研究论文

胡采：《给贾平凹同志的信》，《中国现当代文学研究》1983 年第 12 期。

岫岩：《贾平凹小说创作的新转机——兼论〈朝拜〉的真实性问题》，《江城》1983 年第 1 期。

皇甫涛：《贾平凹的小说〈朝拜〉的象征意义》，《江城》1983 年第 3 期。

龙蕴石：《如何理解〈朝拜〉》，《江城》1983 年第 3 期。

王东明：《独抒性灵——评贾平凹的散文集〈月迹〉》，《文学报》1983 年 6 月 16 日。

施谭：《令人失望的〈鬼城〉》，《作品与争鸣》1983 年第 6 期。

易木整理：《对运合形象的质疑——评〈朝拜〉》，《江城》1983 年第 3 期。

张志忠：《充满活力的溪流——试论贾平凹的创作道路》，《中国现当代文学研究》1983 年第 9 期。

一九八四年　三十二岁

1月　在商州城与一些文学青年小聚，贾平凹应邀谈了他对当前散文的看法。他的观点是：其一，"中国散文的一兴一衰，皆是真情的一得一失"，"现在散文要振兴，关键是要为真情招魂。"其二，"唾弃轻而狂的文风"，"振兴中华，紧要的是振兴国民性，增强民族的自尊自强自立的素质，散文要以此为己任，让时代精神进来，让社会生活进来，张扬大度、力度，弃去俗气、小气"。其三，"中国的文学愈来愈走向世界，散文要破除框式，搞中西杂交。"其四，"散文应该是美文。"其五，"艺术家要顺势而发展，但却绝不是可怜地迎合，艺术重在征服。"①

散文《游品》刊于《文学家》第1期。

散文《河西》刊于《散文》第1期。

2月27日　为《青春》杂志撰写介绍自己创作道路的散文《我的台阶和台阶上的我》。

2月　散文《观菊》刊于《文学报》第8期。

3月24日　贾平凹给《十月》杂志的侯琪写信说："新近又写了一部中篇，正好北京电影制片厂的朋友来，他们看了稿子，建议我给《十月》，因为他们想抓这个中篇改拍电影。当然我的中篇才试着写，掌握不了规律，写得也较粗。在这个中篇的写作中虽听取了他们一些意见，但还是觉得力不从心，现将稿子寄上，你先看看，若不行，退我就是了。"信中所言的中篇是《腊月·正月》。《腊月·正月》很快发表，并获得"第三届全国优秀中篇小说奖"。

3月　短篇小说《曲径通幽处》刊于《春风》第2期。

中篇小说《鸡窝洼的人家》刊于《十月》第2期。小说发表后，西

---

① 孙见喜：《鬼才贾平凹》，北岳文艺出版社1994年版，第229页。

安电影制片厂将小说改编为电影剧本，电影定名《野山》。《野山》获文化部广播影视部"新时期十年优秀影片奖"，中国电影家协会金鸡奖"第六届最佳影片奖"。

中篇小说《三十未立》刊于《青春丛刊》第2期。

短篇小说《编辑逸事》刊于《现代作家》第3期。

4月 西安市作家协会及《长安》编辑部组织一批青年作家在华山开改稿会。在发言中，贾平凹对于什么是"作品的好语言"有以下观点：其一，"能充分表现情绪。"其二，"要和谐地搭配虚词。""作为文学，刻画的形象若要细致逼真，精妙入微，就该在词语的虚实间贯穿充盈的情思。"其三，"多用新鲜、准确的动词。"①

短篇小说《求缺亭》刊于《文学青年》第4期。

散文《温泉》刊于《萌芽》第4期。

散文《敦煌沙山记》刊于《散文》第4期。

5月 散文《木耳》刊于《边塞》第2期。

散文《河南巷》刊于《现代作家》第5期。

散文《秦腔》刊于《人民文学》第5期。

6月9日 作《变革声浪中的思索——〈腊月·正月〉后记》，刊于《十月》第6期。此文体现了贾平凹对近期文学创作的总结和思考："想以商州作为一个点，详细地考察它，研究它"，从而得出"中国农村的历史演进和社会变迁以及这个大千世界里的人的生活、情绪、心理结构变化的轨迹。"他也想探讨很多新问题，如"历史的进步是否会带来人们道德水准的下降，和浮虚之风的繁衍？诚挚的人情是否只适应于闭塞的自然经济环境呢？社会朝现代的推移是否会导致古老而美好的伦理观念的解体，或趋尚实利世风的萌发呢？"从《商州初录》到《小月前本》《鸡窝洼的人家》《腊月·正月》《商州》，他在努力寻找着答案。在文学表达上，此时，贾平凹努力寻求的是："以中国的传统的美的表现方法来真实地表现当今中国人的生活、情绪的过程中"，追求"一种'旨远'的味道"，产生一种"使作品读来空灵却不空浮"的"底蕴"。

7月中旬 陕西人民出版社和《文学家》杂志组织召开"贾平凹作品讨论会"。出席会议的文学评论家、文艺理论家有阎纲、李炳银、白

---

① 孙见喜：《鬼才贾平凹》，北岳文艺出版社1994年版，第242—244页。

烨、谢望新、李作祥及王愚、李星、费秉勋、刘建军等。大家认为，贾平凹自《小月前本》开始，小说创作跃上了一个更高的层次。他的作品更贴近生活了，对社会的包容面更大了，他对变革时代一些人物的心理透视更准确了。王愚说，"贾平凹艺术上保持了细腻熨帖的特点，在写人状物的清新明丽上则更有所发展。"费秉勋认为，自《小月前本》以后，贾平凹小说的创作方法由非现实主义转向现实主义。原因有三点：一是生活的推动，二是文艺社会学所使，三是中篇小说自身的规律所致。这标志着贾平凹在现实主义的道路上迅速地走向深入和成熟。阎纲断定贾平凹是"关中才子"。他惊叹他文学作品的独特和丰富，说他的作品今后应该朝"博大"方面推进，应该树起"大家"的风度。

7月 中篇小说《九叶树》刊于《钟山》第4期。

中篇小说《腊月·正月》刊于《十月》第4期。

散文《商州又录》刊于《长安》第7期。

散文《我的台阶和台阶上的我》刊于《青春》第7期。

8月13日 《十月》编辑部邀请文艺评论家陈俊涛、陈丹晨、张炯、杨世伟、蔡葵、雷达、吴泰昌、张韧、李陀等人，在北京座谈贾平凹近一年来发表的反映农村变革的三部中篇小说：《小月前本》《鸡窝洼的人家》《腊月·正月》，贾平凹参加座谈会。《文艺报》第十期进行专题报道。大家认为，三篇小说从描写人们道德伦理观念、价值观念，以及人与人之间关系的变化，一直挖掘到我们民族文化心理结构在变革中显示出来的弱点，从思想深度上来看，一篇比一篇深刻。同时大家认为三篇作品中也有一些缺点，如有的变革中的新人显得单薄，有的语言还不够精练，等等。

8月23日 丁帆在关于《九叶树》的通信中，指出贾平凹的这部创作"提出了一个更新的命题"，"不仅仅囿于抒写在新旧思想搏击中成长着的新一代和衰亡着的老一代"，而是"在对待思潮、新生活的共同世界里来展示两个新人物内心世界既微妙又复杂的变化，力图达到净化人们灵魂的创作目的。从这个意义上来说，作品的主题是在不断开拓的。"①

8月 中篇小说《腊月·正月》被珠江电影制片厂改编为剧本，后

---

① 王永生主编：《贾平凹文集》第14卷，陕西人民出版社1998年版，第50页。

拍成电影《乡民》。

散文《关中论》刊于《散文》第8期。

9月25日　陕西省"首届文艺创作开拓奖"在西安举行颁奖大会。贾平凹、陈忠实、李小巴、王观胜等14人获奖,"笔耕组"和《延河》获"知音奖"。

9月　长篇小说《商州》刊于《文学家》第5期。这是贾平凹的第一部长篇小说,在小说的结构形式上有所创新:"我想用散文的结构,大起大落地写出商州的历史、民俗、人情和地理风貌的长幅画卷。""我也想试探一下结构现实主义的创作方法。这部作品分八个单元,每个单元分三章。在内容上,以每单元的头一章分别叙述商州各地的山川河流、自然风貌及风土人情、历史掌故和现实社会的变革状况;后两章,则以男女主人公的爱情故事为线,连贯地加以辅叙,附带出一系列商州社会事象,又同头一章的独立叙述互相呼应,内在地融为一体……"① 北京十月文艺出版社1987年出版了此书的单行本。

散文《他回到了长九叶树的故乡》刊于《草原》第9期。

参加甘肃平凉地区的文学讲座。贾平凹勉励在文学上从事创作的"新人","搞创作要有狠劲,要下大苦功,要给自己不停地定目标,定大目标"。"如果搞创作是为了改善环境,或者是为了捞个好名声,挣几个钱等等。这样,他决不可能取得大的成就。""搞创作是马拉松运动,看谁能坚持到最后。别人发一两篇东西,不要眼红,要看后劲。一个作者熬到最困苦的时候,再坚持一下,就到了另一番天地。"②

11月　贾平凹、丁帆创作谈《关于〈九叶树〉的通信》刊于《钟山》第6期。贾平凹在给批评家丁帆的回信中,剖析了自己的创作心态和对于作品的自我理解:"作品越写越难,越来越觉得对生活的认识上,选材的角度上,人物的体验以及表现的形式上,自己懂得的和积累的知识太少了,往往读到别人的作品,就自惭形秽,就想将自己的作品全部化为糨糊,甚至产生了另起笔名,重新写作的念头。""我在商州体验生活的时期,新的生活的丰富性使我感到震惊,但其复杂性也使我眩晕。现在的时代是变革的时代,好多事情需要我们去写。当然,作家

---

① 孙见喜:《鬼才贾平凹》,北岳文艺出版社1994年版,第272—273页。
② 同上书,第268页。

的任务不仅仅是写出当前农村这种形势是好是坏这样一个主题，重要的是写出这个大背景下人的变化。""我写的都是社会最基层的小人物，他们的性格就是在这种微妙的差异中形成和发展，如果将他们搞成漫画式的相声式的强烈的黑白反差，那是不符合他们的生活真实的。""在具体描写的过程中，我喜欢用以坏人来写好人，以好人来写坏人的办法，目的只有一个，使所写的人更具真实。""近年来我的心绪总是处于矛盾之中，一阵儿很自信，一阵儿很自卑。我现在才意识到，一个人，尤其要做一个作家，在战胜这个生存的世界的同时，更要首先战胜自己。"

12月20日　给作家孔捷生信，谈对孔捷生作品《睡狮》的感觉和对自己创作的启示："你的文章越写越不能用一两个字概括主题了，但却全然被你摄了魂去，鬼迷了。""你写了南国的雷州，我写了北方的商州，我们分别发现了各处的许多妙处和不那么美妙之处。你要我到广州作一次旅游，我是极需要去了，去走走看看，再猛回头来看我们的商州，那是会穷极物理的。你是来过西安，但还是仓促，未能看到更多的东西，盼你再来，我还可以领你再去看看成周兴王的雍州的厚拙古朴，饰有饕餮的青铜器和西安骆驼牌的搪瓷制品厂，去看看秦嬴创霸的临潼的鎏金骏马和渭北秦川牛配种试验站，然后你可依你在广州、深圳的所见所闻，三者比较研究，作一番感想，你怕又会有一篇绝妙的文字了。"①

12月　出席中国作家协会第四次全国代表大会，被推选为理事。

贾平凹为《西安散文选》作序《对当前散文的看法》，此文收录于《贾平凹散文大系·第二卷》。在序言中，贾平凹表达了对当前散文的认识：中国的文学愈来愈走向世界，散文要"破除框式，搞中西杂交"。要"弄通弄懂什么是民族传统的东西，什么是外来的现代的东西，融汇化合，走出一条极具民族化的又极具现代意识的路子。""散文之所以是散文，只有这么开放，才能坚实地独立文坛，也才能在目前诗的散化、小说的散化的趋势下，保持自己的纯洁。""散文应该是美文。""散文的身价在于它的严肃和高尚，要扫除一切陈言，潜心探索它的结构、形式、文字，反复试验和实践，追求它应有的时空。"

中篇小说集《小月前本》由花城出版社出版，后来陕西电视台将其

---

①　王永生主编：《贾平凹文集》第14卷，陕西人民出版社1998年版，第58页。

拍成多集电视剧。

本年度获奖作品

中篇小说《腊月·正月》获中国作家协会"第三届全国优秀中篇小说奖"。

中篇小说《商州初录》获《钟山》杂志社首届"钟山文学奖"。
散文《流逝的岁月》获《青年一代》杂志社"佳作奖"。
散文《宿州故涉台龙拓树记》获《羊城晚报》"优秀作品奖"。
中篇小说《腊月·正月》获陕西省文艺创作"开拓奖"一等奖。
散文《延川印象》获《延安报》"佳作奖"。

本年度重要研究论文

陈可雄:《生活在召唤,作家难沉默——访青年作家贾平凹》,《文汇报》1984年10月5日。

丁帆:《写出时代交汇点的不同人物——贾平凹近作短评》,《文学报》1984年11月22日。

贾平凹、丁帆:《关于〈九叶树〉的通信》,《钟山》1984年第6期。

蒋荫安:《柳暗花明又一村——读贾平凹的三个中篇》,《文学评论》1984年第5期。

李振声:《沉繁削尽留清瘦——贾平凹〈商州初录〉读札》,《钟山》1984年第2期。

李建民:《一幅农村变革生活风俗画——读贾平凹的两部中篇小说新作》,《陕西日报》1984年6月28日。

何镇邦:《变革中农村的诗意再现——贾平凹〈鸡窝洼的人家〉》,《红旗》1984年1月7日。

唐先田:《充满浓郁诗意和改革精神的农村画卷——评贾平凹的三部中篇小说》,《江淮论坛》1984年第5期。

曾镇南:《农村社会变革急潮中的心理微澜——评贾平凹的几部中篇近作》,《光明日报》1984年8月30日。

一九八五年　三十三岁

1月5日　孙犁致信贾平凹，讨论"通俗文学的语言问题"。孙犁认为"语言不只是文学的第一要义的形式，语言还是衡量、探索作家气质、品质的最敏感的部位，是表明作品的现实主义及其伦理道德内容的血脉之音！"孙犁对贾平凹语言有一番中肯的评价和建议："你的语言的特色是自然，出于真诚。但语言是一种艺术，除去自然的素质，它还要求修辞。修辞立诚，其目的是使出于自然的语言，更能鲜明准确地表现真诚的情感。""你的语言，有时似乎还欠一点修饰。修辞确是一种学问，虽然被一些课本弄得机械死板了。这种学问，只能从古今中外的名著中去体会学习。"①

1月12日　贾平凹被批准加入中国共产党。作为迅速成长的青年作家，贾平凹受到西安市的奖励，涨两级工资。

1月17日　西安市委召开对贾平凹的表彰会。市委宣传部长韩同吉在会上宣读了市委宣传部《关于奖励青年作家贾平凹同志的决定》。市文联主席黄悌向与会者介绍了贾平凹的创作成就，省文联主席胡采参加了会议，老作家李若冰在会上发言。②

1月　在全国作家协会第四次代表大会上，贾平凹当选为全国作家协会理事。

中篇小说《山城》刊于《朔方》第1期。

中篇小说《远山野情》刊于《中国作家》第1期。

中短篇小说集《腊月·正月》由北京十月文艺出版社出版。

创作谈《观察——一段录音的复制》刊于《文学时代》第1期。

---

① 孙犁：《孙犁文集·补丁版6》，百花文艺出版社2013年版，第296页。
② 孙见喜：《鬼才贾平凹》，北岳文艺出版社1994年版，第325页。

费秉勋的《论贾平凹》刊于《当代作家评论》第1期。首先，该文将贾平凹的性格心理概括为"孤独内向的心理特征"，这种心理性格对于贾平凹创作有较大的影响："由于先天体质孱弱，对周围环境的畏怯，使得他感受联想的神经变得异常发达，静观默察事物，养成了捕捉事物特征并加以品味和联想的习惯"。其次，该文认为贾平凹具有"婉约派词人的才情"："就实质上说，贾平凹乃是一个诗人，他有着诗人的心肠和才情。""他的小说很少做事件全过程纤毫毕见的再现，那些细腻的、娓娓不断的描述，都是通过微末的细节在品味着醇美的诗情。正是这种诗人的才情决定了他小说的写法和风格，决定了他叙事笔调的浓厚的表现性特征，也决定了青年男女的爱情萌发和爱情表露，成为他初期创作的重要内容。"再次，贾平凹还具有"锐意追求的艺术志趣"："观画、写字、看地方戏、读百家杂书，既是一种精神享受，性灵的陶冶，也是对艺术感受力和表现力的经常性磨砺"，然而他又"有着内在的顽强和坚韧，有极强的自我意识"，"他的性格是外柔内刚，并善于以柔克刚。"最后，贾平凹是一位"艺术追求多转移"的作家，"他既用过现实主义的创作方法，也用过非现实主义的创作方法"，善于从"中国古典文学艺术中汲取营养"。

2月 散文集《爱的踪迹》由上海文艺出版社出版。这是贾平凹的第二本散文集。书中所收的四十二篇散文大都是贾平凹1982年和1983年的作品，如《五味巷》《走三边》《黄土高原》等。语言纯朴自然、细腻流丽，饱含作者个性。

3月5日 陕西省省委、省政府表彰了一批改革开放以来有突出成就的优秀文艺工作者。其中文学创作方面的有"青年作家路遥、贾平凹、李凤杰"，每人给予晋升两级工资的嘉奖。《陕西日报》发表评论员文章《人民需要名家》。

3月10日 在《一点想法——〈远山野情〉外语》中，流露出贾平凹在创作上"自我突破"的焦虑感："写完商州的系列中篇，各界的人士和各地的读者都给我极大的鼓励，希望能继续写下去。但我却很惶恐，愈来愈严峻的一个问题压迫了我：怎样写出一篇，不仅要不重复别人，更还要不重复自己？于是，关于商州的小说，我是无论如何要重新'扑腾'一下了，从题材内容上，主题思想上，形式角度上。《远山野情》便是以后的一批中篇中的一部。""我之所以要叫这些中篇是又一次'扑腾',是我在写作中深深感到我的认识生活和艺术功力太差了。我渴望寻到我自己,我只有这么'扑腾'才有出路。文学是不安分的,作文的人更要不安分。我确实不懂得小说做法。听王愿坚同志讲过一个谜语:求白用墨抹,求长用刀削,求囫囵用火破。谜底是拓片,铅笔,烧瓦。这个谜语令我大醒悟性。这批中篇写完,我想又得去再'扑腾'了。"①

3月 中篇小说《天狗》刊于《十月》第2期。

短篇小说《冰炭》刊于《中国》第2期。

短篇小说《蒿子梅》刊于《上海文学》第3期。

短篇小说《曲径通幽处》刊于《春风》第2期。

中篇小说《鸡窝洼的人家》刊于《十月》第2期。小说发表后,西安电影制片厂将小说改编为电影剧本,电影名为《野山》。《野山》获文化部广播影视部"新时期十年优秀影片奖",中国电影家协会金鸡奖"第六届最佳影片奖"。

中篇小说《三十未立》刊于《青春丛刊》第2期。

短篇小说《编辑逸事》刊于《现代作家》第3期。

4月19日 作《预言留在以后——〈陕西中青年作家小说选集〉序》,本篇短文本是贾平凹不为选集作序的推脱之辞,共列举了五条理由,谦逊的言辞中间闪现着对陕西作家的整体观照。行文中列举了当时"陕西作家的阵容":"陕西的中青年作家,外界都说是个'群',实际也是人才济济,层出不穷。我在这个'群'里,一向是众文友中的小弟,是个丑陋小子,文友们皆属'铁肩担道义,辣手著文章'人物,其人品、文品一直被我效仿。且不说这个'群'的全部人马,单以地理而分,陕北有路遥、李小巴、赵熙,关中有陈忠实、邹志安、王吉成、王宝成、王观胜、王晓新,陕南有京夫、王蓬,还有写铁道生活的莫伸,写学院生活的王戈,他们个个英英武武,有声有势,各以自己的作品占领阵地,拥有大量的读者。作这些人的作品合集之序,我是不能胜任的。"本是推托之辞的信,但出版社的同志说:"这信就可以作序!"

4月21—24日 陕西省作协三届二次(扩大)理事会在咸阳召开。会议的主题是"清左破旧,促进陕西省文学更加繁荣"。这次会上,路遥、贾平凹、陈忠实、杨韦昕等四位理事被选为中国作协陕西分会副

---

① 王永生主编:《贾平凹文集》第14卷,陕西人民出版社1998年版,第68—69页。

主席。

4月22日 散文《在南京的想法》刊于《文汇报》。

4月25日 散文《黄土论语：读和谷散文〈原野集〉》刊于《文学报》。

4月27日 为《上海文学》理论版"青年作家与文化"专栏作《四月二十七日寄友人书》，可视为贾平凹为"寻根文学"而作的理论宣言：

> "世界各地区的文学，都是有其发展规律的，无论西欧的，还是拉丁美洲的，各是各的路子。""最能代表中国的汉民族文学，是大大不同于拉丁美洲文学的"，"中国的文学是有中国文化的根的，如果走拉美文学的道路，那会'欲速则不达'"。"我不是反对对外来文学的吸收，反过来则强调大量的无拘无束的吸收，压根用不着担心和惊慌，这叫中国文化的自信。""中国文化是源远流长、根深蒂固的。面对着这种现象，如果一味自大、保守，在当今世界文坛面前，将得到的是一种蠢笨的可怜、可笑的印象。但无视这种现象，痴呆呆盯着洋文，那起码是缺乏战略眼光，不是从质上得到变法的实数，仅仅获得的只是一种浅薄的，从外部形状上作小小变动而已。""中国文化的积淀，是以此形成了中国国民的精神，而推广之扩大之，渗透于这个民族的性格上，政治上，经济上。""一切变革，首要的是民族性格的变革，也就是不能不关注到这个民族的文化基因……"

> "中国文化到底是些什么？又是如何形成的呢？""我觉得，首先要从哲学的角度来抓。中国的古典哲学，有三种：儒、佛、道。而儒又是一直被封建王朝尊为政权的灵魂支柱，佛、道两家则为在野哲学。在这三种主要哲学体系的制约和影响下，中国古典文学便出现了各自的流派和风格，产生了独特的中国诗的形式、书画的形式、戏曲的形式。如果能深入地、详细地把中国的五言、七言诗同外国的诗作一比较，把中国的画同外国的油画作一比较，把中国的戏曲同外国的话剧作一比较，足可以看出中国民族的心理结构、风俗习尚、对于整个世界的把握的方法和角度，了解到这个民族不同于别的民族之处。如果能进一步到民间去，从山川河流、节气时令、婚丧嫁娶、庆生送终、饮食起用、山歌俗俚、五行八卦、巫神奠祀、

美术舞蹈等等作一考察，获得的印象将更是丰富和深刻……"①

4月 短篇小说《求缺亭》刊于《文学青年》第4期。
散文《温泉》刊于《萌芽》第4期。
散文《敦煌沙山记》刊于《散文》第4期。
5月 短篇小说《初人四记》刊于《花城》第3期。
散文《木耳》刊于《边塞》第2期。
散文《河南巷》刊于《现代作家》第5期。
散文《秦腔》刊于《人民文学》第5期。
6月 《读〈还阳草〉的笔记》刊于《清明》1985年第6期。

广东花城出版社总编辑李士非来访，与贾平凹谈论中国当代小说。论及小说中的人物性格的塑造问题，贾平凹说："人和人在一般情况下的关系疏远，常常不是在一些大的事件上有了隔阂，而是在一些细小的问题上产生了分歧，相互得罪了，久而久之积少成多导致了分歧。百米赛跑第一名和末一名总是差一步之远，难道不可以说百米赛跑就是一步赛跑吗？什么叫人物性格？人物性格就是在共同点上的那么一点差异，并不是漫画家和相声演员笔下和口中的那种所谓一胖一瘦，一性急一性缓的表象反差。这么就可以悟出'细微'二字于文学创作的重要了。""大凡世间一切成功的人无一不是发现了自己的悟性。"②

中篇小说《腊月·正月》列入"十月丛书"，由十月文艺出版社出版，收录贾平凹的《小月前本》《鸡窝洼的人家》《腊月·正月》三部中篇小说。

7月4日 作《说冰炭》一文，其中有关于小说"写法"的论述："我领悟到，愈是别人都写的，尽量少写，愈是别人不写的，详细来写，越是要表现骇人听闻之处，越是笔往冷静，不露声色，似乎随便极了，无所谓极了。这种大涩，大冷，铁石心肠，才能赢得读者大润，大热，揪心断肠吧。我想，侯宝林先生的相声所以比一般相声高明，是不是也是这样呢？古人讲：'文之神妙，莫过于能飞。'飞在于善断，善续，断续得宜，气则充溢，这便有了诗意，也便弃了艰难劳苦之态。我的小说，

---

① 此文以《四月二十七日寄友人书》为题刊于《上海文学》1985年第11期。
② 孙见喜：《鬼才贾平凹》，北岳文艺出版社1994年版，第327页。

以往尽吃此亏。"①

7月11日　创作谈《一封荒唐信》刊于《文学评论》1985年第5期。文中谈自己的创作动机和自己的创作"野心"："在我的胸中常常涌动着要写的欲望，这欲望如同要吃饭一样，要恋爱一样，要喝酒吃辣子、抽烟一样……作品的质量高不高，当然作者不必妄说，'自我感觉良好'，这很是一种干事业的气魄，但往往却要导致一种悲惨。我自知很小，于人道文道大不通，这种欲望付之于方格纸上，免不得有了'以作品丰富自悦'的嫌疑，这实在有天大的冤情和求告无青天大老爷作主的愤怒。作品的产生，全是这个涌动的欲望的释放结果。有了爱情，便要为所爱的人受孕，大肚子，生产，它不是痛苦的，而是一种宗教式的幸福。若以作品丰富求自悦去著作，做人何必那么傻呢，累呢？""写书于我，是作用于社会，作用于时代，也同时是为了我自己的受活！鸡有蛋在肚子里，你能不让它生下来吗？""我还要继续写下去，且又有一个不大不小的野心：一想继续写商州那一块野山野地，二想写到那泾河和渭河上去，也说是那泾渭分明的岸边，那黄土高原和关中平原交接的厚土上的古风古俗，三想再写写西安古城方方正正井字形的街巷里的市民，姑且不论还要再写写别的，仅这三个方面，我想足可以令我了结往后的三十年、四十年的写作日子。"

7月14日　为《文艺报》"东方蔷薇"栏而作《世界需要我睁大眼睛》，发表对于"成熟文学"的看法："古往今来的大家们，他们的心胸是博大的，他们博大的胸怀在充满着博大的爱欲，注视着日月、江河、天堂、地狱，以及这种爱欲浸润下的一草一木，飞禽走兽，鬼怪人物，这种博大使他们天地人合而为一，生死荣辱，离愁别恨，喜怒哀乐，莫不知之分明，萦绕于心，使他们面对着这个世界建立了他们特有的意识和特有的形式。他们有自己的体系，一整套的关于政治的经济的，社会的，文化的，哲学的，美学的体系。他们一个人就是一个世界。"反思自我，贾平凹觉得自己"胸腔太窄，没有呼吸到广大世界的空气；眼睛也太小了，全然是在月光之中"。

7月25日　作《读〈还阳草〉的笔记》。

7月　应作家出版社之约，为该社编选中篇小说集《天狗》。此书三

---

① 贾平凹：《关于冰炭》，《小说选刊》1985年第9期。

十万字，包括贾平凹1984年下半年到1985年上半年发表的七部中篇小说。在《说"天狗"》的创作谈里，表达了他对小说叙述语言的见解："叙述语言，尤其交代事情过程的语言，一向令我头痛，写起来总觉得并未表达清楚，别人读起来却感到太啰唆了。我吸收当今颇为流行的一些方法，但不想生搬硬套，亦不想自己跳出来议论，便这么不停地变换人物角度，以其身份发感慨，又全然是以其感觉为依据。这样，没想则有了一些淡淡的味道，或者说有了一点小小的冷的幽默。"他认为做小说的人也要有"诗意"："我一直认为诗人固然需要写诗，但弄小说的人心中也需要充溢诗意；诗意流动于作品之中，是不应提取的，它无迹可寻，这是不是一种所谓的气呢？文之神妙是在于能飞，善断之，善续之，断续之间，气血流通，则生精神。"

中篇小说《商州世事》刊于《中国作家》第4期。

中篇小说《九叶树》刊于《钟山》第4期。

"贾平凹作品讨论会"在西安召开，阎纲、李炳银、白烨等十余位批评家出席。

中篇小说《腊月·正月》刊于《十月》第4期。贾平凹曾经表示，"他是用对春秋战国时代新兴地主阶级与奴隶主贵族殊死斗争的那种历史感来写《腊月·正月》的。"① 小说发表后，《文学家》杂志召开了贾平凹中篇小说近作讨论会。

散文《商州又录》刊于《长安》第7期。

8月19日 散文《世界需要我睁大眼睛》刊于《文艺报》。

8月21日至24日 参加陕西省作家协会在延安召开的"长篇小说创作促进座谈会"。② 会议的宗旨和议题是：了解近年来国内外长篇小说创作的水平和发展概况；分析陕西省长篇小说创作的情势及落后的原因；制定陕西三五年内长篇小说创作的规划与设想。贾平凹在会上总结了陕西长篇小说创作的独特优势："陕西的小说作者大都来自农村，就是现在从事专业创作的几位中青年作家，也都是从农村到文化馆或中小学，再到作协，一步步走出来的。社会阅历丰富，生活积累厚实"。同时，他也指出了陕西作家的"先天不足"："比如缺乏系统的理论和艺术上的修

---

① 费秉勋：《贾平凹创作历程摘论》，《当代文坛》1985年第4期。
② 《陕西省作家协会1954—1993年纪事》，《陕西文学界》1994年第2期。

养。"对于"中国古代文学艺术的继承上和对于外国现代文学艺术的借鉴上,都十分浅薄"。"我们一开始学习创作,凭借的是我们的生活和可怜的一点文学知识,而把这种生活的表象写出来罢了。这种文章的发表,刺激了我们,因此才慢慢走上作家之路。我们曾经给文学界造成了'陕西作家群'的概念,但随着文学活动的发展,我们不能不看到我们现在越来越跟不上了。外省许多作家,其生活积累并不比我们强多少,可人家的作品一经和我们的作品相比较,就比我们明显地高出一筹。这是什么原因?我感觉有一个'观念'问题,一是我们的气派不够;二是我们有小农经济思想,也就是农民意识的束缚;三是我们缺乏理论上的修养;四是我们知识陈旧。我们写我们脚下的这块土地,对这块土地并没有从历史、文化、政治、经济,甚至地理上加以透彻的研究,没有哲学和美学的眼光,就事论事,令我们吃尽了苦头。我们需要心胸扩大,目光放远,在深入生活之中后,再坐上飞机来俯视这种生活。这首先需要我们从哲学入手,建立我们对世界的认识,再是吸收借鉴中外古今文学作品中的精华,研究它们的表现形式。这样,我们重新回到生活中去,获得的就是更丰富的更本质的更深刻的东西了。"①

8月25—30日 "陕西长篇小说促进会"与会人员赴榆林。会议由作协书记处书记李小巴主持,路遥、贾平凹、陈忠实、京夫、董墨、任士增、王绳武、白描、蒋金彦、沙石、子页、王宝成、朱玉葆、王观胜、牧笛、胡广深、师银笙、陈泽顺、韩起、白洁、杨小敏、封筱梅、文兰、张晓光、赵宇共、子心、李康美、孙见喜、李国平、袁林等三十多人出席了座谈会。中国青年出版社李向晨、韩亚君同志应邀参加了座谈会。②

8月 香港举办"电影与文学"研讨会,特邀贾平凹参加。后因肝病未能成行。

北京的《十月》杂志社邀请陈俊涛、陈丹晨、张炯、雷达、李陀等评论家,召开"贾平凹近作研讨会",贾平凹参加会议。

散文《关中论》刊于《散文》第8期。

散文集《心迹》由四川文艺出版社出版。在《心迹》后记中,贾平

---

① 半知:《增强拓宽意识 推进长篇创作——陕西长篇小说创作促进座谈会纪要》,《小说评论》1985年第6期;孙见喜:《鬼才贾平凹》,北岳文艺出版社1994年版,第332页。

② 王刚编著:《路遥纪事》,时代华文书局2014年版,第148页。

凹说道:"在茫茫苍苍的崇山峻岭中,我仅仅是一块小小的石头,在白雪似的天鹅的天国里,我还是一只丑陋的小鸭……在文学的密密的大森林里,我毕竟是一株懦小的树苗,我的周围,大树们齐齐都长上来了,我崇敬他们,感谢他们都往上长,不能使我有空间去长些横枝斜杈。我能不能开出花、结出果,果子能不能由涩苦变甜,我不知道,我也从不去想,我只盯着我头上的那块高远的天空,往上长。"贾平凹说"让他心潮澎湃,涌起创作冲动"的主要原因是"国家现代化的诉求和建设精神文明的渴望","建设精神文明,是我们文学义不容辞的内容。我们永远热爱着我们的国家,我们的国家永远需要真正的文学,把握住这一关键,用我们传统的民族艺术表现我们现代人的生活、情绪,我们文学作品才会更符合实际、符合真实,更丰富,更充分,更多姿多彩。"[①]他在给《心迹》一书责任编辑金平的信中说:"面对中国目前大转折、大变革的令人激奋的现实生活,一代青年有着自己的头脑和自己的力量。民族要振兴,国家要现代化,巨大变革的浪潮在冲击着我们每一个人。我想,这新的世界、新的人物,又是那么深深地烙印着我们民族的特点,表现着我们民族的方式,我的笔,应该在这里守住这个孔穴,以窥视这个世界和面对世界的中国人的心灵和秘密。"[②]

9月 长篇小说《商州》刊于《文学家》第5期。这是贾平凹的第一部长篇小说。《商州》"是对拉美结构主义一种比较生硬的吸收"。对于"长篇小说"这种"文体",在一次以《对于长篇小说的随想》为题的会议发言中,贾平凹提出了自己的看法:"以我的体会来讲,内容是最主要的,形式亦甚主要,而形式其实也就是内容。如果孤零零谈形式,反倒适得其反。一切都是创造,整体的创造。一部作品,尤其小说,它的根本问题是个性问题,成就的高低是其境界的大小,否则只能沦为花拳绣腿,终挣不脱小气之壳。在中国写小说是很难的,对于像我这样一批生活、艺术皆准备不足的人来说,只有不停地试验方有成熟的可能,而目下身为作家,又年过而立,要继续写下去,必得有生活的涌动和激情,必得大用加法而后用减法,必得从思维的改变入手,必得获得大量的信

[①] 王永生主编:《贾平凹文集》第14卷,陕西人民出版社1998年版,第36—43页。
[②] 孙见喜:《鬼才贾平凹》,北岳文艺出版社1994年版,第259页。

息坚持独立思考，必得不怕丑陋和硬着头皮。"①

散文《他回到了长九叶树的故乡》刊于《草原》第 9 期。

创作谈《关于〈冰炭〉》刊于《小说选刊》1985 年第 9 期。

10 月 26 日 《文学家》编辑部负责人陈泽顺就有关方面的问题同贾平凹进行了磋谈，内容涉及贾平凹的商州之行以及关于商州的系列作品，小说的技巧与观念，当前一些引人注目的文艺理论等问题。

当陈泽顺问贾平凹"对哪一部作品满意"时，贾平凹回答："我是一个得意时颇得意，自卑时极自卑的人。截至目前，我写过的作品没有一部写出了我心中要达到的水平，所以常常过了一阵子，立意、结构就想变一变。"他对于当时文坛上流行的"寻根"看法是："我是极赞同这种提法的，但却反感一窝蜂……'寻根'并不是一种复旧和倒退，正是为了自立自强的需要。中国的文化悠久，它的哲学渗透于文化之中，文化培养了民族性格，性格又进一步发展、丰富了这种文化，这其中有相当好的东西，也有许多落后的东西，如何以现代的意识来审视这一切，开掘好的东西，赋予现代的精神，而发展我们民族的文学，这是'寻根'的目的。"对"小说"这种文体本身，他也有独到的理解："小说应当是随心所欲。小说小说，就是在'说'，人在说话的时候难道有一定的格式吗？它首先是一种感情的宣泄，再就必须是创造。当然这并不是说一切无章无法，而恰恰这是有一个极大的各自限制。"

贾平凹坦言拉美文学给了他很大的启迪，他感慨于拉美作家在"玩熟了欧洲的那些现代派的东西后，又回到他们的拉美，创造了他们伟大的艺术。"他对日本作家川端康成非常敬佩："作为一个东方的作家，他（川端康成）能将西方现代派的东西，日本民族传统的东西，糅合在一起，创造出一个独特的境界，这一点太使我激动了。读他的作品，始终是日本的味，但作品内在的东西又强烈体现着现代意识，可以说，他的作品给我的启发，才使我在一度大量读现代派哲学、文学、美学方面的书，而仿制那种东西时才有意识地又转向中国古典文学艺术的学习。到了后来，接触到拉美文学后，这种意识进一步强化，更具体地将目光注视到商州这块土地上。"

对于"文化断裂带"问题，贾平凹的看法是："我们所沿用的可以说

---

① 王永生主编：《贾平凹文集》第 14 卷，陕西人民出版社 1998 年版，第 146 页。

仅仅是十九世纪的东西，现代的东西几乎一无所知了"，"当今文坛争论'断裂带'问题，无疑是一件好事，无论准确还是偏颇，都将会使我们清醒地来'面对永恒和没有永恒的局面'，有意识地继承传统文化和吸收外来文化。文学创作上的大度，兼容并蓄，广泛吸收，才可能有好的作品、大的作品出现。"①

10月 贾平凹应《汉江文学》之邀到安康考察，受聘为《汉江文学》的顾问。同时，为文学讲习所的五百多名学员讲课。早在1982年早春，他来过一次，曾作《紫阳城记》《鬼城》。他对《汉江文学》的主编陈长吟说："这次来使我认识了陕南的多层次。安康与商洛是有区别的。比如商洛的山更雄浑，民更拙朴，接近秦川；安康的山愈俊秀，民愈精巧，接近楚地。真是同中有异，异有不同。"

在此期间，贾平凹应邀写了评论陕南作家王蓬的文章，也给《汉江文学》写了小说《火纸》。贾平凹跟陈长吟谈《火纸》创作思想时说："这部小说是由这次采得的安康生活杂糅而成的。可以看出，葫芦镇是照旬阳县城的模样画下来的，火纸坊则取材于白河县。整个故事和人物是虚构的，孙二娘的茶社却又是旬阳县的真实。文中的算命拆字是在平利县招待所听别人讲的，人们唱的民歌是从《安康民歌》中选录的。总之，虚虚实实、真真假假，就成了这部小说。"对于小说悲惨结局的设计，贾平凹解释说："这是我故意安排的，目的是让阿季最后一把火烧光火纸，也烧掉其他一些东西，为过去的一切送葬。我总想对生活现象作一些哲学的探索。"②

短篇小说《人极》刊于《文汇月刊》第10期。

短篇小说《黑氏》刊于《人民文学》第10期。

散文《自传：在乡间的十九年》刊于《作家》第10期。

11月 短篇小说《西北口》刊于《当代》第6期。

通信《四月二十七日寄友人书》刊于《上海文学》第11期。

贾平凹、丁帆创作谈《关于〈九叶树〉的通信》刊于《钟山》第6期。

创作谈《变革声浪中的思索——〈腊月·正月〉后记》刊于《十

---

① 陈泽顺：《贾平凹答〈文学家〉问》，《文学家》1986年第1期。
② 孙见喜：《鬼才贾平凹》，北岳文艺出版社1994年版，第343页。

月》第 6 期。

12 月 《光明日报》编辑部召开部分在京文艺家座谈会，议题为"在贯彻党代会精神和社会主义精神文明建设过程中，作家、艺术家如何发挥更积极的作用，如何在保证创作自由的同时，强调社会主义方向，加强社会责任感。"《光明日报》陆续刊登了座谈会发言。贾平凹认为，"在创作保障不了自由的时候，我们疾呼创作的自由；在创作保障了自由的今天，我们召唤着作家的社会责任感。古人都讲，'文以载道'、'志在兼济'，何况我们今人？但是，文学如何表现当代人的风姿和心声，真正起到文学对人的陶冶作用？这就需要我们在牢记文学的社会使命的总的要求下，进一步丰富我们的文学，要深层次地表现生活，不要导致一种公式化、概念化。否则，起不到文学所应起的作用，反要倒读者的胃口，可以用这样一句话来说，作为一个作家，如果不关心人民，冷淡人民，到头来人民必定会冷淡作家的；而作为一个作家，如果表层地、虚假地、公式化概念化地对待生活，糊弄人民，到头来人民将会唾弃这个作家，生活也会报复性地糊弄他。"① 路遥在发言中说："远离我们喧腾的大时代的生活，提倡作家、艺术家都跑到'原始森林'中去'寻根'，恐怕也值得研究。我认为，可以有一些朋友去'寻根'，但我们面临的更大的任务是要关注我们正在建筑中的新生活的大厦，不能把所有的作家和艺术家都拉入生活的'考古队'。我们的艺术天空，当然应该反映出生活大地上的各种'水系'，但不可忘记'长江'和'黄河'——我们生活的主流。"②

中篇小说集《小月前本》由花城出版社出版。

创作谈《我的追求》刊于《文学时代》第 12 期。

《贾平凹文论集》由青海人民出版社出版。

《十月》杂志编辑侯琪知道贾平凹写了一部长篇，写信给贾平凹，希望将稿子寄她看看。她看过后认为写得不大理想，就将她的意见告知贾平凹并希望他细细地修改一遍。不久，贾平凹给侯琪回信说："我现已将原稿一并作废了，从头一个字重新写。因为小修改已不起作用，要修改就彻底重写。我现已开始写了一万字。光开头就改写了七次。每日

---

① 贾平凹：《深层次地表现生活》，《光明日报》1986 年 1 月 2 日。
② 路遥：《关注建筑中的新生活的大厦》，《光明日报》1986 年 1 月 2 日。

只能写出几百字,但写出来的,感觉还可以。我想扎扎实实,真正弄些好东西出来。恐怕1985年大部分时间就磨这部作品了。我衷心感谢您!"①

散文《我的小传》刊于《文学青年》第6期。

作家阿城把中篇小说《小月前本》改编成电影剧本《小月》,剧本以《月月》为名发表在《上海文学》上,电影由北京电影制片厂拍摄。

本年度所获奖项

《腊月·正月》获中国作家协会第三届"全国优秀中篇小说奖"。
《腊月·正月》获"《十月》文学奖"。
中篇小说《黑氏》获《人民文学》"读者最喜爱的作品奖"。
中篇小说《鸡窝洼人家》获西安首届"冲浪"文学奖。

本年度重要研究论文

蔡翔:《行为冲突与观念的演变——读贾平凹〈腊月·正月〉》,《读书》1985年第4期。

费秉勋:《论贾平凹》,《当代作家评论》1985年第1期。

费秉勋:《贾平凹创作历程简论》,《当代文坛》1985年第4期。

黄镇伟:《贾平凹作品及研究资料目录索引(1979—1984年)》,《人文杂志》1985年第3期。

韩石山:《且化浓墨写春山——漫评贾平凹的中篇近作》,《小说评论》1985年第5期。

李炳银:《历史的弃客,文学的典型——论贾平凹笔下的韩玄子形象》,《当代文艺探索》1985年第3期。

李健民:《赋予题材和人物丰富的内蕴——评贾平凹的中篇新作〈远山野情〉》,《小说评论》1985年第5期。

刘建军:《贾平凹论》,《文学评论》1985年第3期

夏刚:《折射的历史之光——〈腊月·正月〉纵横谈》,《当代

---

① 孙见喜:《鬼才贾平凹》,北岳文艺出版社1994年版,第348页。

作家评论》1985年第1期。

　　许柏林：《当前我国农民的社会心理——评贾平凹〈鸡窝洼的人家〉》，《当代作家评论》1985年第1期。

　　杨世伟：《八十年代中国农民的心灵秘密——评贾平凹的几部中篇小说》，《文学评论家》1985年第4期。

一九八六年　三十四岁

1月　中篇小说《古堡》刊于《十月》第1期，获1986年度"西安文学奖"，后又改编为六集电视连续剧，在安徽电视台播放。《古堡》是贾平凹1980年以来创作探索的综合体现，也是他五年来各种创作探索的集大成作品。

陕西的大型文学刊物《文学家》在第1期推出《贾平凹研究专辑》。

2月　短篇小说《火纸》刊于《上海文学》第2期。作品发表之后，被评论家们称为"一篇哲学意识萌动的作品"。评论家常智奇在给《小说评论》的专论里写道："《火纸》的意义就在于它从中国哲学意识的审美特征出发，用经济体制改革的当代意识去冶炼原始野性，浇铸建造改革时代文学艺术大厦的砖瓦。真正用中国哲学意识的审美特征去和中华民族的文化意识联姻，反映中国当前经济改革现状的小说，显然应从《火纸》算起。"①

3月　广州《羊城晚报》授予贾平凹"优秀作者奖"。

短篇小说《水意》刊于《钟山》第2期。

4月　短篇小说《陕西平民志》刊于《延河》第4期。

诗歌《情诗二首》刊于《延河》第4期。

5月3日　作创作谈《对〈火纸〉要说的》，表达对文学中"商州"的认识："我对于商州的小说，现在只能说，那写的还只是地图上划分的那一块行政区域的商州，若好一点的话也只是新时期中国的那一块商州，根本还没有把商州当作心理上的商州，当作人类的宇宙的光照之下的商州。""我的小说还仅仅是在悦目悦耳的境界下，或悦情悦意的境界下，

---

①　常智奇：《一篇哲学意识萌动的作品：浅谈贾平凹的〈火纸〉》，《小说评论》1987年第1期。

还远没有达到悦神悦智的境界。""我为我的自卑可笑,稍微感悟到了一点文学的含义,极力想自尊起来,而随之产生的自卑意识就强烈地沉重地压抑着我,我明白从事文学需要自信,但这种自信就慢慢让我在自卑中去完成吧。""所以,我说,我还是喜欢这个《火纸》的,我喜欢那个主体精神高扬的砍竹少年阿季和那个卖茶的孙二娘,我喜欢那汉江两岸的山镇,喜欢那江面上的歌声,我尤其喜欢的是阿季为砸竹女的烧纸和那沉重的号子声。"①

5月 《散文选刊》第5期推出贾平凹散文特刊,所选《自在篇》《敦煌鸣沙山记》《自传——在乡间的十九年》等八篇作品,代表了他这一阶段的散文成就,本刊同时刊登费秉勋的评论文章《贾平凹散文说略》。

6月 应商洛师专邀请回商州讲学,谈"文学主体精神"问题。

7月 作创作谈《一点感悟》,阐述"文学到底是干什么的"这一问题。"文学到底是干什么的?"中国的作家"终于顿悟到对于社会心态的注意",这"使我们打开了思路,冲破了一切框式的束缚,而去自由地创造我们所需要的内容和形式了"。"中华民族是沉重的民族,作家有'先天下之忧而忧'的传统,其意识在现在是相当之强烈的。追求自尊而产生强烈的自卑,以强烈的自卑为基础来完成真正的自尊,我们这一代人,包括我们作家都在寻找一个支撑点。这恰是我们的希望所在。"

7月8日 到陕西省户县写作长篇小说《浮躁》。户县距西安四十公里,在写作期间,生活上得到"乡党"李连成的照顾。

7月25日 为河南作家周同宾的散文集作序,评价周同宾的散文"本质本分本色",文章有"憨憨之情,可爱之处",同时提出:"作为一个散文作家,其知识结构更需丰富,散文不能是一种轻描淡写的制作,其底蕴的丰厚、内涵的深沉,应是当前散文急需解决的事。"②

7月29日 作《〈陈长吟散文集〉序》。

8月 长篇小说《浮躁》(选载)刊于《延河》第8期。

散文集《贾平凹游记选》由陕西人民美术出版社出版。

9月17—21日 陕西作协分会在西安召开了"小说创作突破与提高

---

① 贾平凹:《对〈火纸〉要说的》,《小说选刊》1986年第7期。
② 周同宾:《周同宾散文》,河南文艺出版社1999年版,第1页。

研讨会"。来自省内各地的近六十位老中青小说作家、评论家和文学期刊编辑出席了会议。会议认为陕西的小说创作是有自己的创作个性的,例如路遥的深沉绵密、贾平凹的钟灵秀雅、陈忠实的淳厚朴实,这些都是作家自身逐步形成的创作个性和风格。会议肯定了陕西文学创作形成的三个特点:"一是继承和发扬现实主义的文学传统;二是贴近时代和人民群众的生活;三是具有强烈的责任感和使命感。"会议也探讨了陕西创作存在的不足:观念需要更新,作家群体艺术功底薄弱等。

9月 上海文艺出版社聘请贾平凹为"第五代作家小说丛书"编委。

福建海峡文艺出版社出版《贾平凹集》,该书收入《小月前本》《鸡窝洼的人家》《腊月·正月》《天狗》等作品。此书是海峡出版社出版的"新时期中篇小说名作丛书"的一种,主编为中国作家协会副主席冯牧。文集所选作家为:王蒙、丛维熙、邓友梅、冯骥才、陆文夫、张贤亮、张洁、张一弓、张承志、蒋子龙、谌容、贾平凹共12人。冯牧在序言中说:"新时期文学十年,是我国文学发展史上的一个成就昭著、硕果丰富的光辉时期。尽管出现了一些新的问题和新的矛盾,我仍然认为,这十年,是我国当代文学发展中最有朝气,最有活力,最富有开拓精神、建设精神、创造精神和开放精神的十年。"贾平凹在《贾平凹集》的后记里说:"艺术的最高目标是在于表现作者对宇宙人间的感应,发掘最动人的情趣,在存在之上建构他的意象世界。我追求一种莽苍的旷达的东西,追求一种硬的和谐,追求自己的成熟。"

中篇小说《天狗》由作家出版社出版。获《中篇小说选刊》优秀作品奖。

10月 《青年散文家》杂志社聘贾平凹为该刊顾问。

11月 为中原农民出版社编中篇小说集《故里》。在为《故里》所做的"跋"中,贾平凹表达了自己"自卑与自信交织"的创作心理:"文学使我十分的自信而又十分的自卑。自卑来自于自信上,自信又建立在自卑上。""一个作家的贡献,很重要的一面是文体的贡献。文体不是形式,当然也不是个什么流行讲的所谓文风,是感应和表现世界的思维角度,本身就是内容。在试验中找到和完成新的叙述方式,结构方式也已经使我们不得不重视起来了。但愿危机感不断地压迫我们,但愿在危机中获得新生。"

短篇小说《水意》在南京《钟山》第2期发表。

诗歌《情诗二首》刊于《延河》第4期。

12月20日　接到白烨来信。信中，白烨就他的商州系列小说作了如下评价："你正在向生活和艺术的纵深处挺进。你已经有了自己的艺术领地——商州。你因为有商州，而有今天的创作成就；商州也因为有你，遂为文苑所瞩目。你与商州，都应为占有对方而幸运。你的商州系列作品，读起来真切引人，但你并不是在纪实。作品里分明有你的想象，你在仿摹商州，也在创造商州，但是你把技巧隐藏得很深很深，让人看不出斧凿的痕迹。你做到了你所追求的'使作品尽量生活化'，'使所描写的生活尽量作品化'，你的商州系列作品给人最突出的印象是你独特的视角。你笔下的生活，笔下的人物都不带那种叱咤风云的色彩，普通得不能再普通，平凡得不能再平凡。但这些小人物都在生活的海洋中荡起自己的小舟，有声有色地走着自己的人生航程。""你的作品往往写的是一角一隅，但人们又能明显地感觉到一种时代气息的拂动。你已经把时代精神（倾向性）、生活感受（真实性）、创作技巧（艺术性）有机地融为一体，并化为一种内在的审美意识，你艺术的眼光更深邃、更浑厚了，这使你向自由的境界迈出了一大步。这样，你所发现的表现的生活及人物，自然就有了独有的深度。这是一个标志，标志着你在寻求与生活，与艺术的更好更深的契合中找到了自己的坐标点。"①

12月28日　贾平凹等九人赴北京参加中国作协召开的"青年文学创作会议"。

12月　短篇小说《龙卷风》刊于《人民文学》第12期。

散文集《商州三录》由百花文艺出版社出版。

穆涛在《距商州最近的一间房子》一文中，阐述了贾平凹与商州的关系："商州是贾平凹生命河流的发源地和上游，同时更是他心灵的灿烂花园。""那片美丽但落后的土地经由他的心灵创造，通过他的笔赢得了世人的熟稔和尊敬。"②

诗集《空白》由花城出版社出版。在后记中，贾平凹写道："我更多的是写小说和散文，最倾心的却是诗；并不是故作多情，我读诗的时候，

---

① 孙见喜：《鬼才贾平凹》，北岳文艺出版社1994年版，第347页。
② 穆涛：《距商州最近的一间房子——贾平凹的写作间》，《当代作家评论》1999年第2期。

确实身心极易处于激动。但是，诗如火一样令我难以接近……中国人感知和把握世界是整体论的意识，诗则贯通其中，是有意而无形的；今生就是做不了诗人，心中却不能不充盈诗意，活着需要空气，但更需要诗啊。"此诗集的出版受到老诗人邹荻帆的大力推荐。邹荻帆断言，贾平凹的诗集一定会受到读者欢迎。

本年度获奖作品

关中曲子《车闸》获文化部及中国曲艺家协会评选的"全国曲艺创作二等奖"。

散文《商州又录》获《羊城晚报》社"优秀作品奖"。

中篇小说《黑氏》获《人民文学》评选1985年度"读者最喜爱的作品奖"。

本年度重要研究论文

陈华昌：《贾平凹散文和中国传统审美意识》，《文学家》1986年第1期。

丁帆：《浅论贾平凹的四部近作》，《中国现当代文学研究》1986年第2期。

费秉勋：《论贾平凹小说创作中的现代意识》，《语言学习与研究》1986年第8期。

郭踪：《古堡：改革文学的新风姿——兼论行程中的贾平凹风格》，《当代文坛》1986年第6期。

韩望愈：《贾平凹散文的特质、意境和语言》，《文学家》1986年第1期。

黄立宇：《谈贾平凹个性和他的散文创作》，《当代文坛》1986年第2期。

江河水：《雍山之魂——评贾平凹中篇新作〈西北口〉》，《文论报》1986年4月21日。

贾平凹：《对〈火纸〉要说的》，《小说选刊》1986年第7期。

李星：《贾平凹：一个不断实现者的自我》，《文学家》1986年第 1 期。

李振声：《商州：贾平凹的小说世界》，《上海文学》1986 年第 4 期。

李陀：《中国文学中的文化意识和审美意识——序贾平凹著〈商州三录〉》，《上海文学》1986 年第 1 期。

刘建中：《人、作品及其它——贾平凹印象记》，《当代作家评论》1986 年第 4 期。

雷达：《模式与活力》，《中国现当代文学研究》1986 年第 8 期。

秦鹰：《读贾平凹的〈火纸〉》，《小说评论》1986 年第 5 期。

孙见喜：《贾平凹其人》，《文学家》1986 年第 1 期。

曾镇南：《说〈黑氏〉》，《中国现当代文学研究》1986 年第 12 期。

一九八七年　三十五岁

1月　长篇小说《浮躁》刊于《收获》第1期，作家出版社同时出版单行本《浮躁》。《收获》刊发《浮躁》后，承受了巨大的社会压力。"上海一位领导在一次干部万人大会上，点名批评了这个作品。巴金知晓此事后，通读全文，说作品没有问题。"①

《浮躁》描写了中国农民进入新的历史时期以来为摆脱贫困、封建残余势力和旧意识的束缚所经历的经济、政治、文化、道德、心理的复杂曲折斗争。反映了商州农民在改革的大潮中一种浮躁的心态，也反映了一个时代、一个民族的"心"史，揭示了在商品经济中出现的新的问题及矛盾。该小说受到了支持"改革文学"批评家们的高度肯定。

贾平凹与王愚谈了关于《浮躁》的构想："想把生活面打开，写中国目前发生的事情，又把它和历史进程联系起来，造成一种比较宏大的规模。""现在社会上对改革文学有些逆反心理，我想主要是这号文学写得太表层，又成了新的模式。能不能写了现实生活，却不是就事论事，使它升华起来，叫它寿命更长一点，我觉得关键是要突破小家子气，一方面生活面要开阔，一方面站的角度要高。""我觉得应该提这样一个问题，怎样把道德、历史和现代意识这三个东西糅合在一块"，"拿《浮躁》来讲，怎样看《浮躁》中这些人，比如金狗、雷大空、小水、石华等，要评价这些人当然只能用现代意识，现代意识就是当代意识，当代意识严格讲里面也包括一种历史的眼光，不能就事论事来看这个东西，所以，不能仅仅用道德，尤其是过去的道德标准来评价，如果仅仅用道德来评价，只能导致黄世仁和白毛女的模式。"②　王愚认为《浮躁》的价值有两

---

①　周立民：《珍藏半个世纪的文学记忆》，《文汇读书报》2007年9月5日。
②　贾平凹、王愚：《长篇小说〈浮躁〉纵横谈》《创作评论》1998年第1期。

层意义:"一、小说对于当前改革的时代,做了深层次的探讨;二、在深层次的探讨中,小说提出了许多关于人生的重大课题。"

中篇小说《故里》刊于《十月》第2期。

中篇小说《天狗》获福建《中篇小说选刊》杂志社"优秀作品奖"。

中篇小说《古堡》获西安市作家协会评选的"西安文学奖"。

散文《走三边》获《散文选刊》杂志社"首届优秀作品奖"。

4月 短篇小说集《晚唱》由百花文艺出版社出版。

6月 参加漓江出版社组织的"文学笔会"。与汪曾祺会面。汪曾祺称其为"鬼才",贾平凹赞其为"文狐",贾平凹有诗记载:

> 平生懒出门,西南第一行。
> 不慕高堂显,一识汪与彭。
> 汪是一文狐,修炼成老精。
> 彭有双瞳目,恫然识大鸿。
> 桂林七日短,南宁非长程。
> 说文桄榔下,啖荔叙缘情。
> 红土多赤日,晒我脸如铜。
> 身无彩翼飞,心有一灵犀。
> 人生何其瞬,长久知音情。
> 愿得沾狐气,林中共营生。
> 一编散文卷,鸟知树包容。①

汪曾祺在散文《五味》中记载:"和贾平凹在南宁,不爱吃招待所的饭,到外面瞎吃。平凹一进门,就叫:'老友面!''老友面'者,酸笋肉丝氽汤下面也,不知道为什么叫做'老友'。"②

彭匈在其散文集《向往和谐》的随笔中,也有记载:西安作家贾平凹和江苏高邮作家汪曾祺应他之邀到南宁,逛了一天街后,晚上回到他们下榻的宾馆,彭匈问他们,南宁给他们留下印象最深的东西是什么?贾平凹不假思索地抢答道:"老友粉!"说完彼此哈哈大笑了好

---

① 彭匈:《向往和谐》,华夏出版社1997年版,第190页。
② 汪曾祺:《五味》,山东画报出版社2005年版,第84页。

一阵。

7月21—22日 《小说评论》编辑部在西安召开《浮躁》讨论会。与会者认为,"《浮躁》是一部以对现实的同步思考为特征的,试图从客观上全方位地把握时代律动的重要作品,它既反映了广大人民的改革要求和改革给中国当代社会所带来的活力,又尖锐地触及了在开放搞活、发展城乡商品生产中出现的多种问题和多种新的矛盾。""《浮躁》最引人注目的是它从整体上所做的对时代情绪,对时代的文化心理的准确概括。在新时期文学中,视野如此开阔,时空如此宽广,气度如此恢弘,而且十分自觉地把笔墨放在展现中国当代社会文化心理形态上,实在是过去所未曾有过的。《浮躁》对当代中国人人性建构的展现,社会心理的挖掘,社会情绪的把握,都达到了相当深度。这次讨论会对小说的创作主旨、创作方法、创作心理的各方面进行了肯定性的评价,并联系贾平凹的创作历程来看,认为《浮躁》是贾平凹个人思想艺术集大成的作品;在艺术构思上,实现了整体性艺术思维的效果。"①

9月27日 散文《南国笔记(二章)》刊于《人民日报》。

9月 长篇小说《商州》由北京十月文艺出版社出版。《商州》向读者讲述了80年代初期的乡村生活,是作者剖析中国社会的历史发展和生活变革的一面镜子。贾平凹对《商州》倾注了很多的感情:每一个单元都注入了大量的笔墨描写商州各个地方的地域特色和风土人情,还有当地的神话传说以及故事传言。

10月 散文集《贾平凹散文自选集》由漓江出版社出版。据编辑彭匈回忆:"当时要出一套当代有特色的作家自选集,不一定要大红大紫,偏重个人艺术特色。于是,很快就确定了贾平凹和汪曾祺。"②

这是贾平凹的第一本自选集。那时当代作家还没有出过自选集。贾平凹当时曾担心"出这么厚一本,怕影响了经济。"但事实上,随着时间的推移,《贾平凹散文自选集》不但没有影响了"经济",反而带来了很可观的收益。《贾平凹散文自选集》第一版印数五千多册,1990年第二版,三千多册。但是,到了1991年,第三次重印,已经高达一万五千册;

---

① 参见《时代心理的整体把握——贾平凹长篇小说〈浮躁〉讨论会纪要》,《小说评论》1987年第6期。

② 彭匈:《向往和谐》,华夏出版社1997年版,第186页。

1994年3月，第四版，印数四万三千册，两个月后追加三万册。此后，每年大概重印一次。至1996年年底，《贾平凹散文自选集》累计印数达一十二万册。①

11月20日 作家出版社邀请评论家十多人在北京召开了贾平凹长篇小说《浮躁》讨论会。评论家们一致认为这是写农村现实生活的扛鼎之作："要了解当前的中国社会，不可不读《浮躁》。它的出现，是近年来长篇小说创作中的一个重要成果。"《文汇报》《人民日报》均做了专题报道。之后，香港天地图书公司征得贾平凹同意，在香港出版豪华本的《浮躁》海外中文版。同时该书在台湾的出版事宜也由天地公司代理（后由皇冠出版社出版）。英文版的翻译工作也开始进行，并议定1990年在美国路易斯安那州立大学出版社出版。

11月 中短篇小说集《故里》由中原农民出版社出版。

12月2日 在书信《致友人》中谈"文体"与"个性"的关系："无论什么派系，关键看其作品之境界大小，底蕴深浅如何，创作实在是没有什么技巧，而只有个性。当今人多谈文体，文体也不是强为，也是个性的表现的需要。这也正是形式即内容一说的根源吧。创作同评论一样，都需要有天才，需要有生活。"②

本年度获奖作品

  中篇小说《天狗》获福建《中篇小说选刊》杂志社"优秀作品奖"。
  中篇小说《古堡》获西安市作家协会"西安文学奖"。
  散文《走三边》获《散文选刊》杂志社"首届优秀作品奖"。
  小说《商州初录》获《钟山》杂志社"首届钟山文学奖"。
  散文《弈人》获广东《随笔》"1987年度佳作奖"。

本年度重要研究论文

  常智奇：《一篇哲学意识萌动的作品——浅谈〈火纸〉》，《小说

---

① 彭甸：《向往和谐》，华夏出版社1997年版，第187页。
② 王永生主编：《贾平凹文集》第14卷，陕西人民出版社1998年版，第144页。

评论》1987 年第 1 期。

董子竹：《成功地解剖特定时代的民族心态——贾平凹〈浮躁〉得失谈)》，《小说评论》1987 年第 6 期。

费秉勋：《论〈古堡〉》，《小说评论》1987 年第 2 期。

金平：《由"浮躁"延伸的话题：与贾平凹病榻谈》，《当代文坛》1987 年第 2 期。

梅蕙兰：《水之性情与山之精神——李杭育与贾平凹创作比较》，《当代文艺探索》1987 年第 6 期。

李振声：《贾平凹与李杭育：比较参证的话题》，《当代作家评论》1987 年第 3 期。

徐明旭：《说"浮躁"》，《文艺评论》1987 年第 6 期。

周政保：《〈浮躁〉：历史阵痛的悲哀与信念》，《小说评论》1987 年第 4 期。

一九八八年 三十六岁

1月 短篇小说集《冰炭集》由陕西人民出版社出版。贾平凹在创作谈《关于"冰炭"》的文章里说:"我觉悟到愈是别人都写的,尽量少写;愈是别人不写的,详细来写;越是要表现骇人听闻之处,越是笔法冷静,不露声色,似乎随便极了,无所谓极了。这种大涩、大冷、铁石心肠,才能赢得读者大润、大热、揪心断肠吧。"

2月1日 为百花文艺出版社建社三十周年作散文《花好月圆》。贾平凹的第一部散文集《月迹》曾于1982年由天津百花文艺出版社出版。正是通过"百花社",贾平凹认识了孙犁。"老人在我写出散文的初时,竟写了对我散文的第一篇评论,后又为《月迹》作序。我一直珍视这篇序,序中的那些告诫,我相信将会指导我的一生的创作。"①

2月6日 给作家北村信,题为《时代呼唤大境界的作品》。信中表达了贾平凹对文学一贯的追求——"大境界":"回顾新时期文学历史,我们不可妄说取得如何成就,严格讲是做了两件大事:一、文学冲破了禁区。二、文学在努力打通思维。""以前我们为一些作品叫好,现在看来未免是一种浅薄了。现在,重新提出'建立',是需要一种大境界的作品出现,大气的作品出现","这一类作品是不能离开本民族的主河道的,但却不同于一直固守那种河道的做法,他的无技巧,应是大技巧,他的回归应在反动之后。成功者,将是学过现代派的又反过来珍视民族东西的人,倒不是一味的现代派,或一味的民族派。作品不是哲学手册,也不应是哲理的衍义,但作品没有哲学意味则不行,人物应该是丰富的,人物更应是符号的。"②

---

① 王永生主编:《贾平凹文集》第14卷,陕西人民出版社1998年版,第170页。
② 同上书,第174页。

3月29日至4月17日 与几位气功师同去广州等地游历近20天，以文记载"羊城"的风景："四月的羊城，终日欲雨无雨，无雨衣潮，混混沌沌的，它不像北方有雨就倾盆，无雨则炎日。""看城无城墙，人皆着浅色衣，或许乏之凝重，但满城楼多且高，势在空中拥挤。而一街随处可见花木，又令人放松了那种古板。以往只知广州人喜欢体育，又往往不解广州人怎么会喜欢体育？如今方知广州的体育大有一种各自表现的意味。"①

4月 中篇小说集《妊娠》由作家出版社出版。

5月 短篇小说《双岔树》刊于《延河》第5期。

贾平凹被陕西师范大学聘为客座教授，给中文系的学生讲《新时期散文创作》，列出15节课程的题目，分别为：①总论；②散文与时代精神；③散文的心灵感应；④散文生活领域之扩展；⑤散文的哲理；⑥人之境界的培养；⑦主题的模糊与多义；⑧散文的第二自然创造；⑨散文的语言；⑩散文的做法；⑪中西散文比较；⑫西北散文与东南散文之比较；⑬老一代散文家与中青年散文家的散文之比较；⑭余光中散文之启示与思维开放；⑮小结与交流。

在《〈黄宏地散文集〉序》一文中，贾平凹提出作散文要有"平常心"和"入俗"的观点。"强调平常心，为的是能充分地享受到生活的艺术，且彻底地放松写作时的紧张"，"不要企图自己的作品要改变世界，也不要企图自己的作品要塑造出自己是作家的形象。在看到人生的美好或看到人生的残缺而在这美好与残缺中完满自己作为人的一种享受，这便产生了艺术"。"强调出了俗而再入俗，为的是解放散文旧的框式的思维，使散文也产生出史诗的意味，且在能整体地感受生活之后也更能超越而出来高居把握作品的结构和气韵。一味地要雅，咀嚼小意境和小诗意以及小哲理，必是退化到鸡肠小肚。"②

8月12日 住进西安市传染病医院，被诊断为肝炎，此时正创作长篇小说《忙忙人》。在散文《人病》中，贾平凹写出了一个病人的真切感受："我们失却了社会上所谓人的意义，却获得了崭新的人的真情，我们有了宝贵的同情和怜悯心，学会了宽容和体谅，热爱了所有的动物和植

---

① 孙见喜：《鬼才贾平凹》，北岳文艺出版社1994年版，第364—365页。
② 王永生主编：《贾平凹文集》第14卷，陕西人民出版社1998年版，第172页。

物、体会了太阳的温暖和空气的可爱。说老实话，这里的档案袋里只有我们的病史而没有政史，所以这里没有猜忌，没有幸灾乐祸，没有钩心斗角，没有落井下石，没有势利和背弃，我们共同的敌人只有乙肝病毒。我们这里男女没有私欲，老少没有代沟。我们不酗酒，不赌博，按时作息，遵守纪律；我们单人单床，不纳妓宿娼，贵贱都吃一样的药；我们的菩萨是医生和护士，我们的笑真正来自心底；猫头鹰是我们的上帝，我们畏惧又崇拜；我们为花坛中的月季浇水除草，数得清今早开了多少花瓣，昨夜又落去多少花瓣；洞穴的蚂蚁、檐下的壁虎，我们差不多认得谁是谁的父母儿女。我们虽是坏了肝的人，但我们的心脏异常的好。"

8月 中短篇小说集《冰炭集》由陕西人民出版社出版。

10月26日 参加中国作家协会和美孚石油公司在北京举行新闻发布会。飞马奖的评委会主席向新闻界、文化界宣布："由美孚石油公司设立的飞马文学奖，经过中国评委会的认真研究和讨论，并广泛听取了中国文学界的意见，已决定将该项文学奖授给贾平凹创作的长篇小说《浮躁》。获奖评语为：'由于作者对当前现实状况的敏锐、独特的艺术把握，使《浮躁》成为新时期文学带有标志性的重要作品之一。'"

贾平凹在新闻发布会上发言："在中国的文坛上，我属于青年作家，却经历过一系列动荡的年月。我长年生活在中国的西北，那里是中国比较艰苦的地方，但正是于这么个地方，便能从另一个角度体察到我们这个民族的兴衰变化。我感受着也在参与着我们民族经历了种种磨难之后的新的变革，为取得伟大的成就而欢呼着，也同时为存在的种种困难而焦急着和努力工作着。《浮躁》就是力图表现中国当代社会的现实的，力图在高层次的文化审视下来概括中国当代社会的时代情绪的，力图写出历史阵痛的悲哀与信念的。小说写到的仍是我许多作品曾经写过的一块叫商州的地方，它是我的故乡，更是我的小说的世界。我描写它的时候，希望人们意识到那块土地所蕴藏的意义，企图把这种意义导向对于历史，对于传统，对于现实的民族生活，对于种种人生方式及社会人性内容的更深刻的醒悟和理解。对于当代的中国，全世界都在关注着，我们也需要全世界了解我们支持我们，同样，我们中国当代文学也需要全世界了解和支持。"[①]

---

① 储子淮：《作家贾平凹》，陕西师范大学出版社2012年版，第34页。

飞马文学奖由美孚石油公司提供赞助，每年授予一个国家的一位作者。1977 年以来已经授给了四大洲七个国家的文学作品。该奖的设立是为了促使很少译成英文的国家的优秀作品获得国际承认。美籍华人作家聂华苓建议 1988 年度奖授予中国作家，她是该次文学奖的顾问。中国作家协会接到该决定后，成立了由唐达成、汪曾祺、刘再复、萧乾、茹志鹃等 5 位专家组成的评选小组，经过三次遴选，《浮躁》一举夺魁。

10 月 28 日　《人民日报》刊发消息："'美孚飞马文学奖'首位汉文得主贾平凹以其作品《浮躁》获此殊荣"。

10 月　中篇小说《故里》获第三届"《十月》文学奖"。

11 月 4 日　汪曾祺作《贾平凹其人》，称赞贾平凹是"当代中国作家里的奇才"。文章回顾了贾平凹的创作历程，称他是一个"很平易淡泊的人"，"在稠人广众之中，他总是把自己缩小到最小限度"，但"在闲谈中极富机智，极富幽默感"。同时，希望贾平凹"写得轻松一点，缓慢一点，不要这样着急"，"希望他以后的写作更为'受活'"。"《浮躁》确实写得还有些躁，尤其是后半部。人物心理，景物，都没有从容展开，忙于交代事件，有点草草收兵。作为象征的州河没有自始至终在小说里流动。"①

12 月 27 日　作《〈龙永杰散文集〉序》。

12 月　散文集《商州三录》由百花文艺出版社出版。

本年度获奖情况

长篇小说《浮躁》获美国第八届"美孚飞马文学奖"。
散文《弈人》获广东《随笔》"1987 年度佳作奖"。
中篇小说《故里》获《十月》杂志社第三届"《十月》文学奖"。
长篇小说《浮躁》获"西安市一九八七年 H·G 文学奖一等奖"。

本年度重要研究论文

陈文东：《贾平凹的散文创作》，《文学评论家》1988 年第 2 期。
曹家治：《散文中的史诗美感——评贾平凹散文〈黄土高原〉、

---

① 汪曾祺：《〈浮躁〉四人谈：贾平凹其人》，《瞭望》（新闻周刊）1988 年第 50 期。

〈秦腔〉〉,《当代文坛》1988年第3期。

何镇邦:《赞歌与挽歌:略谈长篇小说〈浮躁〉反映改革的深化》,《工人日报》1988年2月28日。

李其纲:《〈浮躁〉:时代情绪的一种概括》,《文学评论》1988年第2期。

刘思谦:《不必为了理解——金狗、雷大空论》,《当代作家评论》1988年第1期。

庞俭克:《全新的散文探索——读〈贾平凹散文自选集〉》,《中国青年报》1988年10月9日。

王愚、贾平凹:《长篇小说〈浮躁〉纵横谈》,《创作评论》1988年第1期。

汪曾祺:《〈浮躁〉四人谈:贾平凹其人》,《瞭望》1988年第50期。

王彬彬:《俯瞰和参与——〈古船〉和〈浮躁〉比较观》,《当代作家评论》1988年第1期。

一九八九年　三十七岁

1月20日　在散文集《守顽地》的序言中，表达了对于"自由心性"的追求："到了现在的社会，人的感觉里地球十分狭小，城市的居民们没法奢想那野山野水的自然，却谁也盼望着在自己的住所前后有一块方圆之地。或者种些菜蔬，或者植些花草，或者什么也不装饰，裸空出那一方净土：一切都是自己心性的经营，喜怒哀乐皆放松自由，很受活。这当然不是一种逃避，恰是真的灵性，顽得幼稚天真，实在是太难得，虽是有些许小家气之嫌。"①

2月　由西安市传染病医院转到西安医科大学第二附属医院住院治疗。

4月3日　在所作的《〈杨莹诗集〉序》里对"纯净、纯真"的诗风大加赞赏："在我们诗坛上，与其挖空心思要做哲人，堆砌字眼故作高深，真不如她这么坦荡荡暴露出一个纯净心灵的感觉。这个世界已混沌不清，抨击丑恶发泄怨愤是一种战斗，而宣扬纯净也是战斗。人生的残缺使我们悲痛和激愤，而在残缺人生中享受纯真美好，更是我们的一种生活的艺术和人生的艺术。"②

4月19日　应邀赴无锡参加首届"全国优秀散文奖"颁奖大会。散文集《爱的踪迹》（上海文艺出版社1984年出版）获"优秀散文一等奖"。无锡的活动完毕，去上海领奖，散文《人病》获《文汇报》"优秀作品奖"。

5月3日　贾平凹获"全国青联十大杰出委员"称号。

5月4日　作《〈阿莹作品集〉序》，谈论"写作技巧"等问题："技

---

① 王永生主编：《贾平凹文集》第14卷，陕西人民出版社1998年版，第179页。
② 同上书，第183页。

巧是写作中自然而然就会有的","踩上了正道,创作并不是什么十分受累的活计,只要放松,也就是不要有'我在创作'的心态,天才也便产生了。""如美人之美在于一处特美,创作宁可将某种东西推往极致而不必面面俱到,那些所谓的'闲笔',往往是真性情的勃发,往往是一种文气的释放。"①

5月 散文《笑口常开》刊于《人民文学》第5期。

6月 贾平凹的父亲病逝。贾平凹做《祭父》一文,深情悼念父亲。

7月 作《〈开拓者风采〉序》,序言中对于"农民"这一形象有新认识:"对于农民这个特定的概念,却再也不可能是过去的那种定义了。他们当然仍在面对黄土而辛勤劳作,穷困则已不再扼制着他们的生命;他们当然仍居住在乡间村舍,卑微则已不再侵蚀着他们的灵魂。如今在城市里,很难从服饰和气质上认出谁是进城的农民。在田间地头,随时会听到农民议论国家乃至联合国的大事。亦农亦工亦商的混合型是当代农民的显著特征,经济的巨变使思维、观念得以改观,思维、观念的改观又极大促进了经济的发展,相辅相成循环推动,这便是我们农民之幸事,也便是当今中国之幸事。"②

8月 小说《太白山记》刊于《上海文学》第8期。《太白山记》由十二个短篇组成,作品以秦岭主峰太白山地区的历史文化为背景,将人的潜意识变成实体写出,以实写虚。本期同时发表金吐双(贾平凹的化名)的《〈太白山记〉阅读密码》。应为众先生发表评论认为:贾平凹"由对具体现实的社会形态的关注,转向对更具普遍意义的人性本质和人的生存形态及其价值的形而上的思悟",作品在表现形式上更为"随意自在,作品的意境更趋简淡疏旷","近于《聊斋》的'驰想天外,幻迹人区'"。③

10月13日 在《〈杨清秀作品集〉序》中谈到"文学是一种天性","适合恋爱不适合结婚"。"文学当然是一种事业,但首先是一种天性,不以此炫耀,不以此另有所谋,如书法一样既是艺术又是一种健身活动,它的成功常常是在刻骨铭心的热爱和废寝忘食的劳作后不期然而然的。"④

---

① 王永生主编:《贾平凹文集》第14卷,陕西人民出版社1998年版,第185页。
② 同上书,第186页。
③ 应为众:《禅意与禅心——简评〈太白〉》,《中国图书评论》1992年第5期。
④ 王永生主编:《贾平凹文集》第14卷,陕西人民出版社1998年版,第189页。

10月28日 在信中与范培松探讨散文创作问题。贾平凹就散文创作（《闲人》《笑口常开》《人病》等篇章）的改变谈了自己的想法："想在散文中写社会，写时代，拓宽一下题材范围，用笔硬一些，也幽默一些……"范培松认为"当代散文作家的最大问题是笔力太轻"，而贾平凹的"硬笔"，"把社会上的风云、变迁以及世态众相，统统地带进来了"，"'摸'出了一个新天地，使散文变成了一个'社会'，一个'世界'，而且是多彩的'社会'，多彩的'世界'"。贾平凹在复信中坦言："散文需要力度硬度"，"要有个人对宇宙人生的感应。琐碎的感情成不了气候，玩技巧也只能是鸡肠小肚或花拳绣腿"。"我没事不写，必是经历了什么重大的事之后才写，也可以说心情不好时才写散文。"①

11月15日 作散文集《〈人迹〉序》。《人迹》多谈的是有关人生的内容。在序言中，贾平凹既点出人生之路是"行走一个后是苍崖前是黑林上有夹峰下有深渊霜在滑风在扯战战兢兢移移挪挪裹脚难迈的独板之桥"，又指出了这"独板桥"独特的趣味："板上有霜，但毕竟是桥，是桥就得从此岸去彼岸"，在桥上能"看头顶之上的高天有浮云若鹰若鹤，看冰清的月亮走一步随一步永伴不离，听桥下流水鸣溅，听鸟叫风前，视霜为粉为盐为光洁乳白的地毯，再欣赏欣赏远处的树影斜荷，桥面款款而做的图案……"②

11月21日 作《董蛟诗集序》谈"诗的技巧"问题，提出"真正的诗并不需要技巧"的观点。但是，"要使自己成为真正诗人，以写诗作为事业和职业，除了会表达自己的真情实感外，也还要作更多的修养，这又如一个演员首先应是本色演员进而训练成演技演员一样。"③

11月23日 作《〈静虚村散叶〉后记》，文中记载了贾平凹在白居易写《长恨歌》之地——仙游寺一游之后拾朽木做琴的经历，琴上贾平凹题诗："手操美人琴，目送雁南飞。几多怅惘事，谁知其中味？一曲清音里，盼有神鬼泣。哪天得长风，邀得嫦娥妹。相与羲和兄，共敲玻璃日。"

11月 创作谈《病中答客问》由张书省记录整理。文中谈论"文学

---

① 贾平凹、范培松：《瞎摸索与新局面》，《散文选刊》1990年第7期。
② 贾平凹：《人迹》，《光明日报》1990年1月14日。
③ 王永生主编：《贾平凹文集》第14卷，陕西人民出版社1998年版，第201页。

与政治的关系",贾平凹认为:"文学应该为人民服务,应该为国家和民族服务,如果把国家、民族、人民大众的利益理解为政治,那可以说就是要为政治服务。而如果把政治理解为一时一事的政策、方针、集团、派别,那就要分析了。"对于中国文学"不能走向世界"的问题,贾平凹认为其中一个原因是"我们民族近代以至当代的与世隔绝,老大自居、多少年和世界不大沟通"所致,"许多外国人读中国的文学作品都是从情报学的角度来看的,他们还没有达到对我们的作品作艺术欣赏这样一个层次"①。

12月17日 作《〈匡燮散文集〉序》,认为"淡泊"和"孤独"是"作文的途径"。"淡泊可能不是文人的专有,寂寞却常常被文人占有,但一心占有则适得其反,便成为一种矫饰,一种做作,一种另一类的'贵族气'。大言者不语,只要真正寂寞,那便孤独,孤独则是文学的价值。"②

12月 短篇小说《王满堂》刊于《人民文学》第12期。

樊星的《民族精魂之光——汪曾祺、贾平凹比较论》刊于《当代作家评论》1989年第6期。

该文通过对汪曾祺、贾平凹两位作家创作实践的评析,探讨了当代中国作家与传统文化精神的血肉联系,探讨他们如何通过各自不同的人生体验实现了对于传统文化精神的认同,而又各以其独到的求索发现了传统文化精神在当代的复杂意义的。文章指出:贾平凹孜孜以求的,是研究"中国民族的心理结构,风俗习尚,对于整个世界的把握的方法和角度","贾平凹是从文化的依恋走向文化的批判,又努力在文化的批判中寻找着文化的精魂。他不像汪曾祺那样执著于淡泊、宁静。他时而是淡泊的,时而又焦灼;时而是宁静的,时而又浮躁——但也许正因为这样的人格分裂,才使得他能在更广阔的视野内描绘形形色色的人生,揭示出人生的矛盾和时代的困惑。对商州的挚爱与忧患,最后都融入到了一个重大的主题中:那便是理解。"

本年度获奖作品

散文集《爱的踪迹》获中国作家协会"首届全国优秀散文

---

① 王永生主编:《贾平凹文集》第14卷,陕西人民出版社1998年版,第192页。
② 同上书,第208页。

（集）奖"。

散文《门》获《人民日报》"燕舞散文征文奖"。

散文《人病》获上海《文汇报》"优秀作品奖"。

散文《我这样读体育报》获《中国体育报》"红光杯第三届体育文学奖"。

本年度重要研究论文

费秉勋：《论贾平凹散文的生命意识》，《西北大学学报》1989年第1期。

樊星：《民族精神之光——汪曾祺、贾平凹比较论》，《当代作家评论》1989年第6期。

黄宗广：《贾平凹小说婚变意识的嬗变》，《南都学坛》1989年第1期。

刘火：《金狗论》，《当代作家评论》1989年第4期。

李永生：《贾平凹早期散文艺术特色初探》，《齐齐哈尔师范学院学报》1989年第1期。

韩鲁华：《艺术创造上的超越——贾平凹近期小说艺术初探》，《小说评论》1989年第1期。

赵祖汉：《因果报应的背后——〈古船〉与〈浮躁〉漫议》，《中国现当代文学研究》1989年第11期。

一九九〇年 三十八岁

1月25日 与剧作家鱼闻诗（秦腔《恩仇夫妻》的作者）两次通信，谈论戏剧问题，认为"戏曲艺术，在某种程度上讲就是大众艺术"，"作品是一种宣泄，观众也是一种宣泄"。

2月13日 作《〈红林诗集〉序》，认为"诗还是要纯净着好，这不是技巧，是一种生活的态度，是情操。世上是有大天才，但更多的是从事修炼的文人，若落笔总想到惊天地泣鬼神，则易沦为一种滑稽"。①

3月16日 作《〈竹子作品集〉序》。

3月 短篇小说《刘文清——流逝的故事之三》刊于《人民文学》第3期。

5月 费秉勋教授的专著《贾平凹论》出版。该书因"严谨扎实的学风和宏阔的文化眼光"而获全国"第三届中国当代文学研究奖"。

6月17日 作《〈抱散集〉序》，序言中表达了贾平凹对"大散文"持之以恒的追求："散文发展到了今天，又是一个已经三十八岁的老大不小的人，在国人普遍恶感了的那些或贴假胸毛充汉子，或白肥甜腻作媚态，或花拳绣腿或迂腐酸臭或作成年人天真的文风，我怎么办呢？我的散文的格局再不能拓宽了吗？多少世事的沧桑、人生的觉悟哪里去了，还只是柔柔弱弱的花草水月、鸡肠小肚的恩怨是非吗？我不止一次地警告我了：再这样下去，大丈夫不为散文矣！"②

6月 短篇小说集《人迹》由广东旅游出版社出版。沈金耀评价《人迹》时说："这一作品表明了他的心的发展，而且这个发展使他的散文更加贴近现实生活。这本集子包含了贾平凹的野心，各个单篇的集合，

---

① 王永生主编：《贾平凹文集》第14卷，陕西人民出版社1998年版，第226页。

② 同上书，第230页。

构成了一个完整的艺术整体从而提高了各个单篇的艺术价值，也充分表现了贾平凹良好的融会贯通的艺术感觉。"① 王尧认为《人迹》这本集子已初步呈现了《废都》的某些精神气息："我们阅读《废都》应当参照的是散文集《人迹》而不是同名中篇小说《废都》。""如果仅就修辞而言，贾平凹放弃了他在《月迹》中的笔法，拒绝了诗意的表达和对完美的打造。深究起来，贾平凹的这一变化，是因为他发现了人生的残缺和严酷，这些意识在他此前的小说和散文中是微弱的，也可以说是稀少的。这是贾平凹接近四十岁时人生的思想分水岭。"②

7月　中篇传奇《美穴地》刊于《人民文学》7、8期合刊。

8月28日　作《〈王蓬散文集〉序》。

9月　在西安市政府的安排下，贾平凹和文化界人士去视察黑河引水工程，这个工程是解决西安缺水问题的世纪性工程。贾平凹在《西安晚报》著文，为西安这项建设鼓呼："世上的一切都是人创造的，一切都有了，人又忽略了创业精神，这如同好的东西好到了极致就似乎不见了其好一样。若那一日黑河水引来了，大家用水富余了，除了做饭、沏茶，还可以种花、可以养鱼，每日自由冲澡，谁还理会这水是怎么得来的吗？恐怕水的概念就是把'水龙头一拧'罢了，那么，在还为水困扰的现在，我们所有的市民都不妨刻骨铭心地想一想，黑河引水工程正在多么艰难地进行吧！这样我们就永远不会忘记缺水的苦楚，就会知道世上为什么会有龙王庙，还要尊称为'爷'，就会更虔诚地奠念那个古时的大禹和现在同大禹一样的人！"

11月　中篇小说《白朗》刊于《中国作家》第6期。

12月13日　作《〈田奇抒情诗选〉序》。

12月　文论集《静虚村散叶》由陕西人民教育出版社出版。

小说集《浮躁》（英文版），由美国路易斯安那州立大学出版社出版。

本年度获奖作品

　　短篇小说《王满堂》获《小说月报》"优秀作品奖"。

---

① 沈金耀：《贾平凹的散文艺术》，《当代作家评论》1992年第4期。
② 王尧：《重评〈废都〉兼论九十年代知识分子》，《当代作家评论》2006年第3期。

本年度重要研究论文

韩鲁华:《审美方式:观照、表现与叙述——贾平凹长篇小说风格论之一》,《当代作家评论》1990 年第 2 期。

吴周文:《中国文化传统与年轻散文家的选择:贾平凹的散文》,《扬州师院学报》1990 年第 2 期。

杨聚臣:《对民族文化心理的探讨:略论贾平凹的商州人物》,《北京师范大学学报》1990 年第 1 期。

张光全:《试论贾平凹散文的民族特点》,《宁夏大学学报》1990 年第 3 期。

一九九一年　三十九岁

1月7日　作家三毛去世，贾平凹写《哭三毛》一文。

1月10日　在信中与朱鸿探讨散文写作"技巧"问题（《关于散文的通讯》）。贾平凹说道："如果说散文创作有什么窍道，又回到了一句老话：文章即人。人之问题解决不了，诚然词汇丰富，起承转合也好，那只能写'油'，只能是玩感情，大美与之无缘。"①

1月27日　为河南作家曲令敏作《〈曲令敏散文集〉序》，再次强调作散文的"大境界"："'感觉'是一个词，其实是两个词，这种觉要建立在对天地自然，对人生的基础上，或渐悟或顿悟。换一句话，要尽力去创造大境界。"②

1月　陕西画家张之光的《张之光画集》出版，贾平凹为之作序。

2月5日　《文汇报》发表三毛的《致贾平凹》一信。贾平凹读了三毛的信后，写了《再哭三毛》一文。

2月8日　作《〈贾平凹散文自选集〉再版后记》，书中收三毛给贾平凹的信件与贾平凹悼念三毛的两篇文章。

4月　散文集《报散集》由作家出版社出版。

6月4日　在西安召开"贾平凹近作讨论会"，《小说评论》编辑部王愚、李星等人参加活动。

7月　短篇小说集《太白》由四川文艺出版社出版。《太白》被很多学者认同为当代的"新聊斋"。

9月　中篇小说《五魁》刊于《中国作家》第5期。陈晓明认为，"《五魁》为贾平凹早年最有西北韵味的小说"，"贾平凹一直在写和要写

---

① 贾平凹：《人情练达即文章》，江西教育出版社2012年版，第83页。
② 王永生主编：《贾平凹文集》第14卷，陕西人民出版社1998年版，第253页。

出的,实际上就是'性情'两字,特别是处在秦地文化区域里的人们。这种'性情'以地域文化为依托才能表现得淋漓尽致,如果脱离了这种地域文化,贾平凹的性情必然单薄;同样,如果离开了性情,贾平凹的文化就没有血肉。而两者的融合,贾平凹把新时期关于'人性'和'人道'的叙事推向了极致,只有他不是在意识形态反思性的语境中讲述人性故事,那是扎根在西北土地上的生命存在,人性与文化获得了超出现实的政治与思想语境的意义"①。

10月 小说集《贾平凹小说精选集》由陕西人民出版社出版。在序言《手艺人的话》中流露出贾平凹一贯的谦卑心态:"回首近四十年的月亮太阳,能给我的只是这一支水笔,出门在外,人唤我'著名作家',听之觉得心酸,常常坠在无名状的惆怅里,生不尽的孤寂,我到底写了些什么,值得让人知道我?即使小有名气,成名岂是成功?作家充其量是个手艺人,我的'活儿'做得并不好。"

中篇小说《废都》刊于《人民文学》第10期,获1991年《人民文学》"优秀作品奖"。在此之前,此文在山东潍坊的一个内部刊物上发表。

贾平凹首次踏出国门,赴美国游历半个多月。先后去了纽约、华盛顿、丹佛、洛杉矶四个地方。

11月 散文集《守顽地》由人民文学出版社出版。

12月 散文《四十岁说》刊于《上海文学》第12期。

费秉勋的《谈贾平凹的小说新作》刊于《文艺争鸣》第6期。该文把贾平凹的《龙卷风》《故里》《瘗家沟》名之为"散点透视系列";将《烟》《美穴地》《白朗》《五魁》称为"土匪系列"。该文认为,"神秘"是平凹商州系列作品一直追求的一种审美对象和审美效应,"是一种生命追求和对世界无限性的探寻","在这里,生命意识、审美活动、哲学追寻这三种严肃的心理行为融合到了一体","是作家追求'神秘'的一种具体实践"②。

---

① 陈晓明:《穿过"废都",带灯夜行——试论贾平凹的创作历程》,《东吴学术》2013年第5期。

② 费秉勋:《谈贾平凹的小说新作》,《文艺争鸣》1991年第6期。

本年度获奖作品

散文《佛事》获"金陵明月杯"华人征文赛奖。
中篇小说《废都》获《人民文学》1991年"优秀作品奖"。

本年度重要研究论文

费振中：《贾平凹——商州之子》，《钟山》1991年第2期。
费秉勋：《谈贾平凹的小说新作》，《文艺争鸣》1991年第6期。
贾平凹：《在一次研讨会上的发言》，《文艺争鸣》1991年第6期。
梁平：《实实在在一个人——著名作家贾平凹印象》，《新华日报》1991年1月12日。
李星：《男子汉的自省与自审——论贾平凹的土匪系列中篇小说》，《上海文论》1991年第4期。
李星：《东方的世界：寻找自己的位置——关于贾平凹艺术思维方式的札记》，《文艺争鸣》1991年第6期。
沈吉庆：《根系沃土孕真情——贾平凹谈散文创作》，《文学报》1991年1月24日。
吴进：《贾平凹创作心态探析》，《陕西师范大学学报》1991年第4期。
阎建滨：《月亮符号·女神崇拜与文化代码——贾平凹创作深层魅力新探》，《当代作家评论》1991年第1期。
周政保：《忧柔的月光——贾平凹散文的阅读笔记》，《上海文学》1991年第12期。

一九九二年　四十岁

1月12日　作《〈侯志强画集〉序》。文中表达了贾平凹对"绘画"艺术的理解:"文学和绘画是相互独立的艺术,各自有各自构成语言,绘画没有可视形式的构成而只传达一种意念,那只是一种宣传而还不是艺术,但是,如果只在玩笔墨,讲技巧,那更不是艺术了。我不大喜欢有人一生只画一个具体的物象,或许称谓这样'王',那样'王',虚誉美丽,却只能沦为小作坊主。"[①]

2月4日　为陕西师大教师刘路的小说集《爱泉水清清》写"读后感"。(与刘路通信,刘路2月19日复信)贾平凹赞叹刘路的作品是"真真正正的文学"。"中国的作家有成名而未成功的,有成功而未成名的,而尘世上往往重名。如果有人能摆脱一切外界干扰,不趋思潮,不以写评论而为发表欲的一种形式,真真正正以文学的眼光重编一册新时期的作品集,我想,你是会入选的。"

4月　散文集《贾平凹散文精选》由陕西人民出版社出版。

创作谈《文学访谈录——答〈长城〉编辑部问》刊于《长城》第4期。

答《长城》编辑部问,表达"成名不一定成功"的观点。贾平凹说:"写作是一个人体证天地自然社会人生的一种法门,不要老是想着我的文章怎样,而只要以法门态度对待,文章自然而然就境界大起来了。""问:你的创作一直很个别,你同意这种看法吗?"贾平凹回答:"我可从来没有追求过'挺个别',如果'挺个别'的话,一个原因是我不爱热闹,少说话,少走动,一个原因是我爱沉湎于自己的幻想世界里。我的作品差不多是某一个时期想什么就出产三至四个小说或散文,这么一组一组缓

[①]　王永生主编:《贾平凹文集》第14卷,陕西人民出版社1998年版,第257页。

慢进行的。回想起来，也曾走红一段，而那一段的作品正好碰上了文坛的一个派别，过后，我又恢复了以前那种不红也不甚黑的状态。""问：你认为一个作家关心时代的政治生活应达到什么程度？"贾平凹既肯定作家关心政治，但是又指出作家要"进入艺术的世界"："作家不关心时代的政治生活是不可能成为作家的，但作家之所以是作家，他从事的是艺术，他对于时代的政治生活的关心，是他在从事艺术过程中最基本的一种思考，而当他进入创作，他还是要进入这基本思考之上的幻想世界中去。"①

5月3日 作《〈何海霞画集〉序》。

5月4日 《西安晚报》头版刊出："贾平凹4月30日接到美国马奎斯世界名人录中心的通知，他的生平简历已列入今年12月出版的《马奎斯世界名人录》。该《名人录》具有九十三年的历史。"

5月22日 参加中国作协西安分会举行的首届"双五"文学奖颁奖大会，路遥、贾平凹获得"突出贡献奖"，杨争光获"荣誉奖"。本奖是由中国咸阳505集团公司出资、陕西省作家协会设立并主持评奖。第一二届奖名"双五文学奖"，从第三届起更名为"505文学奖"。

5月 国家新闻出版总署批下来《美文》的刊号：ISSN1004—8855/CN61—1236/I。贾平凹担任散文月刊《美文》主编，宋丛敏、王大平担任副主编。

孙犁给贾平凹写信，对办《美文》谈了许多有益的意见。孙犁说："现在，散文的行情，好像不错，各地报刊争办随笔一类副刊，也标榜美文，但细读之，名副其实者少。所谓美，在于朴素自然。以文章而论，则当重视真情实感，修辞语法。""用语要简洁"，那些"本来一句话、一个词就可以说清的意思，也一定连用许多同类的词，像串糖葫芦一样"的"美文"，"是不足称的"。②

6月20日 《提倡"大散文"概念》一文刊于《光明日报》。贾平凹热烈"鼓呼""大散文"的理念："鼓呼大散文的概念，鼓呼扫除浮艳之风，鼓呼弃除陈言旧套，鼓呼散文的现实感，史诗感，真情感，鼓呼真正的散文大家，鼓呼真正属于我们身处的这个时代的散文！"在另一篇

---

① 贾平凹：《文学访谈录——贾平凹〈长城〉编辑部问》，《长城》1992年第4期。
② 孙犁：《孙犁文集·补订版10》，百花文艺出版社2013年版，第18页。

《走向大散文》的文章中，贾平凹同样谈了提倡"大散文"的想法："一是张扬散文的清正之气，写大的境界，追求雄沉，追求博大感情。二是拓宽写作范围，让社会生活进来，让历史进来。继承古典散文大而化之的传统，吸收域外散文的哲理和思辨。三是发动和扩大写作队伍，视散文是一切文章，以不专写散文的人和不从事写作的人来写，以野莽生动力，来冲击散文的篱笆，影响其日渐靡弱之风。"

7月11—12日 商洛师院中文系王永生、田金长、邰科祥、郭三科、陈汉生五位青年教师在孙见喜家，和贾平凹讨论《贾平凹的语言世界》专著的写作大纲。集中探讨以下几个问题：一、何谓好语言。二、作家语言与历史、地域的关系。三、贾平凹的艺术风格问题。四、关于语汇方面的问题。五、小说语言的基本形态。

何谓好语言？贾平凹的看法是"能明确表达此时此地此事此物的处境、情绪的语言就是好语言。""要搭配好虚词、助词，话有三说，巧说为妙，巧说就是讲究词与词的搭配。音乐感、节奏感，就多用动词，这样容量大，有凝重感，还能增加语言的质感。""我不喜欢张牙舞爪的语言，我主张憨一些，朴一些，这可能与我的性格有关。""作家语言有两类，一是外化的，慷慨激昂；二是内化的，用闲笔，风格在闲话上体现，沈从文呀，周作人呀，把语言还原到本意上，成语还原到不是成语上。""我主张单句要明白，组成段要模糊；写诗每句平白，组合起来整体上要深邃。或前缓后疾，或前疾后缓，要戛然而止，不拖泥带水，杯子里的水高出杯沿一圈，是张力，语言也是这样。"[①]

贾平凹认为作家的语言往往会被所在地域文化、历史等因素影响，从而显现出不同特点。"商州文化基本是秦的，地理上又是长江这边的，所以商州语言是北方话中掺有南方的东西；雄中存秀。""河南那边的地方，人唱豫剧，河南本土产生的文学艺术距生活近，但俗气，河南'民族'好像都在社会最底层谋生，商洛文化由此颇受熏染，民间味儿重；南边紧靠湖北，湖北九头鸟，凶悍而开放；北边是关中，保守，靠肥沃的土地自给自足，房子半边盖，姑娘不对外，烙馍像锅盖，面条像腰带；四邻综合，商州人就有了山林气、草莽气，人性野、灵、

[①] 王永生、田金长、陈汉生等：《贾平凹的语言世界》，太白文艺出版社1994年版，第4—6页。

空、怪。"①

7月15日　《散文月刊》的资深编辑董令生来访，与贾平凹、西安散文作家李佩芝、朱鸿、李玉皓和《美文》副主编宋丛敏，一起讨论了有关散文刊物的一些问题。董令生是贾平凹第一本散文集《月迹》的责任编辑。

7月　中篇小说《晚雨》刊于《十月》第4期。

短篇小说《佛关》刊于《长城》第4期。

中短篇小说集《贾平凹小说精选》（修订版）由陕西人民出版社出版。

《贾平凹获奖中篇小说选》（收入中篇小说8篇），由西北大学出版社出版。

8月　到陕西省耀县桃曲坡水库创作长篇小说《废都》。贾平凹很喜欢这里，他在《废都》后记中说："这是一个很吉祥的地方，不要说我是水命，水又历来与文学有关，且那条沟叫锦阳川就很灿烂辉煌；水库地名又是叫桃曲坡，曲有文的含义，我写的又多是女人之事，这桃便更好了。在这里，远离村庄，少鸡没狗，绿树成荫，繁花遍地，十数名管理人员待我们又敬而远之，实在是难得的清静处。"②

在户县住了二十多天后，贾平凹转移到渭北大荔县一个朋友家继续《废都》的写作。"这位朋友姓马，也是一位作家，我所住的是他家二楼上的一间小房。白日里，他在楼下看书写文章，或者逗弄他一岁多的孩子；我在楼上关门写作，我们谁也不理谁。只有到了晚上，两人在一处走六盘棋。"③

8月中旬　病中的路遥想见贾平凹。马治权在《与路遥最后的交往》一文中提到："贾平凹见路遥，也只是默默地看着天花板。当代中国两大文豪，平时写作起来才如泉涌，此时却搜肠刮肚，不知从何说起……路遥先开了口：'你看我这副熊样子，你要多保重啊！'贾平凹与路遥得的是一种病，此时正在创作《废都》，夜以继日，熬油点灯，面色蜡黄，十分难看。他听了路遥的话，黯然神伤地点了点头，从房间退了出来，一

---

① 孙见喜：《危崖上的贾平凹》，花城出版社2007年版，第23—26页。
② 贾平凹：《安妥我破碎了的灵魂——〈废都〉后记》，《当代作家评论》2006年第4期。
③ 同上。

个人走到楼外，蹲在拐角，放声嚎啕起来——涕泪俱下，其伤心的激烈程度让身边的其他人莫不唏嘘潸然。"①

小说集《贾平凹早期小说精选》由陕西旅游出版社出版。

9月14日 贾平凹给他的读者写了一封道歉信。收信人叫马鹏举，是一位贾平凹著作的收藏迷。他一年前就买了书寄来请平凹签名，先是地址邮编不清，寄了退、退了寄，后又因平凹四方游走，踪迹不定，他的邮件就埋在信件书报堆里，延误时间久了，马鹏举就反复写信查问，很有一些牢骚。对此，贾平凹写信解释，原文如下："马鹏举先生：您好！因我去外县一偏僻地写作，长久未在西安，未能及时给您回信。书寄来后，有一次回来就签了名，托人去寄，等回来问，他把邮政号码遗失，没有寄走。先生发牢骚是应该的，但杂事实在太多，写作条件根本谈不上，老一辈作家是大家，大家办事不用大家去办，小字辈可没那份环境。且邮局那儿又不能停放自行车。感谢你的错爱和鼓励。（信中说有四封信追查过，但我没有看到。我的信每天都很多，因长期不在家，是不是有人搞丢？书寄不走，也是我的心病，因为书是您买的又寄来的，我哪有不签名寄去之理？）再一次致歉！"②

9月23日 《美文》杂志在西安市莲湖公园滨湖楼举行首发式。西安市市长崔林涛，陕西省作协副主席李若冰和省、市新闻界、文化界150余人到会祝贺。贾平凹致辞："《美文》的出刊，使汉唐一路下来的西安城里毕竟有了一个集中发表散文的艺术园地。""陕西是全国散文大省，陕西有一支优秀的散文作者队伍，陕西的散文作家更是给了我们全力支持！可以说，我们的刊物是应运而生，这样的气候和环境，这样的天时、地利、人和，是我们最大的财富和资本！我们的杂志要办成什么杂志，发刊词就是我们的宣言。我们的目标是，这虽然是西安市的杂志，但要办成全国性杂志，要力争同天津的《散文》、广东的《随笔》三足鼎立，向国内散文界说话。我们在封面上写有'大散文月刊'的字号，强调大散文概念。所谓大散文，一是从内容上讲，要大气大度大的境界；二是从题材上讲，要大开放，大范畴，大而化之。现在的时代是一个宜于产生散文的时代，散文也必然要开而放之：论文、杂感、随笔、纪实、信简、

---

① 王刚编著：《路遥纪事》，时代华文书局2014年版，第197页。
② 孙见喜：《危崖上的贾平凹》，花城出版社2008年版，第20页。

序跋、小品、日记、访谈录、回忆录等,万事万物皆可进入文法,皆可绘入散文的七彩版图。大至安邦定国之道,小至细物感情。要紧的是让日常生活进来,让时代精神进来,摒弃矫揉造作。让真情实意勃发,通过各种文采展示改革开放的时代风貌。"①

贾平凹为《美文》写的发刊词中,大力倡导"美文"和"大散文":"我们倡导美的文章。""散文是大而化之的,散文是大可随便的,散文就是一切的文章。中外文学史已经证明:真情实感在,文章兴;浮艳虚假,文章衰"。"我们不是为了一个有舒适而清雅的职业办杂志,也不是为了敛钱发财,我们的杂志挤进来,企图在于一种鼓与呼:鼓呼大散文的概念;鼓呼扫除浮艳之风;鼓呼弃除陈言旧套;鼓呼散文的现实感,史诗感,真情感;鼓呼更多的散文大家;鼓呼真正属于我们身处的这个时代的散文!"

《美文》每期都发表贾平凹评价本期内容的"读稿人语"。创刊二号上,贾平凹公开向各位知名作家约稿:"如果能把文章写得辉煌灿烂的莫言,能在他的文章中读出如莲的喜悦的史铁生,能不断地制造高峰的王安忆,还有我们又忌妒又不得不叹服的刘恒、苏童、余华们的作品组织来,我们会怎样的欢呼呢?为此,我们微笑着向他们约稿。"

9月26日 在韩鲁华家,韩鲁华、王仲生、王新民等与贾平凹座谈。就小说的"创作构想""创作视角""叙述结构""语言""文体""审美意识"等问题做了深入的交流,后经整理,以《关于小说创作的答问》为题刊于《当代作家评论》1993年第1期。

9月 小说集《晚雨·贾平凹民俗小说选》由青海人民出版社出版。

散文卷《闲人》(贾平凹自选集6)由作家出版社出版。作家出版社陆续出版了贾平凹自选集系列,从1—6卷分别为:长篇小说卷《浮躁》、长篇小说卷《妊娠·逛山》、中篇小说卷《黑氏》、中篇小说卷《佛关》、短篇小说卷《油月亮》、散文卷《闲人》。

散文集《贾平凹散文选集》由百花文艺出版社出版。

中篇小说卷集《黑氏》(贾平凹自选集之3)由作家出版社出版。

与台湾女作家玄小佛谈创作问题。贾平凹盛赞港台女作家写的言情小说"女性感觉好,想象力好,天生好像写文章的,很受读者欢迎,特

---

① 孙见喜:《危崖上的贾平凹》,花城出版社2008年版,第20页。

别是女孩子的欢迎"。玄小佛从读者心理角度分析了"言情小说"的市场需求:"生活需要一种假设,没有假设,就会止步不前。有的女孩子不漂亮,想在书中寻找一种美丽;有的贫穷,想寻求一种富贵。每个女孩子都可以把自己想象成英国女王那样。女孩子处于一种幻想世界,没有幻想,没有假设,人就生活不下去。"谈到写作方式时两人又有共同的感觉,贾平凹说:"有的作家用电脑写作,思维转不过来。我的作品都是用笔写出来的,创作时处于兴奋状态,感觉到写作是一种愉快。最怕抄写,抄作品把手都抄软了。"①

10月 中篇小说集《贾平凹获奖中篇小说集》由西北大学出版社出版。

曾经担任过丹麦外交部副部长的赫纳女士会见贾平凹。

11月10日 贾平凹在陕西省户县开始《废都》的又一轮写作。

11月20日 由户县返回西安。

11月21日 参加路遥同志的追悼会。

11月 余光中先生致信《美文》编辑部。原文如下:"平凹先生:《美文》稿约收到,谢谢。贵刊在稿约中,将美文约定开放到包罗万象,连杂文也在其列,实为通达之见。我一向认为《过秦论》一类文章,虽不以美为务,其为美文则矣,盖言之有物,始能成其为美也。"

中篇小说集《龙卷风》由陕西人民出版社出版。

散文《西安这座城》刊于《北京文学》第11期。

12月4日 到陕西渭南市大荔县城关镇邓营继续写作《废都》。

12月24日 在《废都》的后记里贾平凹记述:"多事的1992年,终于让我写完了,我不知道新的一年我将会如何生活,我也不知道这部苦难之作的命运又怎样。从大年三十到正月十五日,我每日回坐桌前注目这40万字的手稿,不愿动手翻开一页。这一部比我以前的作品更优秀呢,还是情况更糟?是完成了一桩夙愿呢,还是上苍的一场戏弄?一切都是茫然,茫然如我不知我生前为何物所变死后又变何物。我要记住这本书带给我的无法给人说清的苦难,记住在生命的苦难中唯一能安妥我破碎了的灵魂的这本书。"关于"废都"的含义,后来在答田珍颖的提问时,贾平凹详细地加以阐释:"一个'废'字有多少世事沧桑!作为一个

---

① 王永生主编:《贾平凹文集》第14卷,陕西人民出版社1998年版,第282页。

'都'，而今废了，这其中能体现这都中人的别样感觉。""西安可说是一个典型的废都，而中国又可以说是地球格局中的一个废都，而地球大约又是宇宙格局中的一个废都吧。这里的人自然有过去的辉煌和辉煌带来的文化重负，自然有如今'废'字下的失落、尴尬、不服气又无奈的可怜。""这样的废都可以窒息生命，又可以在血污中闯出一条路。而现在，就是一种艰难、尴尬的生存状况。我写作常常对社会人生有一种感悟，却没有明确的、清晰的判断和归纳，就模糊地顺着体悟走，写成什么是什么，不求其概念之圆满，只求其状况之鲜活。"

12月 中篇小说集《人极》由长江文艺出版社出版。

长篇小说卷《妊娠·逛山》（贾平凹自选集2）由作家出版社出版。

散文卷《闲人》（贾平凹自选集6）由作家出版社出版。

本年度获奖作品

散文《谈〈读者文摘〉》获"《读者文摘》征文奖"。

获陕西省作协"双五"文学奖。

本年度重要研究论文

丁帆：《乡土：寻找与逃离》，《文艺评论》1992年第3期。

费秉勋：《生命审美化——对贾平凹人格气质的一种分析》，《当代作家评论》1992年第2期。

樊星：《贾平凹：走向神秘——兼论当代志怪小说》，《文学评论》1992年第5期。

穆涛：《贾平凹近作倾向持异》，《文学自由谈》1992年第4期。

沈金耀：《贾平凹的散文艺术》，《当代作家评论》1992年第4期。

一九九三年　四十一岁

1月　贾平凹与韩鲁华的对话以《关于小说创作的答问》为题刊于《当代作家评论》第1期。就贾平凹小说创作中的"艺术形象建构""小说视角""文体"等问题，韩鲁华、贾平凹两人进行了交流。贾平凹说："'象'就等于哲学的东西，高一层的东西，就要向高处，向天上看。""就人吧、物吧，我写的时候尽量写日常琐碎，但你有意识把这些东西往象征的方面努力。"对小说的"视角"问题，贾平凹的考虑是"想从各个角度来看一个东西""从佛的角度、从道的角度、从兽的角度、从神鬼的角度等等来看现实生活"。"我为啥后来的作品爱写这些神神秘秘的东西？叫作品产生一种神秘感？这有时还不是故意的，那是无形中就扯到这上面来的。我之所以有佛道鬼神兽树木等，说象征也是象征，也是各个角度，不要光局限于人的视角，要从各个角度看问题。"对"文体"的问题，贾平凹认为："政治倾向性强烈的作家，把作品当作号角，当作战斗性的东西。""艺术倾向性强烈的作家"，才能成为文体家。

短篇小说卷《油月亮》（贾平凹自选集5）由作家出版社出版。

2月21日　改完长篇小说《废都》最后一稿。

2月26日　陪同白烨往终南山下的草堂寺观赏"圭峰定慧禅师碑"。

3月初　长篇小说《废都》的手稿由白烨带到北京。

3月11日　赴北京参加全国第八届政治协商会议，住京丰宾馆。据当时的《十月》编辑田珍颖回忆："贾平凹来北京参加会议，我就到贾平凹的房间谈稿子问题，当时组稿的人已经非常多了。在我的印象中，平凹拉开抽屉，里面就有另外一家大出版社的合同，还有两万元订金，而且是人家社长亲自来谈的。那时候两万元可不得了，但是我们出版社没有这个制度，不能说你可以拿着订金去组稿。我们是一个综合性出版社，文艺在出版社里边并不是独树一帜的，社里没有任何优惠政策，拿着订金去更是不可能的事情。《十月》之前登过很多像张贤亮、丛维熙、蒋子龙等名家名篇，组稿全是凭借编辑的诚恳，全凭编辑去苦干。所以，我就说我没有权力说给你多少稿费，稿费是社里统一的。我就跟他谈自己对作品的理解，谈我的审读报告，如果这个稿子给我们我会怎么做，肯定能让这部小说发挥它应有的作用，大概谈了一下午。我们在谈的过程中也没有说能给他多少优惠条件，一定要印多少册，这些条件都没有谈。后来平凹自己说，就是凭借我们对作品的理解，所以他决定退掉那个订金，将《废都》交给《十月》刊载和北京出版社发行。应该说是完全凭我们对《废都》这部作品的理解把握把稿子拿到手了，绝无其它关系。贾平凹为什么最后做决断给我们呢？我觉得这有点宿命。我前面说过，他以前在《十月》发的作品，并不是交给了我。"①

散文《好读书》刊于《文学报》。

3月12日 田珍颖撰写了《废都》审稿报告，内容如下："这是一部奇书。它不能用好或不好的简单标准来衡量。""它是作者对自己过去生涯的大思考、大总结乃至大生发。这其中或许也有对过去创作中某些方面的否定。""小说情节起落不止，但显然它不依托于大起大落之中。这使它更真实更贴近地写出了生活，而摒弃了为创作而雕饰出的虚伪。真的背景、真的人、真的事、真的社会、真的美丑、真的爱情、真的情感、真的语言动作……正由于有了这真，你读后才觉得忘不了，才觉得被扰乱、被吸引。""小说笔触的焦点，在文化圈中的人。作者熟悉这些人，如同熟悉自己。因而，能写出人物的内里，写出平常人看不见的东西，让你读了不得不叹服：就是'这一个'！""庄之蝶，是作者笔下的风流才子。他多少带着些'多余人'的色彩。全部小说中的人人事事，皆因他起，皆与他相关。他无处不显示内心的多重层次，他的挣扎的追求，他的悲哀的沉沦。对这个人物，作者尽力于客观地描述，近于无褒无贬，又似亦褒亦贬。作者着力展现他的真实的心的经历，把他写成了一个活生生的人。""书中对性的描写，成为人们将要十分关注的问题。通读全篇，可知性描写在这本书中绝不游离于情节之外，而全是为了显示庄之蝶和他的女人们的心理世界，显现庄之蝶的近乎变态的心理，显示了情感世界中的爱与恨、慈善与丑恶、宽容和报复乃至生与死。作者注明删

---

① 魏华莹：《田珍颖口述：我与〈废都〉》，《文艺争鸣》2016年第4期。

去多少字,已回避了最细处。作者认为,保留的部分,是为了人物、情节乃至全书的需要。""我尊重作者对性情节的处理。我认为,本书中的性描写,确非为标新立异,而是作者挖掘和表现人物的一个基点、一个区域、一个尺度。"

田珍颖在审稿文件上果断写上自己的意见:"建议《废都》刊发,并出书。"①

对于《废都》中的人物和情节安排等问题,田珍颖在信中提出了一些问题,贾平凹给予了详细的解答②:

田珍颖问:为什么《废都》中女性,多为褒扬之笔,而又多为悲剧下场?贾平凹答:"以前的作品,我对女性是崇拜型的,有评论家说我笔下的女性都是菩萨。我人到四十,世事也看得多了,经得多了,既然《废都》是我要表现世纪末的中国人的一种真实的生活和情绪,涉及女性,必然有我的人生观的投影。书中的女性主调我依然是饱满了激情爱她们,她们的所作所为或许在当今社会的有些人眼目中是要斜视,嗤之以鼻或作另外判断的,但我看到的是她们的鲜活的生命和她们的生存方式的本身。我不愿作黑与白式的首先评价。我没有更多的激愤,我也不想把人物依附于一定阶级指归的政治思想。这样,在目前的俗世里,这样的人物必是要处于尴尬之境。人生之尴尬能使她们下场好吗?我在写作时全然没有固定某人物要写成什么样子,我只是定下调子后往下写,书中的几个女性在随着她们的性格走,走着走着不能按性子走下去了,不允许那么自在自为了,她们的悲剧就出现了。为什么走不下去?那就看看她们身前与身后。书中几个女性反差并不大,我不愿用大反差,现实中人与人有多大反差呢?"

田珍颖问:"对庄之蝶的结局安排,为什么如此?而不让他去海南?"

贾平凹答:"庄之蝶在他的人生进入一定层次后,与之俱来的是一种苦闷,他总被什么阴影笼罩。他是一个有觉悟的人,但觉悟了更苦闷。也是一心要走出废都,但他走不出去,所以让他人一到了火车站而倒下了(并未点明死,我有个预感,不能让他死)。原写去海南,后更改。像

---

① 孙见喜:《危崖上的贾平凹》,花城出版社2008年版,第83—85页。
② 相关内容见《与田珍颖的通信(一)、(二)》,王永生主编:《贾平凹文集》第14卷,陕西人民出版社1998年版,第301—304页。

他这样的人，去了或许比废都更觉得糟糕。庄之蝶是个闲人，他的一生在创造着，同时在毁灭着，对待女人亦是如此，所以他害了许多女人。他是这个时代的悲剧。"

3月26日 贾平凹参加文学界在京陕西籍人士的一次聚会。会议的组织者为白烨和前《延河》主编白描。出席聚会的有评论家阎纲、雷达、李炳银，著名作家或编辑周明、田珍颖、雷抒雁、南云瑞、刘茵等。

3月 散文《读张爱玲》刊于《文学评论》第2期。贾平凹评论道："张的散文短可以不足几百字，长则万言，你难以揣度她的那些怪念头从哪儿来的，连续性的感觉不停地闪，组成了石片在水面的一连串的漂过去，溅一连串的水花。一些很著名的散文家，也是这般贯通了天地，看似胡乱说，其实骨子里尽是道教的写法——散文家到了大家，往往文体不纯而类如杂说。""张是一个俗女人的心性和口气，嘟嘟嘟地唠叨不已，又风趣，又刻薄，要离开又想听，是会说是非的女狐子。"

4月7日 西安医学院附属中学部分师生为贾平凹过四十一岁生日。

4月10日 贾平凹到西安止园饭店，参加陕西省政协七届一次会议。

短文《说话》刊于4月10日的《光明日报》。文中写道："我出门不大说话，是因为我不会说普通话。人一稠，只有安静地听着，能笑的也笑，能恼的也恼，或者不动声色。口舌的功能失去了重要的一面，吸烟就特别多，更好吃辣子、吃醋。我曾经努力学过说普通话，最早是我补过一次金牙的时候，再是我恋爱的时候，再是我有些名声，常常被人邀请；但我一学说，舌头就发硬，像大街上走模特儿的一字步，有醋熘过的味儿，自己都恶心自己的声调，也便羞于出口让别人听，所以终没有学成。后来想，毛主席都不说普通话，我也就不说了。而我的家乡话外人听不懂，常要一边说一边用笔写些字眼，说话的思维便要隔断，越发说话没了激情，也没了情趣，于是就干脆不说了。"评论家雷达在他的《我心目中的好散文》一文提到贾平凹的《说话》，评价道："看贾平凹的《说话》，至少要让你一愣：连'说话'这样习焉不察的事也可写成一篇散文，而且全然不顾散文的体式，不顾开端呀，照应呀，结尾的升华呀，有无意义呀，真是太大胆也太放纵了，真是只讲过程，不问意义，到处有生活，捡到篮里都是菜。据说，《说话》是平凹在北京开政协会议期间接受约稿，在一张信纸上随手一气写下来的。为什么想到说话问题了？大约一到北京，八面应酬，拙于言辞的贾氏发现说话成了大问题，才有感而发的吧。这篇东西是天籁之音，人籁之声，极自然的流露，完全泯绝了硬做的痕迹，里面的幽默、机智、无奈，都是生活与心灵自身就有的，无须外加，浑然天成，可谓'有什么话，说什么话'的最佳实践。"①

4月17—20日 在西安夏威夷大酒店与几位作家共同组建"长安影视制作中心"。人员有：陈忠实、高建群、张子良、杨争光、竹子、芦苇、王蓬。该中心由青年作家杨争光担任总经理，发布的宣言是："我们地处秦地，出身草野，既不近京派，也不随海派，粗糙笨拙，憨蛮厚顽，同乡、同性、同文、同志，增广贤文，标新立异。八人八脚，螃蟹横出。以己之长，灭人之短。虽不能为天下先，却敢为天下强，为中国文学影视作出贡献。""夏威夷公约"由贾平凹书写，内容如下：

（一）中心的一切行为以中华人民共和国宪法和法律为准则。

（二）中心尊重每个成员创作的自由状态。

（三）中心将尽一切努力为中心成员提供影视创作机会和可能。中心成员有义务交流创作信息，共同发现、寻找、开拓创造的机会和可能。

（四）中心成员的创作成果以及由此产生的效益属于成员自己。

（五）中心成员尊重中心对于影视创作的价值认定。

（六）中心成员对于中心所组织创作的作品有义务提出批评和建议。

（七）在中心对影视创作价值认定的前提下，中心将为每个成员的作品提供代理人和经纪人的无偿服务。

（八）为中心提供活动经费是长安影视制作公司的义务。

（九）在同等条件下，对于中心组织创作的作品，公司有改编、拍摄的优先权。

（十）本公约的解释权属于长安影视制作公司创作中心。②

4月27日 西北大学校长郝克刚向贾平凹颁发了聘书，聘贾平凹为

---

① 雷达：《我心目中的好散文》，《皋兰夜语》，东方出版中心2014年版，第198页。
② 孙见喜：《鬼才贾平凹》，北岳文艺出版社1994年版，第687页。

兼职教授。贾平凹发表讲话说："我曾经作为这个学校的学生出去，现在又作为兼职教授回来，其中二十年岁月。回顾人生的艰辛，世事的沧桑，不能不让我万千感慨！我姓贾，贾字上半部为西，下半部为北（贝），命运的不可知中却隐隐地暗示着我与西字有关，陕西，西安，现在又兼职西北大学，这是命运所致，是幸运所得。""我是一个很普通的人，学问浮浅，口拙舌憨，形容不佳，体弱多病，校领导和系领导如此厚爱，使我感动。现虽受聘，但面对西大，面对各位老师，我要说，我过去是学生，现在和将来永远是学生。"

4月29日 为严彤的《走近名人》（陕西摄影出版社出版）作序，道出他身为"名人"的一番苦衷："名人以名而荣，名人也以名而毁。未名人和名人的区别，就是《围城》的定义：没进城的想进城，进了城的想出城。"

5月15日 贾平凹和西安几十位作家、记者、学者、教授一起，应邀到中华茶艺楼品茶。贾平凹应邀发表讲话："古人有言，雪澡精神。我说，茶澡灵魂。故拟作对联二。之一：雪澡冷梅开花暖，茶茗忙人偷清闲。之二：坐、请坐、请上座，吃、吃茶、吃好茶。"①

此次品茶活动，贾平凹认识了西安音乐学院的埙演奏家刘宽忍。

5月17日 贾平凹约孙见喜和王新民同往音乐学院拜访刘宽忍。在《废都》印刷的过程中，贾平凹和刘宽忍、孙见喜商量着制作一个大型埙乐盒带，全部埙乐由刘宽忍独奏，由陕西省歌舞剧院乐队协奏。盒带的开头，是贾平凹的独白："我是平凹，当你听见我的声音，我们就应该是心领神会于废都的城门洞里了。不要以为我是音乐家。我只懂一二三四五六七，并不识'多来米发索拉希'。我也不会唱歌，连说话都是能少说就尽量少说。但我喜欢埙，它是泥捏的东西，发的是土声，是地气。现代文明产生的种种新式乐器，可以演奏华丽的东西，但绝没有埙那样蓄涵着一种魔怪，上帝用泥捏人的时候，也得了这埙，人凿七窍有了灵魂，埙凿七孔有了神韵。我们录制的这盒音带，原本是我们几个人夜游古城墙头的作乐，我们作乐不是为良宵美景，也不是要作什么寻根访古，我们觉得发这样的声响宜于废都，宜于身心。好啦，我不再多说啦，口锐者，天钝之；目空者，鬼障之。《废都》是不用说废话的，还是听埙的土

---

① 孙见喜：《危崖上的贾平凹》，花城出版社2008年版，第143页。

声地气吧。"①

5月25日 《光明日报》刊出记者韩小蕙的《陕军东征》一文："北京四家出版社推出陕西作家四部长篇力作：《废都》《白鹿原》《最后一个匈奴》《八里情仇》，文坛盛赞……"这是首次以"陕军东征"为题的文章。

5月31日 《陕西日报》第三版《秦岭》副刊发表了《〈废都〉——一部奇书》。这是全国报刊中第一篇把《废都》详细信息公之于众的文章，首次提出"当代《红楼梦》或《金瓶梅》"说，对随之而来的"《废都》热"起到了不可替代的推动作用。

6月5日 贾平凹在陕西师范大学会见来自加拿大的两位客人：多伦多大学的资深教授大卫·霍纳格和维多利亚大学教授劳瑞女士。交谈中，贾平凹被问及"现代作家中哪些人对你有影响"时，贾平凹回答："中国作家中我喜欢沈从文，沈从文的气很大；我也喜欢张爱玲的散文。我还喜欢略萨的《绿房子》，马尔克斯的我看的不多。一个时期里许多人都谈马尔克斯，我就逆反了，偏不看。"

6月7—10日 参加陕西省作家协会在西安市中心的人民大厦召开的第四次会员代表大会。经选举，陕西省作家协会第四届领导成员正主席为陈忠实；贾平凹、王愚、王蓬等10位同志为副主席。陕西省作家协会第三次代表大会于1984年5月召开，贾平凹被选为副主席。

6月13日 答黑龙江省《生活月刊》杂志青年记者段伟的提问，主要问题是《废都》的"主题思想"。贾平凹说："在写作时，我并没有单一的主题，只有一个浑茫的走向，一个整体的把握，只想真实地记录一段生活。我没有去写史诗的欲望，只企盼能写出世纪末中国人的一段心迹。我喜欢'废都'二字，一个古都、故都、废都，其中有多少苍茫和悲凉的东西呢。我现在是四十一岁的人了，对于世事，应该说不惑，但我常常是在不适应中求适应，而归于难适应，于无为中求有为，而到底无为。书是写成了，到底写了些什么，写得怎么样，只有让读者去看吧，我现在只是一个厨子，在顾客吃饭时悄悄坐在一旁，静听笑骂评说。"当被问及"家庭及身边人中对您影响最大的人是谁"时，贾平凹回答："是我的父亲，他的一生经历给了我对苦难的认识和一种奋斗的精神。"

---

① 鲁风：《废都后院：道不尽的贾平凹》，重庆出版社2006年版，第25页。

6月18日　西安四通公司向贾平凹赠送了一台MS2403高级中英文文字处理机。贾平凹在捐赠仪式上讲话："作家是最易浪得虚名的职业，作家却总是摆脱不了穷鬼和病魔，他们大多没有倾国倾城貌，但有多愁多病身。一支笔不足二两，用起来劳心损骨，当我一个字一个字写一部小说，一部小说四十万字，四十万字作三四次修改，修改一次誊抄一次，四十万字变成一百六十万字，一百六十万字整整齐齐写出来，其劳动强度使我常常吃不消，最先我用毛笔写，受罪太大，换了钢笔，钢笔还不行，心想有个打字机，可买一部打字机又谈何容易，因为它的价格相当于我的那部长篇小说《浮躁》的稿酬的三倍，而一部《浮躁》写了多年，稿酬不够纸烟钱。陕西作家的生存艰难，使我们不能随便奢侈。"[1]

6月19日　与陕西作家陈忠实、京夫等人一起，赴西安人民大厦参加庆祝大厦建成四十周年的笔会。

6月　贾平凹的《孙犁论》刊于《当代作家评论》1993年第3期。贾平凹在文中说："好文章好在了不觉得它是文章，所以在孙犁那里难寻着技巧，也无法看到才华横溢处。""孙犁虽然未大红大紫过，作品却始终被人学习，且活到老，写到老，笔力未曾丝毫减弱，可见他创造的能量多大。评论界素有'荷花淀派'之说，其实哪里有派而流？孙犁只是一个孙犁，孙犁是孤家寡人。他的模仿者纵然万千，但模仿者只看到他的风格，看不到他的风格是他生命的外化；只看到他的语言，看不到他的语言有他情操的内涵，便把清误认为了浅，把简误认为了少。"

长篇小说《浮躁》（贾平凹自选集1）由作家出版社出版。

散文集《贾平凹散文大系（全三卷）》由漓江出版社出版。

短篇小说集《逛山》由浙江文艺出版社出版。贾平凹在《逛山·小引》一文中说明了"逛山"产生的地理性因素："书名为《逛山》，逛山者，是故乡人称匪的名称。这些匪类一生在山上逛荡，下山来令社会惧怕如下山虎，这就与平原上的'土匪'和江洋上的'海盗'有一定的地域区别、文化区别了。""世上有富贵的人，也有富而不贵的人，也有贵而不富的人，我的故乡商州瘠贫，有史以来并未产生过大的官僚，多有隐士和匪类，秦时四皓是大隐，匪盗著名的更不胜其数：他们恐怕属于贵而不富或富而不贵之流。我想这是长江流域与黄河流域交错的，也是

---

[1]　孙见喜：《鬼才贾平凹》，北岳文艺出版社1994年版，第708页。

北方文化与南方文化过渡的商州这块地方的雄秦秀楚的风水所致,山中有明丽之光也有阴瘴之气凝聚不均所致。"

7月7日 为陕西省文联生活会写了一份"检讨",虽然是"应用文体",但仍然文采斐然,妙趣横生:

> 一、我这一年里,由于特殊原因,对单位的事比以往过问得更少,单位的工作主要是王、张、冯,我感激他们。但是,重大事情我还是知道,敢于申明或坚持我的观点,一旦党组形成决议,我能积极配合几个领导,不说不干违背决议的事。单位的团结是好的,风气是好的。二、因为具体业务关系,我对别的部门关注不多,这有愧于组联部、创研室、办公室的同志,以后尽力改善。对《美文》相对来说,注意力多,但编辑部事情主要靠宋、王,一些大事上,如刊物的发展趋势,重要活动,外出组稿,出外宣传刊物、经费,内部建制等,都积极发挥作用。现在《美文》形势很好,在国内影响很大。三、创作上写了长篇。现在很大精神依然在文学创作上、活动上、辅导上。四、每天都在忙,筋疲力尽,没有浪费过时间。五、我在单位,无论工作、创作、生活、身体等方面,得到各方面的关心和照顾,我是感激的。我极信赖上下,最大愿望是搞好团结、搞好合作。六、我有毛病。平时疏懒,但真正投入事情,易冲动。另一方面处事又不果断,做得不对处,希望上下谅解,我自己尽力改正。虽很忙,潜藏有很多危机,工作上随意性大,创作上缺乏一种制约,我害怕这样会惯坏自己,有毛病别人不好提,将来贻误工作、创作,盼望有不断的提醒和批评。①

7月初 中国作协安排贾平凹去北戴河疗养,同去的有费秉勋和陕西师大的畅广元教授。

7月17日 贾平凹《关于〈废都〉的一些话》刊于《陕西日报》。文中说:"对我而言,《废都》不仅是生命体验,几近一种生命的另一形式。过去的我似乎已经死亡了,或者说,生命之链在四十岁时的那节是断脱了。""我不明白我怎么就混入了名人之列,我一再说成名不等于成

---

① 孙见喜:《危崖上的贾平凹》,花城出版社2008年版,第196—197页。

功，名使我得到了许多好处，名又常常把我抛入尴尬之地。""我写不了纪实作品，也从不擅以生活中的原型放大后进入小说。小说家的任务是建构一个意象世界，所以我历来讨厌就事论事的做法，更反对任何心态下的对号入座。我真诚地劝告更多的读者万不要期望太高，或许这是一部平庸不堪的书，是一部糟糕透顶的书，各人读有各人的心境和见解，但各人仅仅是各人的。如果要读，以平常心随便去读，在厕所读也罢，睡觉前读也罢，只要读得慢些我就满足了。"

"《废都》的写作时间不长，但它的酝酿却久而又久，十多遍的提纲折腾得我日夜不宁，写时提纲却又全然抛弃，只有了一个大的趋向，然后漫笔写去，如水逝之而流。""我只想写出这块西京地域的一伙人的时代心迹。但我绝对强调一种东方人的、中国人的感觉和味道的传达。我喜欢中国古乐的简约，喜欢它模糊的、整体的感应，喜欢中国文化上的以少论多、言近旨远、举重若轻、从容自在。我是平民，所以我关注现实，关注普通人的生命状态，我注重笔下的人物参差而不是人物的对比，注重其悲，悲中尤重其凉，注重其美，美中尤重其凄。""一部《废都》原本是为安神而作，没想却惹得一片喧嚣，我只有静伏一隅了。今日觅得一块偌大的浑圆白石，安放了那尊仿制的青铜独角犀牛在上，再放一枚同样浑圆的小白石于大石下，要欣赏一个望月图的境界的，不知怎么，却冒出了别人送我的半句联语：假烟假酒贾平凹。咳，世上哪里逃得掉一个假字？真作假时假亦真，假作真时真亦假。"

7月18日 作《〈黄少云作品集〉序》。

7月19—21日 在陕西广播电台的录音室进行埙乐录音。张列指挥，张开朗主录，邵华监听并承担组织工作，陕西省歌舞剧院乐队协奏。

7月24日 长篇小说《废都》在北京举行首发仪式，贾平凹到王府井书店给读者签名。据王府井新华书店经理讲："作家签名售书我店每年都要搞多次，可贾平凹签名售书，却是我店自新中国成立以来，社会效应和轰动最大的一次。"① 中央电视台在文化生活节目里对此次签名活动作了报道。

7月 长篇小说《废都》刊于《十月》第4期，印数为10万册，后又加印十几万册，创该杂志创办以来发行量的最高。同时，单行本《废

---

① 孙见喜：《废都里的贾平凹》，陕西人民出版社2013年版，第40页。

都》由北京出版社出版，初版印数 50 万册，不久脱销。

王新民编著的《多色贾平凹》由陕西人民出版社出版。内收白烨的《多色贾平凹》、方英文的《贾平凹书简及其教子术》、李匈奴的《中国"议员"贾平凹》、李连成的《初识平凹记》等文章。

《出版纵横》编辑部主编的《贾平凹与〈废都〉》由陕西人民出版社出版。

8月5日　贾平凹和肖云儒受陕西文艺广播电台之邀，到直播室以谈话的形式分析《废都》的结构和人物形象。

8月8日　陕西电视台《新闻纵横》节目播出了评论家董子竹、畅广元、费秉勋、王仲生及贾平凹本人就《废都》的题旨和艺术特点座谈的实况。

8月11日　陕西经济广播电台和陕西省作协联合举办了《废都》座谈会。贾平凹、王愚、董子竹、费秉勋、王仲生、邢小利出席讨论会。董子竹认为："《废都》是人类文化转型期的一部杰作"，看《废都》要注意这么两个特点："第一，他写实是个外壳，他不是写个人的，他大包全人类，小包整个废都地区人的心理震颤，世态人心"。第二个特点，看《废都》这部小说，"最好联系到自己的生活震颤，联系自己，是怎样战胜自己，怎样在战胜自己中适应社会进一步达到实现人为什么是人，怎么就能成为人"。费秉勋认为这本书是"宣泄人生苦闷的书"，"《红楼梦》是假儿女以诉幽愤，同是一把辛酸泪，《废都》也是抒发苦闷，通过意象抒发他自己生命悲凉的东西"，"《废都》是借男女之情的曲径表情达意"。王仲生认为《废都》是"给我们建构的一个意象世界"，它"超越了现实生活、社会心理、社会心态这么一个内容，已进入人的灵性，甚至捕捉到人的神性，对人生、人性的挖掘显然要深一些、广一些"。①

同日　中央人民广播电台播出《废都》发行引起轰动的消息。

8月12日　上海《文学报》在头版刊出中国新闻社通讯稿：《〈废都〉的性描写引起争议》。文中称："初看《废都》写的是饮食男女，但贾平凹将人生社会大道寓于琐细的世态人情的描述中。他纯粹将文学还原为生活，毫无雕琢痕迹，写出了流动的生活状态。在全书富于

---

① 王辙：《一部奇书的命运：贾平凹〈废都〉沉浮》，花山文艺出版社 2011 年版，第 29 页。

文人生活情调的叙述中，读者看到的是理想的沉沦，价值的衰没，文人心境的悲凉，全书笼罩在沉重阴郁的世纪末情绪之中。""《废都》第一次以真实、准确、艺术的笔触写出一些现代人的性意识和行为，可视为文学的突破"，"庄之蝶与其他情人的所有性行为描写均未超过古典小说……"①

8月19日　《陕西政协报》用整版篇幅刊登了孙见喜收集整理的陕西八大专家评价《废都》的主要观点，评论界掀起了评价《废都》的高潮。

9月11日　陈骏涛、白烨、王绯在北京东大桥路陈骏涛寓所，分别从《废都》的总体评价，庄之蝶的形象，关于性和性描写，《废都》的文化意蕴，《废都》的结构、语言、形式等五个方面对《废都》进行了讨论。讨论结果以《说不尽的〈废都〉》为题发表于《当代作家评论》1993年第6期。白烨认为："《废都》是一部写世态、人性、心迹的文人小说。""它不仅撩开面纱写了城市的角角落落，而且敞开心扉写了自己的忧忧怨怨，这在贾平凹的创作中是第一次，在当代长篇小说的创作中也不多见。"陈骏涛认为《废都》"主要表现当代文化人的一种生存状态和生命状态，他们的心灵发展的轨迹。在如实地表现生命状态这一点上，它可能超越了当代所有的长篇小说"。但是，小说中较多地展现了"当代文人的一种负面状态"，"很少写当代文人的正面状态，即他们的奋发和进取的状态"。因此，这只能说是"某种当代文化人的生存形态，而不是所有当代文化人的生存形态"。王绯认为《废都》"并不是贾平凹的成功之作"，"《废都》是贾平凹站在土地的立场上以类似于西方小说中外省青年的眼光来审视城市的一部带有强烈的厌恶城市和逃避城市情绪的作品，从另外一个意义上说，它也是贾平凹对于城市所有混沌感觉的拼合"，"贾平凹写文人不是写心态，他的笔墨并没有着力于这方面的开掘，这部小说几乎所有的情节及贾平凹的着眼点都是在社会的层面或社会的表层运行的。"

9月　井频、孙见喜著的《奇才、鬼才、怪才贾平凹》由西安出版社出版。

江心主编的《废都之谜》由团结出版社出版。

雷达的《心灵的挣扎——〈废都〉辨析》对《废都》的创作思想做

---

① 孙见喜：《废都里的贾平凹》，陕西人民出版社2013年版，第45页。

了系统的阐释与论述。文章认为，《废都》是一部这样的作品："它生成在20世纪末中国的一座文化古城，它以本民族特有的美学风格，描写了古老文化精神在现代生活中的消沉，展现了由'士'演变而来的中国某些知识分子在文化交错的特定时空中的生存困境和精神危机。""《废都》是以性为透视焦点的，它试图从这最隐秘的生存层面切入，它暴露了一个病态而痛苦的真实灵魂，让人看到，知识分子一旦放弃了使命和信仰，将是多么可怕，多么凄凉；同时，透过这灵魂，又可看到某些浮靡和物化的世相。"①

10月 肖夏林编的《〈废都〉废谁》由学苑出版社出版。内收王愚等人的《废都人在废都论〈废都〉》、雷达的《说长道短论〈废都〉》、白烨等人的《〈废都〉三人谈》、曾镇南的《〈废都〉短评》、肖夏林的《〈废都〉与废墟》等文章，还有北京学者王富仁的《〈废都〉漫议》、温儒敏的《剖析现代人的文化困扰》、张颐武的《闲适文化潮流批判》等文章。

多维编的《〈废都〉滋味》由河南人民出版社出版。李书磊在序言中说："自《废都》开始，贾平凹蜕变成为一个通俗作家，那孕育《鸡窝洼人家》和《小月前本》的心灵业已死亡，因而读《废都》是一次令人心情黯淡的凭吊。《废都》径直地投合了文化大众阴暗而卑微的心理，从中我看不出作者对生命的正视、对人生的尊重，在这部以'废都'标题、貌似有历史感的小说中我也感觉不到作者对历史真义的体味与敬畏。人、性爱、情感与斗争，在贾平凹手中都变成了一种肮脏的玩弄。"②

废人编的《废都啊，废都》由甘肃人民出版社出版。

贾平凹在四川参加中国目连戏国际学术研讨会期间，观看了五台中国戏剧的活化石——目连鬼戏。

贾平凹因病住进西安医学院第一附属医院。

雷达、蔡葵和白烨就"《废都》为什么火爆，《废都》写了什么？如何看待《废都》中的性描写"等问题，分别发表自己的看法。对于该书"火爆"的原因，雷达认为："一是好看，有情趣，引人入胜，把当今的人情世态写活了。二是此书抓住了当今一部分人的典型社会情绪和心态，

---

① 雷达：《心灵的挣扎——〈废都〉辨析》，《当代作家评论》1993年第6期。
② 多维编：《〈废都〉滋味》，河南人民出版社1993年版，第1页。

表达了一种深层次的惶惑、不安、浮躁和迷茫。三是它的大胆、直率的性描写，招徕了不少人的好奇。"白烨认为："原因主要还在于贾平凹本人，他在读者中具有较大的知名度和影响力，在此之前，他的许多作品已经显现出畅销的势头，人们对他的长篇新作抱有更大的期望是理所当然的。"另外，"就是关于一百万元稿费和现代《金瓶梅》的误传和讹传，给《废都》平添了种种神秘性"，但问题是："几十万的《十月》杂志供不应求，近四十万册的书也都热销不衰，说明作品本身拥有魅力、值得一读。"对于《废都》的内容与性描写，雷达认为："小说所写的庄之蝶的心态，正是转型社会中文人常有的一种浮躁情绪和失落心绪。他们被传统文化情调浸透了身心，面对现代社会的大转折，固有的目标和价值体系瓦解了，于是无所选择，迷茫烦忧。作品实际上通过庄之蝶的际遇，写了厚存于当代社会的传统文化如何把文人经由名人塑造成闲人的看不见的过程。从这个意义上说，庄之蝶的幸与不幸，都不仅仅是他个人的。"蔡葵认为："《废都》里的性描写，不像人们传说的那样过分。它没有超过《红楼梦》多少，没有超过《金瓶梅》。因之，不必把它看作洪水猛兽。"但是，小说中"庄之蝶无论和哪个女人好，都容易得很，总让人觉得在对待女人和性的问题上过于随便了一些"。白烨认为："《废都》里有关性的描写，比较多，也比较露"，但总的来看，还是"大致得体"的，"都是塑造人物性格、揭示人物关系所必需的"，"性的内容显然是作品必不可少的重要构成"。①

11月4日 就"废都事件"答《陕西政协报》记者问，问题如下：

>记者问：在许多书摊上都有这样醒目的广告词："当代《金瓶梅》——《废都》"，请问您的看法？
>
>贾平凹答：对此我非常头疼！这样使我陷入很尴尬的境地。《废都》只是《废都》，我从未想过沾《金瓶梅》的伟大之光，也不愿背《金瓶梅》的不净之罪。现在，我有口难言，无可奈何，也只好忍受吧。在潮水般的议论漫过来之时，我悄然负书去四川剑门关独行，又去了乐山，在乐山上写了如下对联："乐山有佛，你拜了，他拜；苦海无岸，我不渡，谁渡？"

---

① 蔡葵、雷达、白烨：《〈废都〉三人谈》，《情报杂志》1993年第5期。

问：《废都》中的主人公庄之蝶身上在多大程度上有您自己的影子？

答：凡文学作品，必有作者的影子，或亲身经历，或心灵感受。庄之蝶身上有我的心灵上的东西，但庄之蝶绝不可能是我。《废都》出版前，我被文坛说成是最干净的人，《废都》出版后，我又被文坛说成是最流氓的一个，流言实在可怕。

问：《废都》可以说是真实地记录了您的心灵体验，请问您在创作之初预料到它的社会效果和成功与否了吗？如果出乎您的意料，那么您现在是怎样看待上述问题的呢？

答：我在现实生活中是胆小谨慎的，在写作时却从来毫无顾忌，这一点知道我的人都疑惑不解，我也感到吃惊。创作之初，我知道将来有人会看这部书的，因为我近年的书一直较畅销，但绝没想到会刊印那么多册！

11月 陈辽编著的《〈废都〉及〈废都〉热》由中国矿业大学出版社出版。

12月 庐阳编的《贾平凹怎么了——被删的6986字背后》由上海三联出版社出版。

中国社会科学院文学研究所举行"长篇新作讨论会"，重点讨论长篇小说《废都》和《白鹿原》。

中篇小说卷《佛关》（贾平凹自选集4）由作家出版社出版。

本年度重要研究论文

陈媛媛：《近年来贾平凹创作研究综述》，《社会科学动态》1993年第7—8期。

费秉勋：《贾平凹与商州》，《唐都学刊》1993年第1期。

胡河清：《贾平凹论》，《当代作家评论》1993年第6期。

季红真：《男性心灵的隐秘激情——读贾平凹的〈五魁〉》，《文艺争鸣》1993年第1期。

贾平凹、韩鲁华：《关于小说创作的答问》，《当代作家评论》1993年第1期。

李任中：《与"小家子气"的决绝——评贾平凹的散文新变》，

《上海师范大学学报》1993年第1期。

石杰:《人与自然的合一——贾平凹散文创作的禅宗意识》,《中国人民大学学报》1993年第1期。

沈涌:《贾平凹乡村题材小说创作略论》,《齐齐哈尔师范学院学报》1993年第4期。

王仲生:《东方文化和贾平凹的意象世界——评贾平凹的小说近作》,《当代文坛》1993年第2期。

吴爱敏、吴钦云:《浓妆淡抹总相宜——贾平凹散文风格的"中和之美"》,《海南师范学院学报》1993年第1期。

吴亮:《城镇、文人和旧小说——关于贾平凹的〈废都〉》,《文艺争鸣》1993年第6期。

仵埂:《超越与超脱——贾平凹近期小说述评》,《小说评论》1993年第4期。

易毅:《〈废都〉:皇帝的新衣》,《文艺争鸣》1993年第5期。

张颐武:《贾平凹:隐士的形象与文化的时髦》,《文论报》1993年6月5日。

一九九四年　四十二岁

1月20日　北京市新闻出版局下发《关于收缴〈废都〉》一书的通知》，理由是"《废都》一书对两性关系作了大量的低级的描写，而且性行为描写很暴露，性心理描写很具体，有害于青少年的身心健康。书中用方框代表作者删去的字，实际起了诱导作用，在社会上产生了很坏的影响。"

1月22日　陕西省新闻出版局发出"陕新出发字（1994）第1号文件"：《关于收缴〈废都〉一书的通知》。文件在重复了北京市新闻出版局的"通知"之后，补充说："请各地对书刊市场上正在销售的《废都》一书立即进行收缴，被没收者的经济损失按原进货渠道索赔。"

《废都》被查禁后，盗版《废都》屡禁不绝，据统计，累计的盗版数量超过1200万册。北京出版社被罚款100万元，责任编辑、副主编田珍颖受行政处分，提前退休，主编谢大钧被调离。

1月　散文集《四十岁说》由陕西旅游出版社出版。在随笔《四十岁说》一文中，贾平凹阐发了他对于中西方文学艺术表达形式的思考："中国的儒释道，扩而人之，中国的宗教、哲学与西方的宗教、哲学"，正应了"云层上面的都是一片阳光的灿烂"这句话，"它们各自有各自的形态和美学"。"我们应该自觉地认识东方的重整体的感应和西方的实验分析，不是归一和混淆，而是努力独立和丰富，通过我们穿过云层，达到最高的人类相通的境界中去。""对于西方文学的技巧，不必自卑地去仿制，因为思维方式的不同，形成的技巧也各有千秋。通往人类贯通的一种思考一种意识的境界，法门万千，我们在某一个法门口，世界于我们是平和而博大，万事万物皆那么和谐又充溢着生命活力，我们就会灭绝所谓的绝对，等待思考的只是参照，只是尽力完满生命的需要。生命完满得愈好，通往大境界的法门之程愈短。如果是天才，有夙愿，必会修成正果，这就是大作家的产生。"

刘斌、王玲主编的《失足的贾平凹》由华夏出版社出版。

中短篇小说集《贾平凹小说精选》由太白文艺出版社出版。

2月17日至3月6日 游历中山、珠海、澳门等地。

3月上旬 在参加全国政协会议期间，贾平凹在北京见到署名"贾平凹著"的《霓裳》。《霓裳》是假冒贾平凹姓名影响最大的侵权案。①

3月21日 贾平凹写关于《霓裳》侵犯其姓名权的声明，相继在22日、23日的《西安晚报》、《西安日报》上刊发："近日社会上发行的署名贾平凹著的长篇小说《霓裳》（中国戏剧出版社1994年3月版），并非本人所写，对此盗用本人姓名出版图书的非法行为，本人将追究其法律责任。"

3月24日 因病住进西安医科大学第一附属医院。

3月30日 贾平凹会见白宝群、卫全恩律师，正式签署代理《霓裳》侵权案的委托书。

3月 散文《红狐》刊于《十月》第2期。

4月2日 贾平凹转交2000元给白保群律师，作为赴京调查取证的交通住宿费。

4月7日 《西安晚报》刊发实习记者赵红晨的报道：《〈霓裳〉侵犯姓名权 贾平凹委托律师诉讼》。

4月8日 《三秦晚报》刊发王新民撰写的《贾平凹奋起自卫——律师就〈霓裳〉侵权案开始调查》的报道。

4月12日 《中国青年报》刊发署名何东的文章：《〈霓裳〉盗版，谁做错了嫁衣》。

4月16日 《文化艺术报》刊发王新民写的《冒名顶替贾平凹，律师首次谈看法》。

4月17日 《新报》刊发冬月的通讯《"假平凹"溜进京城》。

4月26日 贾平凹授权律师于《三秦晚报》上发表三条声明。

4月27日 作《〈商州：说不尽的故事〉序》，在此文中，贾平凹阐释了对"商州与世界""中国与西方""古典与现代"等主题的写作观

---

① 贾平凹关于《霓裳》侵权及打官司的相关内容本书参考王新民《贾平凹纪事》，山东人民出版社2015年版，第134—143页，下文不再注释。

念："讲述商州的故事或者城市的故事，要对中国的问题作深入的理解，须得从世界的角度来审视和重铸我们的传统，又须得借传统的伸展或转换，来确定自身的价值"。"我欣赏西方的现代文学，努力趋新的潮流而动，但又提醒自己，一定要传达出中国的味道来。""社会转型时期的浮躁，和一个世纪之末里的茫然失措，我得左盼右顾，思想紧张，在古典与现代，中国与世界的参照系里，确立自我的意识，寻求立足之地，命运既定，别无逃避。"

5月18—30日 受《安康文学》主编陈长吟邀请，赴安康采风。这是贾平凹第二次到安康紫阳县，第一次是在1984年5月。

5月29日 贾平凹创作散文《自画像》，自述了《废都》遭禁后的处境和心态：

> 现在我已经是四十二岁的人了！古历二月二十一日那天我吃了长条子面，民间的习俗，这种面是长寿面，从去年冬天就开始患病的我，吃了好大的一碗，我希望我健康，活得更好。过去的一九九三年，可能在我的一生中最值得纪念了，我的第四部长篇小说《废都》给寂寞的中国文坛投下了一颗原子弹。它一出版，举国上下议论蜂起，街谈巷议，风雨不止，正版和盗版千余万册，说好的好得不得了，说坏的坏得罪该万死，各类评说文章被编辑成十多种书在全国各地的书摊上。最后，政府将此书列为禁书，但到处逢人说《废都》的热浪还在继续着。《废都》造成的地震，是前所未有的，而我却是走红的受难者，我忍受着种种压力，蒙受着各类谣言的困扰，住进了医院，在病痛中度过了我四十二岁的生日。回想四十余年走过的路，我由乡下一名教师的儿子，在中国"文化大革命"后期来到了古都西安，开始我的学习和写作。中国新时期文学，从头到尾，我是亲身参与了的，当第一次设立国家文学大奖，我的短篇小说《满月儿》获奖，后来，中篇小说《鸡窝洼的人家》又获奖，散文集《爱的踪迹》再获奖。直到长篇小说《浮躁》获得了美国"美孚飞马文学奖"，我一直受到文坛赞扬，各类研究文章、介绍文章几乎超过我所写的作品；小学中学乃至大学课本参考书上，收有我的作品；电影、电视、广播、话剧改编我的作品上映和演出；被翻译到英、法、日、德、朝鲜、中国香港、中国台湾等国家和地区，

我出版了各类版本六十余种，但《废都》是最为轰动的作品，它享受了最高荣誉，也遭到了最严重的攻击，它是一本易被人看走眼的书，它的真正价值不是当代中国现实所能认同的，它只好承受一九四九年共产党建立国家以来的第一本被禁的文学作品的命运。

我在生活中是谨慎，但一拿笔从事写作，我头脑里没有更多的限制，随心所欲。我是平民的儿子，我自然热爱我的国家和人民，了解这个民族和供民族生存的这块土地，在这个民族进行变革，社会进行转型时期，我是抱着巨大的责任感和热情写出了长篇小说《浮躁》和《废都》的。

在进行写作的艺术过程中，我以极大的注意力关注着世界文学的动态，但又坚持着中华民族的审美，我追求的是以本民族的思维方式、表现形式来写中国的现代人和现代生活，诚如河流，是趋世界文学而动，河床却是中国的，是真正的中国味。中国文坛，总存在着两种状态，一是固定的一套，不与世界文学融汇；一是忽视本民族的思维和文学传统，生硬地模仿别的国家文学的写法，所以，我的写作未有什么集团，这样，使我具有了独立性又同时缺乏保护力量。我将坚定地走我的路，上帝会保佑我的。①

5月 散文集《贾平凹人生小品》由河北人民出版社出版。

6月4—8日 贾平凹同一些商洛作家应邀赴柞水县考察。

6月25日至7月1日 贾平凹应苏州第一百货商店之邀出席该商店特设的"平凹书屋"开业典礼并为之签名售书。

7月18日 得知署名为"贾平凹"的作品《鬼城》出现，出版社为中原农民出版社，贾平凹念及与该书原出版者中原农民出版社曾有过友好合作，先致信该社总编，郑重声明如下："1. 我从未交付过和签约过合同出版名叫《鬼城》的著作。2. 如果此书是以前《故里》再版，那么，自从有了著作权法后，再版任何书，出版社必须与作者补签合同或重签合同，而贵社从未有过此种行为。据我知，《故里》曾在出版较长时间后再版过一次，没有通知我，没有样书，没有再版费，我知道后念及当年

---

① 贾平凹：《自画像》，王永生主编：《贾平凹文集》第13卷，陕西人民出版社1998年版，第97页。

与贵社曾有友好之情，便未追究。而现在，竟背着我又印，且私自改动书名。又在全国各地印广告宣传单，上边写着'自《废都》之后贾平凹又一力作'，这种行为严重侵犯我的著作权，又严重损害我的声誉。3. 对于这一事件，我与我的律师（西安天平律师事务所白保群、卫全恩先生）交换了意见，我保留诉之法律的权力，但念及我们曾合作过，我先向你们提出，请你们提出解决事情的方法。我平生最怕麻烦，一贯息事宁人，但若事情做得太过分，太欺人，我则是难以忍耐的。《霓裳》的事件、《帝京》的事件，大概你们也知道一些。我等候回音！"①

作《〈陈云岗美术论文、雕塑作品集〉序》。

8月5日 作《〈四十岁说〉序》。序中写道："作完一个《废都》，长时间去生病了，小说已不能再写，就一边守着火炉一边咀嚼些平常人的平常日子，像牛在反刍，零碎地记在日历牌上。"字里行间，流露出贾平凹饱阅沧桑后对生命的独特体验，语言一改前期散文恬淡闲适、清新自然的风韵，枯涩凝重中渗透着天理禅机，弥散着清正之气。

8月17日 中原农民出版社社长郑荣和《故里》责任编辑李明性专程来西安拜访贾平凹。郑、李二人向贾平凹介绍了《鬼城》出笼的过程：今年年初，该社发行部某人向社领导说，湖南某书商想租型印《故里》。经社委会研究，同意租型，商定按1万册印，收了书商5000元租费。没料到，某书商趁《废都》余热为了迎合市场，牟取暴利，竟擅自将《故里》书名、封面、扉页、内容提要、作者简介肆意改动。经过两次协商，中原农民出版社和贾平凹签订了《关于处理〈鬼城〉原〈故里〉侵权一事的处理意见》：

一、出版社主动承担责任，向贾先生赔礼道歉。

二、出版社保证督促租型一方必须尽快在《新闻出版报》上发表声明一则，就此事在社会上造成的不良影响予以澄清，公开向作者和出版社道歉。

三、补偿作者稿酬壹万元。

四、双方合作，进一步查证书商对此书的印数，得到超过壹万册的确凿证据后，对书商进行罚款。待此项落实后，根据罚款数，

---

① 王新民：《贾平凹纪事》，山东人民出版社2015年版，第165页。

再对作者进行补偿。①

8月 与穆涛合著的《贾平凹之路·贾平凹精神自传》由青海人民出版社出版。

9月 散文集《四十岁说》由陕西旅游出版社出版。其中收录他为《家庭》杂志"平凹说家"专栏所写的一批"说话"文章,如"说家庭""说父子""说房子""说花钱""说请客""说生病""说死""说打扮""说奉承"等话题,贾平凹唠叨着"饮食男女,家长里短,俗情是非",写出了生活在城市里的现代中国人许多难以言说的困惑,生存的荒谬与人生的无奈。

散文集《红狐》由中国华侨出版社出版。序言中,表现了贾平凹心理上追求创新的焦虑心态:"我喜欢散文,似乎数量还多,但实际情况我并不是专门写散文,常常在心绪极不好的时候才动笔的。什么是好散文,怎样写好散文,我是不大懂的,只是涉笔而去,尤其这一二年,更是没个章法,随心所欲,该起承转合的没起承转合,不该结尾的时候却结尾了。随着年龄的增长,随着世事的经见,我厌倦我的旧作,崇尚心灵的真实,崇尚智慧,却又恨我的力不从心。什么时候,真正能得心应手呢?"王兆胜认为,"贾平凹在老旧文化基础下存在着失误,暮气太重,有着虚无绝望的人生观。"②

11月 散文集《坐佛》由太白文艺出版社出版。

本年度重要研究论文

白烨:《作为文学、文化现象的"陕军东征"》,《小说评论》1994年第4期。

曹书文:《浅析贾平凹散文的"小说化"倾向》,《当代文坛》1994年第2期。

陈辽:《思考〈废都〉与"废都现象"》,《学海》1994年第1期。

陈晓明:《废墟上的狂欢节——评〈废都〉及其他》,《天津社

---

① 王新民:《贾平凹纪事》,山东人民出版社2015年版,第166—167页。
② 王兆胜:《贾平凹散文的魅力与局限》,《当代作家评论》2007年第4期。

会科学》1994年第2期。

栾保俊:《不值得评价的评价——〈废都〉读后感》,《文艺理论与批评》1994年第2期。

刘树元:《透视贾平凹的散文世界》,《朔方》1994年第3期。

潘玉承:《评〈废都〉的艺术模仿》,《北京社会科学》1994年第1期。

石杰:《贾平凹及其创作的佛教色彩》,《徐州师范学院学报》1994年第1期。

赵学勇:《"乡下人"的文化意识和审美追求——沈从文与贾平凹创作心理比较》,《小说评论》1994年第4期。

张晓东:《荒诞·性·禅——贾平凹〈太白〉简论》,《华中师范大学学报》1994年第1期。

一九九五年　四十三岁

1月5日　贾平凹和卫全恩、羿克两位律师向西安市莲湖区人民法院递交了民事诉状，状告中国戏剧出版社、一二〇一印刷厂、北京南华印刷厂侵犯其姓名权，要求赔偿经济损失48万元，并公开赔礼道歉。事情起因是在1993年6月25日，贾平凹曾与北京大象文化有限公司签订了"《中国模特》电视剧编剧事宜"协议书，协议上说贾平凹受聘参与该电视剧剧本的创作。后来，由于客观原因，贾平凹仅参与了该电视剧的策划工作，未参与撰稿。但是由该电视剧剧本改编的小说《霓裳》在贾平凹不知情的情况下，署名"贾平凹"出版，印刷16.3万册，构成了对贾平凹姓名权的侵犯。

1月10日　莲湖区人民法院正式受理此案。被媒体称为"1995年出版界第一案"的《霓裳》侵权案开始了坎坷、曲折的诉讼历程。①

1月　中短篇小说集《商州：说不尽的故事》由华夏出版社出版。

3月　随笔集《说话》由陕西人民出版社出版。

《中国当代实力派作家大系·贾平凹小说精选》由太白文艺出版社出版。

雷达主编的八卷本《贾平凹文集》由中国文联出版公司出版。该文集不按体裁分类，而采取了题材类型、审美类型和文体类型打乱后交叉编组的方式。分为《浮世卷》《世说卷》《寻根卷》《侠盗卷》《野情卷》《灵怪卷》《闲澹卷》和《求缺卷》，共收入贾平凹长篇小说三部、中篇小说29部、短篇小说92篇、散文283篇及诗歌41首。雷达在该书的序言中说："贾平凹是自然之子，平民之子，中国文化精神和美学精神之子，他生于汉江之侧，长于商洛大野，饱啜传统文化之雨露，博采现代

---

① 下文贾平凹打官司内容，本书参考王新民著《贾平凹纪事》，山东人民出版社2015年版。

文明之精英。在创作实践中,他一面坚持中华民族的审美精神,一面以极大的注意力关注着世界文学的动态,为我所用。""贾平凹追求的是以本民族的思维方式和表现形式,来抒写中国现代人的感觉和生存,描绘从传统向现代转化中民族灵魂的痛楚和蜕变。他的创作河流是趋世界文学而动的,但河床是中国的。他立志要写中国的气派,中国的味。"

4月11日　莲湖法院开庭审理《霓裳》侵权案。

4月15日　与孙见喜、马健涛等人一起赴海南考察。

4月16日　在海南省新华书店的门市部给读者签名售书,同时接受海南电视台的采访。下午,在海南宾馆二楼会议厅参加"著名作家贾平凹与海南省作家座谈会"。贾平凹在发言中比较了陕西作家和海南作家创作的不同:"陕西作家无论写农村写城市都还在探索中。西安在文艺理论上不太活跃,都是本地人,经济又落后;但创作上相对活跃,这有两点原因:一是经济落后,干别的事干不成;二是作者都从基层上来,有生活库存。""海南是各路人马都朝这儿看,这里富集着各种文化信息,到这儿的人一旦安分下来,创作上就会出现大的气象。"① 当晚,贾平凹接受《海口晚报》采访。谈及自己的人生态度和艺术追求,贾平凹说:"我更热心地追求艺术的人生。我出身底层,这决定了我只能是平民作家","我主张放达,我写不了政治色彩很浓烈的东西,为艺术而艺术咱也不可能,我不是贤达,而只能是放达。""我是把创作当生命来对待的。我搞其他都不如搞写作自在,我视创作为崇高的事业。这是我最好的生命形式。""我追求更有中国味儿的东西,艺术上尽量靠近真实,同时又传达形式上的东西","我后来的作品更切近现实,貌似纪实,但传达的意象是形而上的东西"。"搞创作的,在社会上要隐一点,不要太显。前二年有人让我到乡下去,我没去,大隐隐于市么。我的办法是'默雷止谤,转毁为缘',这是佛家的态度。"

4月17日　到达海南省三亚市。

4月21日　《海口日报》宴请贾平凹,韩少功作陪。

4月24日　接受《中国日报》《工人日报》采访,问及如何对待"《废都》事件",他答道:"默雷止谤,转毁为缘。别人批判时,我去四川绵阳了,一去40多天。"

---

① 孙见喜:《贾平凹前传》第3卷,花城出版社2001年版,第43页。

5月22—25日 "陕西长篇小说创作座谈会"在西安召开。与会同志回顾了陕西长篇小说的创作历程，认为"进入新时期后，陕西涌现出了一批具有浓厚的生活积累和良好的艺术素质的中青年作家，他们经历了一个实践、探索和积蓄的过程，在八十年代中期以后，他们中间的一部分人开始了长篇小说创作，出现了《平凡的世界》《浮躁》等一批具有较高的文学品味和广泛的社会影响，闪现着鲜明的时代色彩的作品。""路遥的《平凡的世界》、贾平凹的《浮躁》不仅广阔地描写了改革开放时代的社会生活、社会心理和社会情绪，而且塑造了具有新的时代特点、新的精神风貌的人物典型。它们分别获得了第三届茅盾文学奖和美孚石油公司所设的'飞马'奖。这可以说是新时期陕西长篇小说创作的第一个浪潮、第一个高峰。"①

6月上旬 莲湖法院对《霓裳》侵权案作出一审判决，要求被告在判决生效后，立即赔偿因侵犯贾平凹姓名权给原告造成的精神损失费24万元（其中一二〇一印刷厂承担8万元，中国戏剧出版社承担16万元）；并且在判决生效后30日内，被告一二〇一印刷厂及中国戏剧出版社在全国发行的省级以上报纸上公开刊登向贾平凹道歉的声明，声明内容必须经法院核准，所需费用由被告一二〇一印刷厂及中国戏剧出版社平均承担。中国戏剧出版社和一二〇一印刷厂对判决不服，提交上诉状。

7月 长篇小说《白夜》由华夏出版社出版。贾平凹在创作谈《贾平凹答问录》中阐述了《废都》和《白夜》的关系："《废都》是开放性结构的作品，而不是封闭性结构的作品"，"《白夜》进一步在作关于人的自身的思考，这人当然是中国的，是中国二十世纪末的"。"《废都》通过了性，讲的是一个与性毫不相干的故事。《白夜》里性的描写是少了，是因为它不是以性来讲别的故事的，所以一切随意，当写便写，当止而止。""《废都》充满了激情，是一种自我作践的写法"，"《白夜》冷静多了，宠辱不惊地去写"，"《白夜》在体现我对人自身的思考问题上，它突破了《废都》仅从方圆中开掘，生活面更开阔。没有向《废都》靠，仅仅有个西京城的影子。我是反英雄主义的，社会发展到今日，巨大的变化、巨大的希望和空前的物质主义的罪孽并存，物质主义的致愚和腐蚀，

---

① 于夏：《在反思中寻求新的突破——陕西长篇小说创作座谈会纪要》，《小说评论》1995年第4期。

严重地影响着人的灵魂,这是与艺术精神格格不入的,我们得要作出文学的反抗,得要发现人的弱点和罪行。"① 费秉勋认为:"贾平凹从《废都》开始的所谓'散点透视'写法,自觉摒除了报告式,而采取聊天式。这种聊天式叙写,采用最当代的平常语言,外观上倒显出中国作风极浓的文人气质。"② 杨胜刚认为,"《白夜》绝对不合时尚,它触及中国人生活中沉重、艰难、黯淡、悲苦的一面,然而他平静的叙述让人感到有'怨而不怒、哀而不伤'的味道,这样的心态和成果使《白夜》能够真正沉下去,超越当下的时代,获得经典品格。"③ 孟繁华说:"《白夜》是一部现代都市人精神贫困症的病历",是"一部从官员到百姓、从知识分子到平民、从男性到女性、从英雄到常人的俗世生活的立体景观","贾平凹从整体上切中了现代都市精神病症的要害,在平淡中让每个人在《白夜》中窥见内心真实的脆弱"。④

8月2日 由华夏出版社和北京新华书店联合举办的《白夜》首发式暨为读者签名活动在北京外文书店举行。

8月4日 在哈尔滨市新华书店,元森文化艺术发展公司为贾平凹举办了新闻发布会。黑龙江省人大、省政府办公厅、省委宣传部的主要领导参加会议,黑龙江省作协、省文联的相关人士及十多家新闻单位也前来座谈和采访。

10月 贾平凹肝病复发,住进西安医科大学第一附属医院。

11月8日 香港中旅(集团)有限公司邀请贾平凹赴香港考察。

11月28日 贾平凹、孙见喜一行到达广州,花城出版社社长肖建国接待。

11月29日 到达香港。

11月 长江文艺出版社出版了《白夜》评点本,评点者为西北大学中文系教授费秉勋。

12月2日 参加香港天地图书公司主办的"天地长篇小说创作奖文学座谈会"。刘再复教授、香港科技大学郑树森教授参会。刘再复说:

---

① 王永生主编:《贾平凹文集》第14卷,陕西人民出版社1998年版,第398—406页。
② 费秉勋:《追寻的悲哀——论〈白夜〉》,《小说评论》1995年第6期。
③ 杨性刚:《〈白夜〉经典性述评》,《柳州师专学报》1997年第3期。
④ 孟繁华:《探寻时代精神病症——贾平凹的长篇小说〈白夜〉短评》,《卧龙岗上散淡人》,中原农民出版社1999年版,第173页。

"《废都》在中国大陆闹得沸沸扬扬，但是九十年代的中国文坛，如果没有贾平凹和王朔，那将要寂寞得多"，"作为学者，自由思想就是我的全部；作为作家，自由创作就是全部。创作应该是最自由的。不要把文学创作放在政治法庭、道德法庭上来看"。① 贾平凹发言说："在大陆写小说无法逃避现实和社会，我在中国西北，环境决定了我不是政治性强的作家。十年前，我追求写中国作风的小说，国内有人说我发扬民族传统，其实他们不懂，他们把'五四'以后的东西叫传统，我不这样认为。我读中国古典，浸淫民族文化久了，就想吸收西方文化的境界，而形式方面更少一些。""我认为，中西文化在最高境界上是相通的，云层之上都是阳光。越有民族性地方性就越有世界性，这话说对了一半。就看这个民族性是否有大的境界，否则难以走向世界。我近年写小说，主要想借鉴西方文学的境界。如何用中国水墨画写现代的东西，这里边有个语感的转换问题。"②

12月21日 时任中共中央宣传部副部长、中国作家协会党组书记的翟泰丰给贾平凹回信，认为《废都》"的确不是成功之作"，"内中明显模仿《金》作之处甚多，且又多不成功，特别是性的描写过分了，'□'这一'创造'实不高明。对人物内心描写，也有败笔。这不足为奇，老君爷还被孙悟空偷去金丹呢，何况人乎？问题是一定要吸取教训"。③

12月 散文集《中华散文珍藏本·贾平凹卷》由人民文学出版社出版。

本年度重要研究论文

艾斐：《〈废都〉现象与贾平凹的文学道路》，《理论与创作》1995年第1期。

陈昌丽：《文艺的作用 作家的职责——兼谈〈废都〉》，《贵州师范大学学报》1995年第1期。

费秉勋：《追寻的悲哀——论〈白夜〉》，《小说评论》1995年第6期。

---

① 孙见喜：《贾平凹前传》第3卷，花城出版社2001年版，第196页。
② 同上书，第197页。
③ 翟泰丰：《翟泰丰文集》第4卷，作家出版社2004年版，第110页。

高旭国：《世纪末文化的败落图景——〈废都〉札记》，《沈阳师范学院学报》1995年第1期。

韩鲁华：《平平常常生活事　自自然然叙述心——〈白夜〉叙事态度论》，《小说评论》1995年第6期。

韩鲁华：《贾平凹、路遥创作文化心态比较》，《唐都学刊》1995年第2期。

贾平凹：《读张爱玲》，《文学评论》1995年第2期。

李咏吟：《莫言与贾平凹的原始故乡》，《小说评论》1995年第3期。

雷达：《心灵的挣扎——〈废都〉辨析》，《当代作家评论》1993年第6期。

石杰：《贾平凹创作中的禅的超越》，《河北师范大学学报》1995年第4期。

钟本康：《贾平凹小说的民性意识——评系列小说〈逛山〉》，《小说评论》1995年第5期。

一九九六年　四十四岁

1月1日　中篇小说集《贾平凹小说精选》（中国当代实力派作家大系）由太白文艺出版社出版。

1月11日　上午，西安市委宣传部为贾平凹赴江浙考察并体验生活举行欢送会，市委书记崔林涛及政府、人大、政协、陕西省委宣传部、省文联、省作协的领导出席欢送会。①

1月12日　到达北京，中国作协书记处书记高洪波及翟泰丰的秘书王海燕、张锲的秘书秦友苏等到机场迎接。

1月13日　张锲接贾平凹去文采阁。此次南行，是中宣部副部长、中国作协党组书记翟泰丰的建议，翟泰丰希望贾平凹能够通过江浙之行，开阔视野，进一步提升自己。

1月14日　飞抵南京，住西康宾馆。在宾馆会晤苏童、叶兆言、赵本夫、周梅森、储福金、黄蓓佳、范小青等当地作家。

1月15日　游中山陵、半月桥、秦淮河等地。

1月16日　离开南京往张家港市。行程3小时，午时到达张家港市。

1月17日　参观南沙镇、东山小区、永嘉码头等地。下午，张锲、王光伟、周桐淦等和贾平凹去昆山市。

1月18日　到昆山，浏览市容，去周庄。

1月19日　深入居民区，到公共场所。

1月21日　翻阅张家港《文明市民守则》，往塘桥镇访问。

1月22日　往华西村去。看"农民公园""世界园"华西大楼、村民住宅、村区长廊等，了解了华西村历史、人口及收入、村班子组成和

---

① 赴江浙考察的内容参考贾平凹本人所做的《江浙日记》，《五十大话》，译林出版社2012年版，第3—77页。下文不再标注。

村区建设等情况。

1月23日 去南通，后往百里路外的如皋。

贾平凹在日记中写道：水绘园在如皋市北，如皋意为"到高地"，明清时极为繁华，"士之渡江而北，渡河而南者，无不以如皋为归"。"冒辟疆伤于国事，绝意仕途，携秦淮名妓董小宛回住老家筑水绘园游觞啸咏，才子佳人知己，留下无限佳话"。

1月24日 看到张家港当地的发展，对比中国中西部的现状，对陕西省经济发展中的问题，贾平凹提出了自己的看法："一、自然环境差。陕西一省包括几个生态区，北从沙漠，向南依次为黄土高原、关中平原、秦岭山地、汉中盆地，除关中和汉中外，其余皆自然条件极差，稍有天旱雨涝便成年馑。人的意识里总有温饱的恐慌感，即使手里有钱，亦不敢经营大的事情去冒险，一切留着后路。二、西安为陕西省会，经济比较发达些，但全省穷，西安负担极大，这就又影响到本省的再发展，使龙头不能跃起。全省贫困面大，有钱不能集中，分散使用，又使全省缺水短电，投资环境不好，难以吸引外资。三、内陆环境造就了民性的保守，背上了内陆意识的包袱。而又曾是唐以前十三个王朝建都之地，文物遍地，意识里还有一种老大自尊，先是口上不服输，等不得不服输了，又易产生浮躁气。四、有延安圣地，老区意识严重，有依赖中央救济思想，观念陈旧。五、普遍缺乏超前意识，事事不敢为先。对一些新生东西，没有先例的事情，宁'左'勿右处理，对基层或第一线干部太苛刻小节，挫伤积极性。六、重厚实轻机巧的文化观念，影响在经济领域的适应性和主动性，常常错失机遇。七、农耕思想根深蒂固，经济管理人才短缺。"[①]

1月25日 到昆山，研读《昆山文史》。

1月26日 翻阅昆山资料。

登临昆山，观并蒂莲和琼花树。得知陆机、顾炎武、归有光出生于此，瞻仰塑像、壁画。回来至"玉山草堂"书画院与副市长徐崇嘉、书法家陆家衡等诸人书条幅近十张并撰联：坐看娄水顾亭林，起拾昆玉归有光；文笔高挺天下有一峰，琼花盛开世间无双树。

1月27日 去苏州第一百货商店的"贾平凹书屋"。见苏州大学范培

---

① 王永生主编：《贾平凹文集》第14卷，陕西人民出版社1998年版，第328—329页。

松教授、作家尹平等人。当晚,上海《文学报》徐福生邀请去上海。

1月28日 贾平凹与昆山市文学作者座谈。

1月29日 到上海,去浦东参观。

1月30日 参观虹桥开发区,中午飞往北京汇报。

1月 散文集《如语堂》由中国工人出版社出版。

2月3日 散文《看李梅演戏》刊于《人民日报》。

2月18日 翟泰丰致信贾平凹,信中说:"读了陕西省委常委、西安市委书记崔林涛同志在市委宣传部举行的为你南下送行的座谈会上讲话,很有启发。完全是朋友的倾心之言,语重心长。我特别赞成他的一段谈话:'我感到平凹这次赴江浙体验生活,是他一生中很重要的一步,也可以说是关键的一步。这一步走得好,可能对平凹后半生的创作是一个转折点,使平凹有希望迈上一个新的台阶、新的高度;对陕西、西安作家的成才和发展也会提供一个有益启示,蹚出一条成功的路子。'我盼你切切记住他的这段话,并照着去做。如果你真的出现了这个'转折点',我们都将为你的大成而高兴,人民将因此获得一个属于人民自己的作家。你应深思,并下定决心不辜负众望,不负诸领导同志之嘱。"①

3月 长篇小说《土门》初稿完成。《土门》体现了贾平凹对中国城市化进程的关注,他认为中国在城市化进程中所发生的行为上心理上对人们的冲撞是世界少有的:"农村是落后的,城市也有城市的弊病,尤其是在中国,如何去双重地批判呢?我是站在仁厚村的角度来写这一进程的,写行为上的抗拒,心理上的抗拒,在深深的同情里写他们的迷惘和无奈,写他们的悲壮和悲凉,写一个时代的消亡。"②

散文集《树佛》由天津人民出版社出版。

书画集《小石头记》由花城出版社出版,此书是为著名藏石家李饶的藏石配文而成。在序言中,贾平凹指出:"玩石人却绝不丧志。玩的石都是奇石,归于发现的艺术,不是谁都有心性玩的,谁都能玩得出的,它需要雪澡的情操,淡泊的态度,天真、美好,这就是缘分。"

4月23日 翟泰丰致信贾平凹,谈了对当前改革形势的认识,并希望他结合时代形势,创作出更优秀的作品,信中内容如下:"现代化大生

---

① 翟泰丰:《翟泰丰文集4·书信往来卷》(上),作家出版社2004年版,第131页。
② 贾平凹:《致穆涛书》,《敲门》,作家出版社1998年版,第122—123页。

产与其代表人物，必将在观念上与小生产的惰性、散漫之陋习发生冲突，这种冲突首先表现在观念形态之间，历史将以现代城市管理之制约，法制之约束，新型道德观念来规范人们在现代生活中的观念和行为。通过人民群众为建设自己的新生活而艰苦创业，推动社会进入有中国特色社会主义现代化之殿堂。作为当今之作家，应紧紧抓住这个时代之本质性的冲突，深刻认识和把握当代先进生产力、生产关系代表人物在新旧观念冲突中，各自不同的性格特征，以作家自己独特的审美个性、审美观照挥洒时代之春秋，塑造时代之典型。从你的《江南行》上篇中，已可见你在这方面之实力，企盼你写出时代宏著。"①

散文、图画集《玫瑰园的故事》（与刑庆仁合著）由湖南文艺出版社出版。

8月27日至9月4日 与孙见喜、石油部文联的路小路去新疆塔里木油田采风。

行程安排如下："8月29日8点30分到库尔勒；下午参观基地、展览、市容；晚上，塔里木石油指挥部领导接待。30日郝贵平陪同进沙漠采访。31日从沙漠返回指挥部，下午安排巴音郭楞州宣传部、第四运输公司等单位会见。9月1日，采访塔里木石油指挥部领导。9月2日继续采访。9月3日返回乌鲁木齐办事处。9月4日返回西安。"②

9月4日 与翟泰丰通电话。贾平凹汇报了这次塔里木之行的经过。翟泰丰要石油大厦负责人向塔里木石油开发总指挥部转达他如下意见："一、感谢石油天然气总公司、石油文联、石油作协、'塔指'等单位对贾平凹深入塔克拉玛干沙漠采访的热情接待，帮助贾平凹圆满完成了深入生活的任务。二、贾平凹同志到塔里木前线深入生活，对作家们带了一个好头，对当前中国文坛是一个贡献，对宣传塔里木大会战将会起到积极作用。感谢塔里木石油人对作家提供了一个深入生活的沃土。平凹一行三人这次深入塔克拉玛干体验生活，获得了崇高的思想境界，净化了创作思想，作家与石油人产生了共鸣。作家的眼泪和石油人的眼泪流在了一起，流出的不仅仅是激情、感受，而且是诗，是中国当代文坛最

---

① 翟泰丰：《翟泰丰文集4·书信往来卷》（上），作家出版社2004年版，第133页。
② 相关内容参考孙见喜著《贾平凹前传》第3卷，花城出版社2001年版，第116页。

瑰丽的诗。"①

随后"塔指"（"塔里木石油开发总指挥部"）办公厅以《值班日报》（第344期）的形式将翟泰丰的电话内容印发到各部门。

长篇小说《土门》定稿。该书为辽宁春风文艺出版社的"布老虎"丛书之一种。贾平凹在该书的《后记》中自道："知我德性的人说我是在生活里胆怯，卑微，伏低伏小，在作品里放肆，自在，爬高涉险，是个矛盾人。想一想，也是的。活到现在四十四年，从事写作二十一年，文章总是毁誉不休，自己却常常渡过危境。为什么来着？人活在世上的作用不同，像一窝蜂，有工蜂，也有蜂王，蜂王专吃好的蜜浆，我恐怕命定的就是文人，既然是文人，写文章的规矩就是要主张张扬生腾，当然是老虎在山上就发凶发威，而不写文章了，人就是凤凰落架，必定不如鸡的。""文人如果不热衷于奔走政治权贵的门庭，又不肯钻在象牙塔里制作技巧，要在作品里得大自在，活人就得受亏。我患肝病十余年了，许多比我病得轻的人都死了，我还活着，且渐渐健康，我秘而不宣的医疗法就是转毁为缘，口不臧否人物，多给他人做好事。""每日除了逛土门，从早上可以写到晚，屋里只有上帝，上帝就是我。统治我的小说世界的一个是耶稣，一个是魔鬼……"

10月17日 到杭州。晚间与浙江省委宣传部相关负责人交流。贾平凹对浙江地理、气候、物产不同而形成的饮食、服饰、语言，及人的性情、相貌的差异产生了兴趣遂有一问："20世纪，中国的文武人才大多出在浙江。文人如鲁迅、周作人、茅盾、夏衍、艾青、郁达夫、丰子恺、朱自清、马一浮、李叔同，这些人的作品格局大，气象大，完全没有所谓的小家相，原因在哪里？而这些人又都是从浙江走了出去成为大家，又是什么道理？"②

10月18日 游览西湖。

10月19日 看望巴金老人。贾平凹在日记中写道："巴金是世纪老人，人与文都是当今典范。巴老住在汪庄国宾馆，去时正被人推着轮椅在园中散步，前去问候，老人面色颇好，而表情已不生动。一代伟人

---

① 翟泰丰：《翟泰丰文集3·散文随笔卷》，作家出版社2004年版，第104页。
② 下文相关在杭州的内容见贾平凹本人所作的《江浙日记》，《五十大话》，译林出版社2012年版，第3—77页。

（在）1993年便如此衰老，不禁浩叹。为老人推轮椅转了一大圈，时阳光温暖，鸟鸣数声，桂花放香，今生能与大师同时代生活，甚为荣幸，但我仅仅能做到的也就是为他推一圈轮椅吗？"

10月20日 到六和塔、钱塘江、虎跑泉等地。去蒋庄看望马一浮。贾平凹在日记中感叹："人已去，楼空在，无一参观者。踏入厅门，一股霉味，光线昏暗识不清墙上的联语；一泓西湖滋养了多少才情之人，而圣贤者却只有马一浮，但世间知道马一浮的却寥寥无几。生前大隐，死后也大隐，这才真是圣贤。"

10月21日 到宁波。看镇海口，观天一阁，入展室看资料，贾平凹有三点感慨："一、范钦的身份为明兵部右侍郎。绍兴城还有一个私人藏书楼叫古越藏书楼，主人也是兵部官员。兵部的人却藏书！在扬州的时候，见过许多名园，都是当年盐商私宅。盐商有巨资，一是结交了一批当世的文人名士，一是不惜重金大兴土木建私家园林，而文人名士就来为园林设计筹划。这种现象，你可以说这些盐商附庸风雅，也可以说那些文人名士攀附富贵，但毕竟正是这一现象才为国家留下了一笔园林艺术财产。二、书楼的禁牌数幅，虽未详细摘录，大致是醉酒者不能登楼，手不洁者不能取书，家人不得私自领外人登楼，即使家人不经允许者也不能随便登楼等等，惩罚的方式有一条是凡有违者则以轻重而取消不同形式的祀祖的资格。仅此一事，可见古人对书的爱护。三、有文字记载，说是范氏后人在分家时，有兄弟两人，别的财产好分，惟藏书难一分为二，遂定下得书者不得100两银子，老二的媳妇寡居，便得百两银子而去。寡妇便被人嘲笑了数百年。"

10月22日 到北仑参观。北仑属于宁波港的一个港区，宁波港是中国重点建设的四个国际深水中转港之一。

10月23日 去河姆渡遗址博物馆。在日记里写道："黄河文化的半坡遗址文物是北方先民的生存状态，河姆渡遗址的文物是南方先民的生存状态，一个5000年，一个7000年，两相比较，南方先民的文明程度倒高于北方先民，这与如今南北人的智商有关联吗？但有一个基本的定论，可以说中华民族并不是只有一个发源地了。来到浙江，只知道越文化的独特，这种越文化是如何形成的？这里的山水、气候、饮食、建筑、工艺，从7000年前就有别于黄河文化了。"

在博物馆题写"文明大观"四字。

午后，去镇海口参观古海防遗迹，上梓荫山拜吴公纪功碑，又去裕谦殉职的潘池，去后海塘，往海边看安远炮台。

10月24日 游宁波天童寺。

10月25日 去溪口参观蒋介石的两处旧屋，宋美龄居住的楼阁及蒋经国读书的小洋房。

10月26日 参观滕头村。

10月27日 与滕头村老支书傅嘉良交谈。提了几个问题，如工业发展与生态环境的矛盾冲突你们是如何解决的？对滕头村今后的发展，准备做哪些工作？您觉得目前对农村和农民，不仅仅是你们村，需要做什么？等等。

10月28日 游寺桥，去柯桥镇参观亚洲最大的布匹交易市场，后又到柯岩。

10月30日 游绍兴鲁迅故居。

10月31日 去绍兴市黄酒集团参观。在酒厂题写了"古越总绍兴，黄河是龙涎"十字。

10月 长篇小说《土门》由春风文艺出版社出版，首版印发30万册。中国社会科学院文学研究所的孟繁华先生率先发表评论，坦言这部小说的成败得失，文章认为："九十年代的贾平凹，成了中国文坛的一个神话。""在文学界，贾平凹同样是议论的中心人物，还没有哪位作家遭遇过他这样的毁誉参半褒贬不一。仅此两点，便足以证明作为作家的贾平凹，是一个不能忽略的存在。""随着贾平凹《白夜》与《土门》的面世，我觉得对贾平凹的评价我们忽略了一个相当重要的层面，这就是作为一个作家他对今日中国社会生活的持久关注和耐心的表达。我们可以不同意他的方式，可以商讨批评他对文本内容的选择或设定，但他执著地选择当下社会生活变革给人们生存和精神带来的巨大震荡作为自己的表达对象，并且在一定程度上切中了这个时代的精神创伤，揭示了迈向幸福承诺过程中的人们巨大的感奋、矛盾与痛苦。这种关注现实生活，透视世道人心的入世精神，则又表达了贾平凹及其作品的另一个侧面。"[①]辽宁评论家石杰认为："《土门》表现出作家浓厚的文化复合心态和文化

[①] 孟繁华：《面对今日中国的关怀与忧患——评贾平凹的长篇小说〈土门〉》，《当代作家评论》1997年第1期。

审视意识。以传统儒家的伦理道德为其精神内核的古老的农业文明虽然曾经铸造了一个民族的文明史,然而在社会发生重大变革的今天,它却已经远远适应不了现代化进程的需要了——仁厚村最后的消亡说明了这一点。而以西京为象征的工业文明虽然代表着历史发展的趋势,却也并非人类文明的理想归宿。人类究竟应该往何处去?作品最后归结到了一个具有道家文化意义的范畴——'土门'。它既是对对立的超越,也是对浮躁的否定。"①

在商州召开"贾平凹文学研讨会"。会议由地、市宣传部,地、市文联,《商洛报》、《商州报》等单位联合召开。来自北京、湖南、广东、云南、江苏、新疆、辽宁、南京等二十四个省市的八十多位学者参加会议,会期四天。贾平凹在会上介绍了自己的创作情况,作家京夫、方英文等讲了创作的基本功、新时期文学的历程、九十年代小说的新变化等问题。

贾平凹与一批中青年批评家:邢小利、仵埂、阎建滨、李建军、孙见喜、王永生等人讨论《土门》的创作问题。李建军认为:"《土门》是一部很重要的作品,不管是先进还是后进、发达还是不发达国家,都面临许多城市化带来的人的生存问题。贾平凹敏锐地关注到城市化带来的诸多问题,写了《土门》,这和《浮躁》、《废都》一样,都抓住了我们这个社会在一个时期面临的重要问题。"邢小利认为从《浮躁》到《废都》再到《土门》,贾平凹经历了一个由关注时代的社会问题,到表现个人意绪,再到关注时代的社会问题的过程。仵埂认为贾平凹近年来一直在寻找这个安妥灵魂的所在。阎建滨建议贾平凹可以以大善与大善、大恶与大恶的冲突在将来的创作中尝试。讨论到结构形式问题,贾平凹谈了自己的想法:"我是写革命故事出身的,开始写的是雷锋的故事——《一双袜子的故事》。后来我感觉一有情节就消灭真实。碎片,或碎片连缀起来,它能增强象征和意念性,我想把形而下与形而上结合起来。要是故事性太强就升腾不起来,不能创造一个自我的意象世界。弄不好两头不落好,老百姓认为咱的现实主义不真实,而在先锋派的眼里又都是一些真实的生活。我想把我的象征意念塞进去。我老认为张爱玲一生都在写《红楼梦》的片断,张爱玲为什么不旧?因为她加入了现代的东西。""我看乔伊斯的《尤利西斯》,醒悟到意识流不仅仅是思想在联想。

---

① 石杰:《〈土门〉:文化的审视及抉择》,《锦州师范学院学报》1997年第4期。

意识流基本上是潜意识的活动，不仅仅是联想。王蒙式的中国意识流就是上下左右联想，这其实是把周围的事物全剥光了，这也是不真实的。小说重要的一点就是怎样使它更接近真实。再如对话，对话不仅仅是说眼前的事，我与你对话时眼睛虽然看着你，余光还看到了周围的东西。我得到这些启示，就想这样写。我写小说时，写到这一个事情，又顺着写到别的事情，后来又回到原先那个事情上去。这也基于一种真实性的考虑。"①

11月1日 去茶叶博物馆。

11月2日 去杭州历史博物馆。

11月4日 返回西安。

散文集《世界华文散文精品·贾平凹卷》由广州出版社出版。

11月18日 到西安医科大学附属二院看望住院的作家浩然。

11月26日 去宝鸡参观，鲁风同行。

11月 《贾平凹散文》（《书信十一篇》《土门·后记》《〈美文〉四年编辑部午餐桌上的谈话》）刊于《人民文学》第11期。

12月18日 散文《走进塔里木》刊于《人民日报》。文中讴歌了石油人的艰苦奋斗精神，赞叹了油田大会战的宏阔场面："我们走进了大漠腹地，大漠让我们在一天之内看到了它多种面目，我们不是为浪漫而来，也不是为觅寻海市蜃楼和孤烟直长的诗句"，"八月里走进塔里木，为的是看油田大会战"。"艰苦奋斗永远是石油人生活的主旋律，但石油人并不是只会做苦行僧，不论是筑路、钻井、修房和运输，生产体制已经与世界接轨，机械和工艺是世界一流，效益当然也是高效益，新的时代，新的石油人，在荒凉的大漠里，为国家铸造着新的辉煌。"

散文集《坐佛》由香港大地图书公司出版。

本年度重要研究论文

　　崔志远：《贾平凹神秘心理图式探源》，《河北师范学院学报》1996年第4期。

　　党圣元：《说不尽的〈废都〉——贾平凹文化心态谈片》，《小

---

① 贾平凹等：《〈土门〉与〈土门〉之外》，《小说评论》1997年第3期。

说评论》1996年第1期。

范家进：《"前现代"与"后现代"的奇妙拼贴——贾平凹〈浮躁〉新探》，《浙江师范大学学报》1996年第6期。

郜元宝：《两个俗物，一对雅人——王朔贾平凹张承志张炜合论》，《上海文化》1996年第3期。

贾平凹、陈泽顺：《贾平凹答问录》，《文学自由谈》1996年第1期。

贾平凹、张英：《地域文化与创作：继承和创新——关于中国当代文学的谈话》，《作家》1996年第7期。

旷新年：《从〈废都〉到〈白夜〉》，《小说评论》1996年第1期。

赖大仁：《创作与批评的观念——兼谈〈废都〉及其评论》，《小说评论》1996年第4期。

钦健：《论贾平凹的女性意识》，《湘潭师范学院学报》1996年第2期。

孙见喜：《猜想：一个苍老的顽童——试析贾平凹小说新作的创作心理》，《小说评论》1996年第3期。

石杰：《烦恼即菩提：有意选择而无力解脱——读贾平凹长篇小说〈白夜〉》，《唐都学刊》1996年第1期。

许明：《研究知识分子文化的严肃文本》，《小说评论》1996年第1期。

阎晶明：《话说贾平凹的"江南行"》，《文学自由谈》1996年第4期。

一九九七年　四十五岁

1月26日　中央电视台《读书时间》栏目记者李潘就长篇小说《土门》有关问题采访了贾平凹。当问及"你主要想传达给读者一些什么样的东西"时，贾平凹说："想给这个时代一点记录，也想对城市和农村作双重拟判，传达一种理想，寻找更好的人类生活形态，农村是传统的，保守封闭，而现代的城市又产生许多文明病，作品的最后写到'神禾塬'，这是一种理想。人类究竟怎么样才生活得好，这在世界范围内都在探索。"

日本中央公论社和香港天地图书公司分别出版《土门》的日文版和中文版。

2月8日　散文《吃烟》刊于《军工报》。

3月29日　接受韩鲁华的访谈，主要就两个问题交流：一个是意象世界的建构问题，一个是作家精神世界的表现问题。贾平凹说："同样一个问题，我是怎么看的，你是怎么看的，他又是怎么看的，神是咋看的，人是咋看的，狗是咋看的……我只想尽量叫作品多义性，多层次，增加作品的厚度。一般说写出生活层面、灵性层面，而灵性层面就是神，实际不是神，是宗教、哲学这一层面。"

3月　散文集《走虫》由中国青年出版社出版。

4月　短篇小说《玻璃》刊于《人民文学》第4期。

5月5日　莲湖法院再次对《霓裳》侵权案作出判决：一、本判决生效后一月内，被告中国戏剧出版社、蒋和欣、曹华益、一二〇一印刷厂、新华彩印厂赔偿因侵犯原告贾平凹姓名权造成的精神损失费24万元（其中中国戏剧出版社承担13万元，蒋和欣负连带责任；曹华益承担8万元，一二〇一印刷厂承担2万元，新华彩印厂承担1万元）；二、本判决生效后一个月内，被告在全国发行的省级以上报刊上公开刊登向原告贾平凹赔礼道歉、消除影响的声明,其内容须经本院核准,所需经费由上述各被告共同承担。5月18日,中国戏剧出版社不服判决,向西安市中级人民法院递交上诉书,请求改判。

5月 短篇小说《梅花》刊于《上海文学》第5期。

中篇小说《观我》刊于《大家》第5期。

许子东的《当代小说阅读笔记》由华东师范大学出版社出版。在第一辑的《寻根文学中的贾平凹和阿城》一文中,许子东认为贾平凹的早期作品是处于"扭曲"状:"写作《满月儿》(及《山地笔记》集中其他作品)时,贾平凹是一个刚毕业留城的工农兵大学生。他关在西安的一间六平方米小屋中面对墙上贴着的一百三十七张退稿鉴","现实的退稿鉴是比《莎士比亚全集》更实际的教材。将二十年乡村磨难的切肤体会放在一边,只是'纯真'地唱出带泥土芬芳的'明快赞歌'——有意无意先谋取'发言权'再说,这时贾平凹的心态其实也是'浮躁'的。"然而到了1981—1982年间,"贾平凹情如潮涌才不可遏,不仅小说画面'灰暗',散文也接连吟咏病树残月怪石颓花","1982年陕西省专门举行'贾平凹近期作品讨论会',来自作协、评论界乃至领导的'关心'、'爱护'、劝告和'帮助'把贾平凹包围起来了。这是一次'文学与政治(政策)矛盾关系的协调',但之后贾平凹决心重回家乡陕西商洛,不再轻易地为生活唱明快赞歌或凄厉哀调,而是要沉到商州里面只写乡俗民风山景农事,这是贾平凹'寻根'的背景,也是《商州初录》的背景"①。

9月20日 《美文》五周年庆典。余秋雨、龙应台、雷达等人到场祝贺,中国作协负责人翟泰丰写信祝贺。贾平凹在致辞中向客人介绍西安悠久的历史文化,他说:"西安是一座古城,中国汉文化的氛围很浓,旅游东线的秦兵马俑可以增进我们做人的雄浑气势,西线霍去病墓的石碑可以体悟我们对艺术的理解……"翟泰丰在信中说:"贾平凹同志,非常感谢你的邀请,内心里实在愿意前往古都西安,为《美文》五周年在文学界的贡献表示祝贺,因9月18日、20日召开中国作协主席团会议,所以赴西安拜望各位朋友的愿望恐难实现,谢谢你作为朋友的邀请。待有机会时再补这一课,中国是一个诗的国度,又是散文悠久发展的国度,

---

① 许子东:《当代小说阅读笔记》,华东师范大学出版社1997年版,第96—97页。

在我国文学史上《诗经》起家,《诗经》与散文作为姐妹篇相伴相随,成就不可小视。现在在散文的写作上,似乎既继承不够,又创新不足,究其根源,似乎与古体诗词发展一样,均缺乏时代气息。任何一种民族的文学样式,如果不注意继承民族传统,就会失掉根基,同样,如果缺乏时代气息,就难于有创新、有发展,自然会路子越走越窄。《美文》在这方面有所探求,难能可贵,望再接再厉。"① 余秋雨发言说:"我赞成把大散文或美文这个概念作比较宽泛的理解,美文不再停留在唯美主义的层面上,不再停留在外部文笔上的过于诗化、过于离开生活的滥情溢美的东西。大散文也不是非谈历史不可,或者非要达到五千字的篇幅不可,大和美往往是连在一起的。大和美如果从精神实质上去理解也许更好一些,这两个字实际上是在宣扬着一种精神高度。"②

《南阳日报》记者周熠曾访谈宗璞,谈到散文形势的时候,宗璞对《美文》杂志给予很高的评价:"散文当前形势大好,前景也会更好。除了影响较大的百花文艺出版社出版的《散文》外,近期又陆续增加新的散文刊物,如陕西的《美文》,福建的《散文天地》等,作者也增多,尤其是女作者多。"问到当代散文有大家吗? 宗璞不假思索地道:"贾平凹可以算一个。"如何写好散文? 宗璞概括说:"我以为写好散文需要三个条件:有见识,有真情,有文字功夫。贾平凹提出'大散文',我很赞同。"③

9月21日　陪同余秋雨、龙应台等人参观兵马俑。

9月22日　陪众人参观法门寺。

9月23日　陪众人到黄帝陵。

9月24日　陪众人游大雁塔和碑林。

9月　书画、散文集《中国当代才子书·贾平凹卷》由长江文艺出版社出版。

10月20日　《废都》的法文版翻译安博兰女士邀请贾平凹去法国参加11月3日的"法国费米娜外国文学奖"的揭晓及颁奖大会。贾平凹心里有顾虑:"入围只是入围,真的去了,揭晓会上揭晓的不是《废都》,

---

① 翟泰丰:《翟泰丰文集4·书信往来卷》(上),作家出版社2004年版,第257页。
② 孙见喜:《危崖上的贾平凹》,花城出版社2008年版,第327页。
③ 周熠:《周熠散文自选集》,河南文艺出版社1998年版,第303页。

那我去的意义就不大。""但能在东方之外的法国得到这样的反应并有可能获奖,这是我没有想到的。"① 加上时间仓促,未成行。

11月4日 贾平凹在《美文》编辑部接到中国文学出版社法文部主任吕华的电话通知,《废都》获"法国费米娜外国文学奖"。由于《废都》的影响,孙见喜、穆涛发消息时费了一番斟酌,消息内容如下:"据十一月三日法国巴黎消息:中国作家贾平凹的一部长篇小说(《废都》)荣获'法国费米娜外国文学奖'。这是贾平凹继一九八八年获'美孚飞马文学奖'之后又一次获得重要的国际文学奖。'费米娜文学奖'与'龚古尔文学奖'、'梅迪西文学奖'共为法国三大文学奖。该奖始创于一九〇四年,分设法国文学奖和外国文学奖,每年十一月份第一个星期的第一天颁奖。本届评委会由十二位法国著名女作家、女评论家组成。贾平凹是今年获得该奖项'外国文学奖'的唯一作家,同时也是亚洲作家第一次获取该奖。""后来,报纸上发出此文稿时,均删去了《废都》二字。刊登消息的报纸有《文艺报》、《文学报》、《作家报》、《文论报》、《文汇报》、《解放日报》等,陕西的报纸仅《三秦都市报》。"② 随后,贾平凹收到法国文化和联络部部长卡特琳·特罗曼的贺电,电文说:"谨对您的小说《废都》荣获'女评委(femina)外国文学奖'表示最热烈的祝贺,相信这部杰出的作品一定能打动众多的读者。"接着,贾平凹又收到法国驻华大使皮埃尔·莫雷尔的贺信,全文如下:"贾平凹先生:欣喜地获悉您刊于司托克出版社的长篇小说《废都》荣获'女评委外国文学奖'。在此,我谨以个人的名义,对您获得的殊荣表示祝贺。其实在评委尚未表决之前,评论界已经广泛地注意到您的作品。相信它无论在法国或在世界其他国家都能获得青睐。我希望您的小说能由于您在法国取得的成就,得到更多中国读者的喜爱。我非常希望能在法国驻华大使馆接见您,以便使您的光辉成就得以延续,并通过此开创法中文学交流的新局面。谨请贾先生接受我崇高的敬意。"贾平凹向法国文化和联络部部长及法国驻华大使回信表示感谢,向中国作家协会的负责人翟泰丰、张锲汇报。

11月14日 西安地区文学界、新闻界、企业界以民间的形式在西安

---

① 贾平凹:《关于获法国费米娜文学奖的前后》,《平凹散文》,浙江文艺出版社2000年版,第399页。

② 同上书,第403页。

北郊桃花源休闲山庄召开了"贾平凹小说创作座谈会"。本来拟定的会题是"贾平凹荣获法国女评委外国文学奖庆贺酒会",后改为"创作座谈会",由陕西省文联副主席肖云儒主持,企业家章功效提供会费赞助。

西北大学副校长于清华讲话,西安市文联副主席冯明轩代表文联向贾平凹表示祝贺。研讨会上大家就"《废都》事件"结合贾平凹近期的创作特征发表了各自不同的看法。

王愚说:"1993年时我就在电台的直播节目里说对这部作品不要急,让人思考一下,不要作简单化的处理。对精神领域的产品,最后还得由历史来定,历史无情。"李星说:"个人命运的苍凉,改革的苍凉,《废都》是这两个苍凉背景上的忧愤之作,庄之蝶的自残表现了中国社会历史变迁中文化知识分子的精神命运的变迁","不管怎么说,《废都》是中国二十世纪最重大的文化事件","分析这个事件对今后的文学鉴赏和批评很有意义"。畅广元说:"优秀作品属于世界,不是能捏得住的。""平凹平时淡泊名利,切近平民,重乡情,这好,但这二年平凹身上好像有了俗气,在报上和市政领导谈文学,是你给领导教文学还是领导给你教文学?你要警惕保留自己独立的艺术人格,领导的关心是好的,但这常和艺术发展规律有矛盾!"费秉勋教授说:"生命苦闷会引发艺术巨变,《废都》是平凹极苦极郁之后产生的一种孤愤,写出中国文化在一段时间里,大苦闷、大变异的前夜的种种精神症候。"李国平说:"贾平凹的创作呈现出了前所未有的文化色彩和生命色彩","他近期的创作弥漫着厚重的沧桑感和悲剧感,显示着艺术家的勇气,也显示他由才子向大家的迈进"。贾平凹最后发言:"虽然聚会的缘由是《废都》得了'法国女评委外国文学奖',但获得这个奖对我来说,大体无所谓。因为作家写出的书还有读者在继续看就可以安慰了,而我大致已慢慢从阴影中走了出来。""我现在的想法是,这个奖在法国,法国又是小说大国,它毕竟对校正这本书的误读有好处,让更多的人去读,供作者产生一份写作的自信,但我也不主张说获奖不获奖的事,以此时间谈谈文学艺术,谈我近年创作的长短,这样的聚会就更有意义了。已经是人进中年,一时的得失看得并不如以前那么严重,也正是如此,我仍在写作,而且更能心平气和,我写作是我的生命需要写作。我热爱我的祖国,热爱我们民族,热爱关注我们国家的改革,以我的观察和感受的角度写这个时代。但我的这种忧患常常被一些人曲解或先入为主地去阅读我的作品,这是我的悲哀。但我坚信，文学是讲大道的，需要时空的检验，而产生的一切不如人意处，首先我要检点自己，是我的能力弱小，只能继续去努力，除此之外，别无选择。""在我年轻时，常常为名利而产生张狂意和挫折感，现在回想起来觉得发笑，世事的经见，使我不敢说我已成熟，但起码，我学会了理解和包涵，无论以什么目的、方式曾经麻烦甚至受伤的人与事，我并不记恨，我理解了各人有各人的生存环境，各人有各人的思维方法，不管是正面的和反面的，不论其顺耳和逆耳，对我都是一笔财富，作为人生活在世上，我都要快乐地享用。"①

12月15日　如约会见法国驻华大使皮埃尔·莫雷尔。吕华、穆涛和袁西安陪同。

法国的《新观察》杂志每年评选世界十大杰出作家，贾平凹名列其中。贾平凹为《新观察》写了一篇短文，表达了《废都》被禁的心态："《废都》是我的一系列小说中的一部，它描写的是本世纪之末中国的现实生活。我要写的是为旧的秩序唱的一首挽歌，同时更是为新的秩序的产生和建立唱的一首赞曲。不幸的是，我的忧患和悲悯被一些人视而不见和误解，在《废都》正式出版百万册后竟被禁止了再版发行。这犹如你正当众谢谢，突然一只手捂住了你的嘴，让你变成哑巴！被禁后，《废都》虽然以千万册的数量在民间私下印刷，虽然流传到海外被译成各种文字出版，但在中国的书店里再也见不到一本正式版本，我是很沮丧的。被禁之后引发的一系列生活与创作上的困境使我步履艰难，而我仍在坚持写作，支撑我写作的动力是我拥有千千万万的读者，我坚信我的写作是忠于时代和艺术的。当《废都》在法国出版并获得'女评委外国文学奖'时，这无疑又一次增强了我对文学的自信。一个作家，最欣慰的就是其作品得到不同民族不同语言的读者的认可和喜爱啊！"②

12月30日　陕西文学界庆祝陈忠实的《白鹿原》荣获第四届"茅盾文学奖"。贾平凹发表祝贺词，他说："在读者如我的心中，《白鹿原》五年前就获奖了，现今的获奖，带给我们的只是悲怆之喜，无声之笑。可以设想，假如这次还没有获奖，假如永远不能获奖，假如没有方方面面的恭喜祝贺，情况又会怎样呢？陈忠实依然是作家陈忠实，他依然在

---

① 王辙：《一部奇书的命运》，花山文艺出版社2011年版，第123—132页。
② 孙见喜：《危崖上的贾平凹》，花城出版社2008年版，第345页。

写作，《白鹿原》依然是优秀著作，读者依然在阅读。污泥里生长着的莲花是圣洁的莲花。作品的意义并不在于获奖，就《白鹿原》而言，它的获奖重在给作家有限的生命中，一次关于人格和文格的证明，从而使生存的空间得以扩大。外部世界对作家有这样那样的需要，但作家需要什么呢？作家的灵魂往往是伟大的，躯体却卑微。他需要活着，活着就得吃喝拉撒睡，就得米面油茶酱，当然，还需要一份尊严。上帝终于向忠实发出了微笑，我们全都有了如莲的喜悦。"①

本年度获奖作品

《废都》获"法国费米娜外国文学奖"。

本年度重要研究论文

安立、周成建：《文化区位的误置——简论贾平凹的小说》，《山东师范大学学报》1997年第2期。

皇甫风平：《贾平凹性爱小说的心理分析》，《中州学刊》1997年第3期。

孟繁华：《面对今日中国的关怀与忧患——评贾平凹的长篇小说〈土门〉》，《当代作家评论》1997年第1期。

孙宜君：《论贾平凹散文的文化意蕴》，《江苏社会科学》1997年第3期。

石杰、石力：《〈土门〉：文化的审视及抉择》，《锦州师范学院学报》1997年第4期。

王韬、葛红兵：《过去的乌托邦与失落的现代性——对〈白鹿原〉、〈废都〉、〈丰乳肥臀〉的一个特例性比较分析》，《吉首大学学报》1997年第1期。

仵埂、阎建滨、李建军、孙见喜、王永生：《〈土门〉与〈土门〉之外——关于贾平凹〈土门〉的对话》，《小说评论》1997年第

---

① 贾平凹：《上帝的微笑——贺忠实同志获茅盾文学奖》，《三秦都市报》1998年1月3日。

3 期。

薛正昌：《贾平凹创作的文化蕴涵》，《青海师范大学学报》1997年第 2 期。

雨石：《〈废都〉论》，《浙江师范大学学报》1997 年第 6 期。

杨胜刚：《〈白夜〉经典性述评》，《柳州师范高等专科学报》1997 年第 3 期。

宗元：《贾平凹小说中的民间色彩》，《小说评论》1997 年第 3 期。

钟本康：《世纪之交：蜕变的痛苦挣扎——〈土门〉的隐喻意识》，《小说评论》1997 年第 6 期。

一九九八年　四十六岁

1月15日　长达三年多的《霓裳》侵权案由西安市中级人民法院作出终审判决：（一）变更原判第一项为：本判决生效后一个月内，曹华益、蒋和欣、戏剧社、一二〇一印刷厂、新华彩印厂、南华印刷厂分别赔偿贾平凹损失费9万元、7万元、3万元、2万元、2万元、1万元。（二）变更原判第二项为：本判决生效后一月内，曹华益、蒋和欣、戏剧社、一二〇一印刷厂、新华彩印厂、南华印刷厂在全国发行的省级以上报刊公开刊登向贾平凹赔礼道歉、消除影响的声明，其内容需经本院核准，所需经费由上述各单位和个人承担。

终审判决的一个月后，2月20日，贾平凹向西安市莲湖区人民法院递交了《执行申请书》，请求法院依法强令侵权各方立即履行终审判决书所确定的义务；强制执行费用由侵权各方承担。

1月　短篇小说《读〈西厢记〉》刊于《人民文学》第1期。

中短篇小说集《冰炭集》由陕西人民出版社出版。

2月　散文集《风里唢呐》由中国戏剧出版社出版。

3月12日　长篇小说《高老庄》初稿完成，修订稿完成于6月4日。此书是"第九届全国书市"的"订货"，孙见喜代表太白文艺出版社与贾平凹签订了出版合同，要求"小说的篇幅以25万—30万字为宜"，"力争在第九届书市上推出，放个响炮"。

3月　短篇小说集《中国当代名家作品精选·喝酒》由陕西旅游出版社出版。

莲湖法院法官和贾平凹代理律师赴京强制执行《霓裳》侵权案的终审判决。在法院的威慑下，侵权各方承诺经济赔偿，并向贾平凹赔礼道歉。长达三年多时间的"《霓裳》侵权案"终于落下帷幕。

6月上旬　《收获》杂志通过穆涛与贾平凹联系，欲在贾平凹长篇小说《高老庄》出书前先在该刊发表。但因为早在1998年2月20日，贾平凹与太白文艺出版社已签订过出版合同。为了出版和发表两家单位的友情，也为了各自的读者，经协商，于1998年6月11日，太白文艺出版社、《收获》杂志社及贾平凹本人，三方达成协议：（一）《高老庄》单行本由陕西太白文艺出版社出版，于1998年10月全国第九届书市期间面世。（二）《收获》杂志于1998年第4期、第5期刊出。第5期的刊出时间不得早于1998年9月25日。文尾注明"单行本由陕西太白文艺出版社出版"。（三）此书在北京的研讨会由太白文艺出版社组织实施。华东地区的宣传和评介由《收获》杂志社具体负责落实。[①]

7月 小说集《中国当代作家选集丛书·贾平凹》由人民文学出版社出版。

8月6日 贾平凹、穆涛的对话《写作是我的宿命：关于贾平凹长篇小说新著〈高老庄〉访谈》刊于《文学报》。

9月 长篇小说《高老庄》刊于《收获》第4、5期，陕西太白文艺出版社于1998年10月出版了小说的单行本，初版20万册。《高老庄》是贾平凹20世纪最后一部长篇小说，它以大学教授高子路偕第二任妻子西夏返乡参加父亲三周年祭日为缘起，在高老庄琐碎日常生活一地鸡毛式的呈现过程中，审视和考察了故土的今人和先祖，审美地表述了乡土中国的文化出路。

中短篇小说集《制造声音》由作家出版社出版。

散文集《敲门》由作家出版社出版。本书共辑入游品、人物速写及文论41篇，长有万言，短则百字，文章内容多是为人画像、写序。

散文集《贾平凹禅思美文》由广东人民出版社出版。分《拈花即语》《脚下是美》《随心说话》三辑，共计109篇，是贾平凹散文创作20年来的美文篇章的集合。

王新民著《贾平凹打官司》一书由陕西人民教育出版社出版。本书详细地记录了关于《霓裳》《帝京》《鬼城》等一系列有关贾平凹及其作品侵权的事实，是普法教育的好材料。

10月1日 参加中央电视台"读书时间"特别节目。

10月9日 第九届全国书市在陕西国际展览中心开幕。本届书市由

[①] 孙见喜：《中国文坛大地震——贾平凹畅销书创作出版纪实》，中国广播电视出版社2000年版，第416页。

陕西省人民政府主办。贾平凹为本届书市的题词是："书市是作家的节日。"本届书市上，展销贾平凹的五种新书：太白文艺出版社出版的《高老庄》、陕西人民出版社出版的十四卷本《贾平凹文集》、广东人民出版社出版的《贾平凹禅思美文》、上海人民出版社出版的《平凹的艺术》、陕西美术出版社出版的《贾平凹书画》，还有太白文艺出版社出版的一部介绍贾平凹创作历程的专著《贾平凹的道路》（王娜著）。

10月 作家文集丛书《贾平凹文集》由陕西人民出版社出版。该文集分为十四卷，依次为：短篇小说（第一、二、三卷）；中篇小说（第四、五、六、七卷）；长篇小说（第八、九、十卷）；散文及杂著（第十一、十二、十三、十四卷），共800万字，是迄今贾平凹作品之集大成，是规模最大的当代中年作家文集。它一反过去文集杂乱的编法，采用按体裁分类编年法编辑而成。编者王永生在前言中提出的主导思想是："一要具有完备性，全面、系统收编作者处女作至文集定稿之时的近乎所有作品，为读者和研究者提供完备的贾平凹文集；二要体现明晰性，按体裁编年，既清晰呈现作者创作的发展变化风貌，展示其脉络轨迹，又使读者更具体而深刻地感知和认识作家作品，并为研究者提供便利。按照体裁分类编年的体例，文集各卷，在分类的基础上，各篇文章的排列，大体以作者在文尾所署时间或发表先后为序，时间不明者，则大体推定，酌为编次。特殊情况，有所变通，以有整体观。"①

文论集《做个自在人——贾平凹序跋书话集》由王新民策划选编、内蒙古教育出版社出版，系"草原部落"大家文丛之一。辑入贾平凹1979—1999年间序、跋、书话及读画作品131篇。分为"浮躁的州河""预言留在以后""黑暗中的飞蛾""一点想法"和"手艺人·说话"五辑，是说文读艺的精巧美文。

中篇小说集《观我》由中国文学出版社出版。

11月7日 西安晚报社邀请平凹在新闻大厦签名售书。

11月 书画集《贾平凹书画》由陕西人民美术出版社出版。

自传体散文集《我是农民》由吉林人民出版社出版。在书中，贾平凹坦诚地讲述了自己早年的坎坷经历及当兵、当工人、当教师的梦想，呈现了青少年时期贾平凹自卑而又自尊的心态。

---

① 王永生主编：《贾平凹文集》第1卷，陕西人民出版社1998年版，第13页。

12月15日 到西安解放军第323医院就医,开始了长达一年的保健治疗。在治疗过程中写完《怀念狼》的初稿。

12月29日 为长安书院题字:"与人为善、执事以信,搞好文化传播。"

12月 散文集《造一座房子住梦》由人民日报出版社出版。该书辑入了96篇"石记"小散文和17篇"谈艺录"。

本年度重要研究论文

崔志远:《贾平凹的商州文化濡染》,《河北学刊》1998年第3期。

费秉勋主编:《〈废都〉大评》,香港天地图书公司1998年版。

郭惠芳:《隐逸与逃遁——论〈废都〉〈白夜〉〈土门〉中知识分子形象的特征》,《郑州大学学报》1998年第6期。

何轩:《论贾平凹美文中的禅味》,《湖北大学学报》1998年第2期。

黄洪旺:《论"陕军东征"的艺术特征与追求》,《福建论坛》1998年第4期。

贾平凹、孙见喜:《闲谈〈高老庄〉》,《文学自由谈》1998年第5期。

李继凯:《20世纪秦地小说的文化轨迹》,《兰州大学学报》1998年第3期。

李星:《贾平凹的文学意义》,《文学自由谈》1998年第4期。

李红军:《走出伊甸园——贾平凹小说论》,《文艺评论》1998年第6期。

孟繁华:《贾平凹创作论纲要》,《佛山文艺》1998年第1期。

孙见喜:《文化批判的深层意味——〈高老庄〉编辑手记》,《小说评论》1998年第6期。

文小妮:《面对永恒和没有永恒的局面——贾平凹的乡恋情结和他的散文意象》,《理论与创作》1998年第3期。

吴炫:《贾平凹:个体的误区》,《作家》1998年第11期。

杨乐生:《贾平凹魅力何在》,《小说评论》1998年第2期。

章永林:《论〈废都〉的乡土情怀——兼析贾平凹创作〈废都〉的文化心态》,《通化师范学院学报》1998年第2期。

一九九九年　四十七岁

1月3日　在西安北郊的桃花源度假山庄，上海《收获》杂志社邀请全国部分评论家座谈《高老庄》，编辑部主任程永新主持会议。

1月5日　中国作协创研部、陕西作协、《小说选刊》杂志社、太白文艺出版社在北京联合召开《高老庄》研讨会，中国作协书记处书记陈建功主持了会议。出席会议的中国作协领导有：陈昌本、王巨才、张锲、吉狄马加、陈建功、高洪波；四家主办单位的负责人有：雷达、王愚、冯立山、陈华昌；出席的评论家有：阎纲、白烨、吴秉杰、雍文华、胡平、林为进、季红真、李炳银、张日凯、谢永旺、李星、肖云儒、何镇邦、葛笑政、李敬泽、孟繁华、周政保、温儒敏、肖夏林等；出席研讨会的新闻出版界人士有：贺绍俊、曲志林、王小辉、邱华栋、杨少波、陈荣、解玺璋、余少文、韩小蕙、徐红、李小燕、余悦、孙见喜等；北京大学戴锦华、南开大学刘俐俐等人也到会作了发言。

中国作协党组副书记陈昌说了三点内容："第一点，贾平凹回到了他最熟悉的生活，所以感觉到是如鱼得水。第二点，这部小说的内容从民族的、家族的文化、道德、世俗观念的深度写了农村改革的艰难，甚至扩大开来写了中国改革的艰难，也写出了要冲破这些文化观念的艰难，他写的比其他许多写改革的作品都深刻。第三点是贾平凹小说注意写人物，这部小说又给我们塑造了一批人物，蔡老黑、菊娃、西夏，还有苏红。"王愚评价说："《高老庄》比起以往的作品有所超越，对各种使人类困窘的问题，作家能够浸润其中，而对未来的召唤却是鲜活有生气的，所以贾平凹能写出深沉有致的作品。"鲁迅文学院的何镇邦从文化角度谈了他的观点："第一，这部书从文化视角、民间视角来观察生活。第二，贾平凹有自觉的民间意识和民间姿态。第三，这部书比较细致的写实和小说对生活把握的混沌感，与它的神秘色彩相结合，小说写到生活方面写得很细，完全是风俗化的素描。"张锲认为"贾平凹是一个非常复杂的各方面的综合"，"他的思想当中有儒家的、有佛家的、有道家的；也有城市的文化，乡村的文化；有西方的文化，也有中国的文化；有传统的文化，也有当代的文化，每个人心里面都有一个贾平凹，每个人从不同的角度去理解去解释，或者去影响甚至想去改造贾平凹，但是贾平凹还是他的贾平凹"。白烨说："看完《高老庄》，觉得用两个字概括就是'氤氲'，类似混沌比混沌更具有诗意。是无雕琢的，无功利或者说行云流水，游刃有余，看起来是随手拈来，无序无迹，整体上却是浑然一体，确实是一种地地道道的原生态的生活流。"肖云儒对贾平凹的小说主题作了概括："在主题的开掘上，可以看到贾平凹最终大幅度地走出了农业文明，走出了原来农村文明的那种水月山色的和谐，《废都》是写文化崩溃的，《高老庄》让我们看到了文化建构的端倪。"李星从小说艺术民族化的角度谈了他的看法："《高老庄》是最接近贾平凹创作目的和追求标准及审美理想的小说，平凹追求的目标理想就是以民族形式反映民族生活和中国现实，写中国文化和中国人。"阎纲说："贾平凹的写作就是从喜悦到浮躁到伤感悲观一直到悲愤然后到现在这个高度"，"他上下而求索，追溯到上古追到诸子百家，所以贾平凹活得很苦很苦，他是智慧的痛苦，所以他的作品越到后来越是苦闷的象征。"戴锦华说："可以从这样的角度来读这本书，叫：我们时代的精神分裂症候，意义的分裂，表达的分裂，选择的分裂，感情和立场的分裂。"[①]

1月17日　陕西人民教育出版社、陕西省图书评论学会、陕西省版权代理公司、陕西福锦米业有限公司在西安市第98中学朱雀文学社活动室召开王新民新书《贾平凹打官司》座谈会。座谈会上，贾平凹发言："通过打官司，使我了解了中国的社会和各种各样的人物，使我知道了什么是坏人，也更知道了社会上有好人。可以说这本书是描写反盗版的第一本书，是90年代出版界的一本珍贵资料。随着时间的推移，以后的人回过头来再看这段历史，更会感觉这本书的重要。"[②]

1月19日　散文《办刊人杨才玉》刊于《人民日报》。

1月　散文集《贾平凹绝妙小品文》由时代文艺出版社出版。

---

① 孙见喜、穆涛：《〈高老庄〉北京研讨会纪要》，《小说评论》1999年第4期。
② 鲁风：《废都后院：道不尽的贾平凹》，重庆出版社2006年版，第78页。

散文集《菩提与海枣》由中国戏剧出版社出版。

2月1日 散文集《在商山》由中国戏剧出版社出版。

散文集《脚跟太阳》由中国戏剧出版社出版。

谢有顺的《贾平凹的实与虚》一文，刊于《当代作家评论》第2期。谢有顺认为贾平凹小说有"实"与"虚"两个特质，"实"是指贾平凹小说中"那种流动的，日常的，细节的生活。"虚"是指贾平凹对理想的追索，体现在生活实象之后那些务虚的笔法中，这个虚，是为了从整体上张扬他的意象"。作者又指出："《高老庄》的遗憾，就在于贾平凹进入了大实的境界，而在虚的方面，他还是没有逃脱用意象来象征的思路，把虚符号化了，没有从作品的深处生长出大虚来。"

2月 散文集《人草稿》由中国戏剧出版社出版。中国戏剧出版社推出了一套六卷本的贾平凹散文——《树上的月亮》《风里唢呐》《菩提与海枣》《在商山》《脚跟太阳》和《人草稿》。《人草稿》共辑入作者散文26篇，其中20篇是贾平凹在病中创作的。

3月12日 作《无法不敬重他》一文纪念当代文学家李若冰先生诞辰九十周年，文中深情回顾了李若冰在他创作受挫时给予他的关怀："有一年在陕北开会，我正受批评，许多人都有意躲开了，他却故意在人稠广众之时拉着我和他在一起，甚至离开会议，和我单独出去活动。那些情节和细节至今历历在目，一回想起来，心里充满暖意。""陕西有相当多的年轻作者受到他的提携和栽培。可以说，陕西的文学艺术发展到今日，他是做了很大的贡献的。"①

4月 散文集《贾平凹散文随笔文集》由甘肃人民出版社出版。

6月21日 上海《新民晚报》"解读名家"栏目发表葛红兵的《贾平凹的路向》一文，文章认为："写《商州》的时候，贾平凹是相当'土气'的，这种'土气'是和大地紧密相连的东西，他也的确在思想上和那片哺育他的土地结合着，那时他在语感上是鲜亮的，是和他的直觉一致的，相当朴素，没有矫揉造作的东西，没有炫耀，没有格式。这一点到他写《浮躁》的时候还保留着"，"但是，到了《废都》，贾平凹开始依据某种语言图式——明清小说的语言技巧——他的语感开始出问题，他有意地套用某种不是他的东西。细读《废都》，我们发现，贾平凹的感

---

① 陕西省文学艺术界联合会编：《李若冰纪念文集》，三秦出版社2007年版，第73页。

觉力已经开始钝化了。再到近期的《高老庄》，贾平凹似乎从他的西安作家与明清小说爱好者的位置走回到他的乡下故居了，他身上的那种传统文人的金石气让位给了内陆农民的偏执气。他对语言的控制力下降了。"①

8月 小说集《贾平凹小说选》由外语教学与研究出版社出版。

9月1日 散文集《老西安：废都斜阳》由江苏文艺出版社出版。

9月 散文集《黄陵柏》由吉林摄影出版社出版。该书是季羡林先生主编的《二十世纪中国著名作家散文经典》丛书中的一种，编者王保华。该书收录了贾平凹散文作品29篇，书名为其中一篇散文篇名。

10月 对话体散文集《学着活》由敦煌文艺出版社出版。这部书由贾平凹与新西兰《华文周刊》主编夏菲共同创作。以问题为线索，一问二答，以盘点人生问题为主，对人们在成长、生活、情感、择业中的遭遇与困惑一一作了解答。

散文《感谢混沌佛像》刊于《人民文学》第10期。

11月26日 首届"中华铁人文学奖"颁奖大会在人民大会堂隆重举行。贾平凹以报告文学《走进塔里木》荣获"中华铁人文学奖"。晚上，与雷达、李炳银、雷抒雁在白描、毕英杰夫妇家中聚会。贾平凹佩戴的玉石在众人传看过程中落地碎裂，雷抒雁后来作散文《分香散玉记》记载②。

11月 《〈高老庄〉评点本》由长江文艺出版社出版。评点者是肖云儒先生。肖云儒评价道："《高老庄》写了大生命、大社会、大文化三个空间，又溶入最底层、最日常甚至有些琐屑的生活流程。用感觉提升生活，用民间视角全知生活。寻访民间碑版编织于人物爱好和情节发展之中，给高老庄的当下生活一个悠远的历史纵深。"

《〈土门〉评点本》由长江文艺出版社出版，评点者为穆涛。

朱大可等人著的《十作家批判书》由陕西师范大学出版社出版。书中对一批作家进行"批判"，说钱钟书的《围城》"是一部现当代文学的'伪经'"，余秋雨"抹着文化口红游荡江湖"，苏童是穷途末路，说贾平凹"纵万般风情，肾亏依然"，汪曾祺是一个"捧出来的佛爷"。还批评了王蒙、梁晓声、王小波、北岛等作家。

---

① 葛红兵：《贾平凹的路向》，《新民晚报》1999年6月21日。
② 雷抒雁：《分香散玉记》，《美文》2000年第3期。

12月26日 贾平凹住院，鲁风前去探望。后来贾平凹在《〈平凹散文〉序》中写道："二十世纪最后的几天，我在一家医院打点滴，住315病室，有朋友来探视，说：你住315呀，3·15是打假日。我笑了，真是打着贾了！我这个姓不好，是贾不是假，却始终被假东西困扰着。"①

本年度重要研究论文

黄李之：《热潮过后说〈废都〉》，《理论与创作》1999年第4期。

季元龙：《从〈废都〉的得失谈文学与政治文化》，《西南民族学院学报》1999年第3期。

雷达：《贾平凹的〈高老庄〉》，《小说评论》1999年第2期。

李屹立：《贾平凹小说的艺术魅力》，《殷都学刊》1999年第2期。

李继凯：《论秦地小说作家的废土废都心态》，《文艺争鸣》1999年第2期。

沈琳：《试析加西亚·马尔克斯对贾平凹创作的影响》，《外国文学研究》1999年第3期。

孙见喜、穆涛：《〈高老庄〉北京研讨会纪要》，《小说评论》1999年第4期。

孙晓燕：《返乡途中的文化抉择——贾平凹〈高老庄〉新解》，《福建论坛》1999年第6期。

吴道毅：《高老庄：一个意蕴丰赡的意象——评〈高老庄〉》，《小说评论》1999年第1期。

吴炫：《贾平凹：独立包装下的贫困个体》，《十作家批判书》，陕西师范大学出版社1999年版。

谢有顺：《贾平凹的实与虚》，《当代作家评论》1999年第2期。

肖云儒：《贾平凹长篇系列中的〈高老庄〉》，《当代作家评论》1999年第2期。

叶立文：《开启文化寓言之门——评贾平凹新作〈高老庄〉》，

---

① 贾平凹：《平凹散文》，浙江文艺出版社2000年版，第1页。

《小说评论》1999 年第 1 期。

杨胜刚:《对贾平凹九十年代四部长篇小说的整体阅读》,《小说评论》1999 年第 4 期。

周晓林:《贾平凹商州艺术世界论》,《苏州大学学报》1999 年第 1 期。

张志忠:《贾平凹创作中的几个矛盾》,《当代作家评论》1999 年第 5 期。

钟本康:《面对新世纪:沉重的俗众世界——〈高老庄〉的民间意识》,《小说评论》1999 年第 4 期。

二〇〇〇年　四十八岁

2月7日　给国画家邢庆仁的新居题写室名"近阳堂"。

2月25日　散文《明月清泉自在怀》刊于《人民日报》。

3月7日　在北京参加全国政协会议。晚8时，在雷抒雁的陪同下，贾平凹第一次做客搜狐网站，与热情的网友在网上对话。对话语言活泼幽默，颇有网络语言口语化、简约化和娱乐化的风格，如：

> 网友：你最近忙些什么？
>
> 贾平凹：开会和生病。
>
> 网友：您的小说为什么没有长进？
>
> 贾平凹：因为我的个子比较矮。
>
> 网友：吴炫在《十作家批判书》一书中说你"纵万般风情、肾亏依然"，您有什么看法？
>
> 贾平凹：他怎么知道？
>
> 网友：为什么再也看不到《月迹》中那份清纯了？
>
> 贾平凹：因为我已经人到中年了。

3月23日　在西安龙园大酒店过49岁生日。给龙园大酒店题写"飞龙在天"。

4月　散文《老西安——历史的记忆》刊于《北京文学》第4期。

5月　长篇小说《怀念狼》刊于《收获》第3期。《怀念狼》的艺术主旨，是作者将人放到自然领域对人性的缺失和人类的终极命运的严肃思考。在《怀念狼》的后记中，贾平凹写道："十年前，我写过一组超短小说《太白山记》，第一回试验以实写虚，即把一种意识以实景写出来。以后的十年里，我热衷于意象，总想使小说有多义性，或者说是现实生活进入诗意，或者说如火对于火焰，如珠玉对于宝气的形而下与形而上的结合。但我苦于寻不着出路，即便有了出路，处理时那么的生硬或强加的痕迹明显，使原本的想法不能顺利进入读者心中，发生了忽略不管或严重的误解。《怀念狼》里，我再次做我的实验，局部的意向已不为我看重了，而是将情节处理成意象。这样的实验能不能产生预想的结果，我暂且不知，但写作中使我产生快慰却是真的。物象作为客观事物而存在着，存在的本质意义是以它们的有用性显现的，而它们的有用性正是由它们的空间性来决定的，存在成为无的形象。无成为存在的根据……以实写虚，体无证有，正是我写作《怀念狼》的兴趣所在。"

5月15日 贾平凹与廖增湖的《贾平凹访谈录——关于〈怀念狼〉》刊于《当代作家评论》2000年第4期。

在与廖增湖的对话中，贾平凹回忆了《怀念狼》的创作经历："写作历经3年，大的修改就四次，《收获》发表后，将书稿再次交给作家出版社出书时，做了第四次的修订，增写了近两万字，主要是进一步丰富了一些细节。在出版时又写了一个短文给出版社的责编。"

说到"为什么怀念狼"的问题，贾平凹解释说："狼是以一种凶残的形象存在于人的印象中，也恰恰是狼最具有民间性，宜于我隐喻和象征的需要。人是在与狼的斗争中成为人的，狼的消失使人陷入了恐慌、孤独、衰弱和卑劣，乃至于死亡的境地。怀念狼是怀念勃发的生命，怀念英雄，怀念着世界的平衡。"

谈到"狼"的具体隐喻内涵等问题，贾平凹说："这部小说肯定是隐喻和象征的，隐喻和象征是人的思维中的一部分。它最易呈现文学的意义"，"上帝创造了人的同时也创造了众多的生命，若上帝的子孙们都死了，上帝将不再护佑我们。人的生存不能没有狼，一旦狼从人的视野中消失，狼就会在人的心中依然存在"。

在小说的"形式"上，贾平凹一直追寻"意识一定要现代的，格调一定要中国做派"的路子。贾平凹说自己"从不参与文坛上热闹话题争论的，因为我口笨和没有自己的文学圈子，也因为生活在西北边地。但我热切地关注着一切。对于青年作家的创作现象，我是羡慕、惊叹和鼓呼的。"

5月16日 散文《今年是龙年》刊于《三亚晨报》。

6月2日 接受《都市文化报》特约记者鲁风的采访。对于《怀念狼》的寓意，贾平凹谈道："和我过去的所有作品相比，《怀念狼》完全是另一种风格，它的语言、环境、细节可能很真实、很实在，但反映出来的则是虚幻的很意象的。这部小说肯定是隐喻和象征的，隐喻和象征是人的思维的一部分，它最易呈现文学的意义。""人是在与狼的争斗中成为人的，狼的消失使人陷入了恐慌、孤独、衰弱和卑劣，乃至于死亡的境地。人见了狼，是不能不打的，这就是人。但人又不能没有了狼，这就又是人。"

当问及对《怀念狼》的自我评价时，贾平凹称之为"一部最使我吃摸不准的作品"。①

6月15日　散文《叶经天的绘画》刊于《中国矿业报》。

6月16日　贾平凹、胡殷红《一只孤独的狼》刊于《南方周末》。

6月29日　创作谈《我写〈怀念狼〉》刊于《浙江经济报》。

6月　长篇小说《怀念狼》由作家出版社出版。《怀念狼》是贾平凹的第8部长篇小说，它是一部有别于以前贾平凹其他作品的新寓言体小说。

散文集《平凹散文》由浙江文艺出版社出版。由评论家李星选编，编选了贾平凹的散文101篇，分八辑，即《自然篇》《玩物篇》《纪游篇》《世相篇》《人物篇》《往事篇》《谈艺录》《序跋篇》，精选了贾平凹散文创作20年间的散文代表作。

7月3日　张英的《在都市中寻找自我的"乡下人"——贾平凹访谈录》刊于《北京工人报》。

7月11日　散文《明月清泉自在怀》刊于《北方时报》。

8月2日　散文《〈对视〉书系序》刊于《中华读书报》。

9月6日　贾平凹应邀参加云南人民出版社组织的"游牧新疆"大型文化考察活动。一路同行的有邢庆仁、谭宗林、郑全铎、路小路等。据此游历写成长篇散文《西路上》，由云南人民出版社2001年出版。《西路上》突破传统散文的思维模式，以第一人称的独白形式自由抒发情感，书写内心体验，可以将之当作贾平凹的内心独白去阅读。手稿本《西路上》也由三秦出版社于2001年10月出版。

9月　自传性作品《我是农民》由陕西旅游出版社出版。该书记叙

---

①　鲁风：《废都后院：道不尽的贾平凹》，重庆出版社2006年版，第137页。

了作家 20 岁之前的经历，包括家庭、成长、遭际、初恋等，为人阐释了"真正的苦难在乡下，真正的快乐在苦难中"的真实的社会生活。目录是：自报家门、初中生活、回乡、贾氏家族、棣花·社员、记忆——"文革"、逆境中的父亲和我、暗恋、办报故事外的故事、初恋、上学，是一部贾平凹早年生活的真实而全面的记录。

10 月 7 日 题为《青年文学博士直谏陕西作家》的访谈文章刊于《三秦都市报》，文中李建军以答记者问的形式批评了当今陕西两位著名作家的创作，指出贾平凹近年来的创作"苍白"和"浅薄"，陈忠实的《白鹿原》表现出了狭隘的民族意识。李建军的尖锐批评引起了广泛的社会反响。该报遂展开连续报道，请李建军再次发言，作了《关于文学批评和陕西作家创作的答问》。之后，就这些意见撰写了《直谏陕西作家》一文（载《文艺争鸣》2000 年第 6 期）。这些意见、访谈和文章相继发表之后，在陕西文坛内外激起强烈反响，也引起国内文学界的广泛关注。

10 月 17 日《三秦都市报》记者杜晓英的采访录《陕西批评家太客气——再访文学博士李建军》再次刊于《三秦都市报》上。在后来的几天里，《三秦都市报》在报纸上开辟了系列报道，邀请社会读者参与这次文学讨论，接连发了几个专题和众多文章。社会读者也广泛参与了这场讨论，各抒己见。评论家费秉勋、李星及作家王晓星、孙见喜等人也发表了自己的意见和观点，对李建军的论点作了细致的反击和批评。①

11 月 5 日 费秉勋教授在《三秦都市报》上发表《醉翁之意在哪里》（后以《是"直谏"还是自我炒作》为题在 11 月 12 日《华商报》发表）。文章认为："他（编者注：李建军）对陈忠实和贾平凹创作的批评，有相当大的自我炒作目的，所以就表现出情绪化和无学理这种不正常来。批评《白鹿原》的话没有丝毫道理，对贾平凹近年的创作是一鞭子扫倒。"费教授通过对"直谏"的个案分析而总结出"自我炒作"者的五种"炒"术：（一）专打名人，耸人听闻；（二）不作分析，只下断语；（三）把话说绝，不留后路；（四）语言过激，时有谩骂；（五）气度如虹，自封权威。结论是，这是一种"圣斗士逞英豪"式的批评，长此以往，"中国文坛和中国文学将变成怎样的情景是可想而知的"。费秉

---

① 相关内容参见惠西平主编《突发的思想交锋——博士直谏陕西文坛及其他》，太白文艺出版社 2001 年版，第 164—188 页。

勋教授的文章发表后，李建军写了一篇反驳性的长文，题为《我为什么批评贾平凹》。由于有关方面的干预，《三秦都市报》发表声明结束这场讨论。李建军对费秉勋诸先生的反批评文章，就未能与陕西读者及时见面。后来，这篇文章发于《文艺争鸣》的2001年第1期。

11月14日　《三秦都市报》刊发了一篇署名毛安曹反驳费秉勋的文章《不要诋毁李建军是"自炒"》。文章认为："费教授不注重看客观效果，只从主观动机上一味为贾氏辩护，实在不能令人信服。至于费教授搜肠刮肚为贾氏找出的艺术上的两点'锐意探索'，又实在是了无新意，根本不能称为贾氏对小说艺术的新贡献。"作者还从自己的阅读感受出发，意在指出费教授等人对贾平凹的作品涉嫌"炒作"："《高老庄》面世后，我首先承蒙费教授等评论家在报纸上指点迷津，然后对着报纸的评论认真研读小说，谁知却怎么也对不上号，反倒弄得一头雾水，那情景真应了鲁迅先生对梁实秋教授的一句调侃：'你不说我倒还明白，你越说我越糊涂了。'"编者按说："作者毛安曹是蓝田县北关中学的一名高级教师，他与周围许多师生一起密切关注着'博士直谏'的有关动态。驳费秉勋的文章，是他让女儿一大早从蓝田县坐车，将稿件送到报社的。这种来自民间的声音，对人颇有启示。"

11月15日　邢建海的长文《陕西文坛真诚几何》刊于《今早报》第7版。文章以两个整版的篇幅指名道姓批评陕西作家追逐名利，评论家圆滑世故，对"陕军"来了一次集体清算，从陈忠实、贾平凹的作品到对他们的人品、道德、私生活，从清算陈忠实、贾平凹到高建群、程海、京夫、方英文等作家，再到评论家王愚、李星、邢小利，加上对已经逝世、病故的柳青、路遥的点评，凡是陕西文坛的名人，一个也没有放过。

11月18日　贾平凹的《我说几句话》刊于11月18日《华商报》。

面对上述纷争的局面，贾平凹说出了一些自己的看法："我从事文学创作25年来，一直是从文学的风风雨雨中走过的，相当一部分作品都曾在不同时期引起陕西和全国范围内的争鸣，比如《好了歌》《二月杏》《鸡窝洼人家》《鬼城》《商州初录》《废都》，甚至《浮躁》和《腊月·正月》，等等。这些基于文学视域上的批评或反批评，都令我受益匪浅，对当年的一些评论家，我至今心存感激。但这一场议论，我反复斟酌，总觉得是一种非文学现象。俗话说，在什么行当说什么话，对于文学之外的事我向来是漠然的，这也是我没有及时发言的原因之一。"

　　对于别人批评他说"炒作"，贾平凹感觉非常"委屈"，他解释说："在文学界，一位作者出了新作品开个研讨会，总结个得失，在报上发个消息呀纪要呀什么的也算不得什么怪事。在这场议论之前，也有朋友告诉我一些评论家对一些新作家评论过高，为此我访问过几个评论家，他们说：'对待新作家，我们的原则是，对长处说充分，对短处说准确，一切着眼于文学创作。鼓励而不鼓吹，批评而不打击。'这几年陕西的作品研究会，大体是循着这个路子的，所以那些评论家才赢得了全国评论界的尊重。说我在自我炒作，我觉得这恰恰说反了。有关我的所有研讨会、座谈会、新闻发布会，我则能不开就不开，能逃避就逃避，甚至为此和一些部门和有关人士红过脸，这一点人事俱在，调查起来并不困难。从出版者的角度来说，他们出版一本书，总想尽快售出，为此各个出版社都搞过请作家签名售书等类似的促销活动，而媒体总在给予积极配合。我每有新作出版，一些报纸的有关负责人带着摄影记者和文字记者上门请我支持他们的工作而接受采访。如果说我有错，就是我诚心地接待了他们，满足了他们。怎么现在我又成了自己炒作自己？"

　　12月23日　与刘建军、王军旗、鲁军民同聚作画题字。

　　12月24日　给咸阳拍卖公司写短函："在这次拍卖预展期间，我的几个朋友去看了，发现我的作品均为赝品。为了维护广大收藏者的利益，也为了贵公司的声誉，今派几位熟悉我的字画的人（刘建军等）来给予鉴定，望能给以合作。"①

　　12月30日　以贾平凹为首任院长的"太白书院首届书画展"在陕西历史博物馆开幕，2001年1月6日结束。

本年度重要研究论文

　　符杰祥、郝怀仁：《贾平凹小说20年研究综述》，《山东师范大学学报》2000年第6期。

　　高丽芳：《论贾平凹作品的女性崇拜倾向》，《当代文坛》2000年第4期。

---

① 鲁风：《废都后院：道不尽的贾平凹》，重庆出版社2006年版，第161页。

韩鲁华：《人类生存的哲学思考——〈怀念狼〉释义》，《陕西广播电视大学学报》2000年第3期。

胡俊海：《散文四杰——评贾平凹、余秋雨、史铁生、梁衡的散文》，《东岳论丛》2000年第4期。

李自国：《论贾平凹小说创作的家园意识》，《当代文坛》2000年第6期。

李大鹏：《忧患与无奈：贾平凹长篇小说的创作心理》，《天津师范大学学报》2000年第4期。

赖大仁：《文化转型中的精神突围——〈高老庄〉的文化意蕴》，《江西广播电视大学学报》2000年第2期。

廖增湖：《贾平凹访谈录——关于〈怀念狼〉》，《当代作家评论》2000年第4期。

雷达：《长篇小说笔记之五——贾平凹〈怀念狼〉》，《小说评论》2000年第5期。

孙德喜：《何以安妥的灵魂——〈废都〉和〈白夜〉的文化解读》，《唐都学刊》2000年第2期。

宗元：《贾平凹小说的民间立场》，《理论学刊》2000年第1期。

二〇〇一年　四十九岁

1月8日　在西安书院门依林昌画廊，举办了"贾平凹书画作品21世纪首展"活动。

1月13日　文论《读王剑冰散文》刊于《文艺报》。

1月　散文《一个丑陋汉人终于上路》刊于《收获》第1期。

小说集《商州三录》由陕西旅游出版社出版。

长篇小说《浮躁》由陕西旅游出版社再版。

2月6日　贾平凹致钟本康的信刊于《余杭日报》。

3月　散文《爱与金钱使人铤而走险》刊于《收获》第2期。

5月19日　散文《毛笔成了他们身体一部分》刊于《美术报》。

5月　陕西作协首届"吉元文学奖"揭晓，贾平凹的长篇小说《高老庄》获特别奖。

散文《重重叠叠的脚印》刊于《收获》第3期。

小说集《贾平凹作品集》由延边大学出版社出版。

6月11日　散文《朴素之美》刊于《信息日报》。

7月　短篇小说《阿吉》刊于《人民文学》第7期。

散文《我除了写作，还能干些什么呢》刊于《作家》第7期。

散文《是谁留下千年的期盼》刊于《收获》第4期。

8月31日至9月2日　应华山旅游总公司和西岳庙文管会的邀请，贾平凹和一批作家、书画家等人游华山。

8月　书画集《当代名画家精品集——贾平凹》由河北教育出版社出版。

9月　孙见喜著作《贾平凹前传》由广东花城出版社出版，此书分为三卷：《鬼才出世》《制造地震》《神游人间》，共128万字，作者历时十六年写成。贾平凹在该书的学术研讨会上发言："见喜与我是同乡、朋友、同年代的人，同样搞文学创作，这是他极其有利的条件。我是一个普通的作家，他写我并不是要拔高我，无原则地吹嘘我，尤其写到一定程度后，他的意识越来越明确，就是重笔写新时期文学的大背景、大脉络，而大背景大脉络下的我已不完全是我，却是以我来折射这一文学时期的社会状态，文学状态。这部书，可以说是中国新时期文学过程的大记录。""如果说不足，因许多现实问题、人际关系问题、政治问题、没有写到一些大事，或者写到了而没有写隐秘的更内心的精神上的痛苦、烦恼的炼狱等，这其中有见喜的无奈，也有我的难以言说，还有我在一些问题上的不愿配合。"

贾平凹主编的刊物《美文》推出了全球华文少年写作征文大赛，总奖金达101万元，被媒体称为"中国的少年诺贝尔文学奖"。

散文《缺水使我们变成沙一样的叶子》刊于《收获》第5期。

中篇小说集《远山野情》由陕西旅游出版社出版。

中篇小说集《商州人·男人篇》《商州人·女人篇》由浙江文艺出版社出版。

10月30日 《西路上》手稿本新闻发布会召开。贾平凹介绍了《西路上》手稿本的创作及走西路的情况，他说："这次西行，先走丝绸之路，也就是张骞出使西域走的路。这是中国的长远经济战略，像巨龙一样大的动脉。我们从丝绸之路的东段南、北、中路相继走过，这三条路到河西走廊三合一。一路辛苦，由于连续奔波，有时身体也不适，肚子疼得几乎受不了，在大家的关心与帮助下总算坚持下来了。回来以后写出东西不久，新民和立民找我，说先出散文短篇的手写稿，以后筛选淘汰直到定下出版《西路上》的手写稿。没想到出来后效果这么好。先要配照片，我反对，后来配庆仁速写插图，效果好，庆仁多写裸体，西路上男人都罕见，女人更没有。西路上带来些西洋参片。睡得晚，寻些能胡吹，爱热闹，说的来的，当然路上多说些流氓话。其他人均有职务，老郑（全铎）是部队干休所所长，也是我们一行的团长，我是群众。一路上交的朋友多，环境恶劣，驻扎在西路上的军人不容易。一路上愉快，几乎每天都做笔记，沿途搜集资料多达两箱子。这次远行有意义。"①

长篇小说《中国小说五十强——浮躁》由时代文艺出版社出版。

---

① 辛敏：《贾平凹纪事》，陕西师范大学出版总社有限公司2012年版，第160页。

《中国国外获奖作家作品集·贾平凹卷》由云南人民出版社出版。

11月 散文《带着一块佛石回家》刊于《收获》第6期。

12月29日 《贾平凹书画展》和《邢庆仁画展》在何香凝美术馆同时隆重展出,由著名美术评论家程征先生任艺术主持。贾平凹曾记录他和邢庆仁对艺术的不同探索:"古人说,大隐隐于市。古人还说,老僧说的家常话。庆仁擅长于色彩,我主力于文字,我们相互启发,都从不自觉到自觉,从无意到有意。从事了日常生活的创作,在细节上实而又实,在整体上却意象张扬,我们或许很幼稚,很笨拙,很黑丑野怪。但我们努力地探寻着形而下与形而上的结合部的冲和、中庸和幽远。"①

本年度获奖作品

短篇小说《饺子馆》获百花文艺出版社第十届《小说月报》"百花奖"(2001—2002年度)。

本年度重要研究论文

丁帆:《"新汉语文学"的尝试——〈怀念狼〉阅读短想》,《小说评论》2001年第1期。

董小玉:《贾平凹地域文化散文的审美观照》,《甘肃社会科学》2001年第3期。

董新祥:《论贾平凹对魔幻现实主义的接受》,《咸阳师范学院学报》2001年第3期。

段建军:《灵与肉的交响——〈怀念狼〉简论》,《小说评论》2001年第1期。

费秉勋、叶辉:《〈怀念狼〉怀念什么》,《小说评论》2001年第1期。

姜波:《传统文化的审视与现代文化的重构——评贾平凹文化小说的创作困境》,《理论观察》2001年第1期。

贾平凹、张英:《我除了写作,还能干些什么呢》,《作家》2001

---

① 马静:《中国名画家全集:邢庆仁》,河北教育出版社2013年版,第31页。

年第 7 期。

栾海燕：《〈查特莱夫人的情人〉与〈废都〉比较谈》，《齐齐哈尔大学学报》2001 年第 6 期。

王敏芝：《为了将这一页翻过——试论贾平凹的小说创作》，《陕西师范大学学报》2001 年第 1 期。

杨毅：《从"文化的自觉"到"自觉的文化"——贾平凹艺术追求轨迹探寻之二》，《当代文坛》2001 年第 3 期。

于昆：《"他""我""我们"——试析〈废都〉作者贾平凹的创作心迹》，《长春大学学报》2001 年第 6 期。

张川平：《贾平凹小说的结构迁衍及其意象世界》，《河北学刊》2001 年第 3 期。

二〇〇二年　五十岁

1月19日　河北省作协、河北省文联、河北人民出版社，在石家庄河北文学馆举办"贾平凹书画展"，展出贾平凹60余件书画作品。

1月　短篇小说《猎人》刊于《北京文学》第1期。

4月6日　散文《五十大话》刊于《华商报》。在文中，贾平凹谈了对生命的深刻感受："当五十岁的时候，你会明白人的一生其实干不了几样事情，而且所干的事情都是在寻找自己的位置。性格为生命密码排列了定数，所以性格的发展就是整个命运的轨迹。不晓得这一点，必然沦为弱者。所以我很幸福地过我的日子。不再提着烟酒去当官的门上磨蹭，或者抱上自己的字画求当官的斧正。当然，也不再动不动坐在家里骂官，官让干什么事偏不干。""人活得活出个滋味来，所以我提醒自己：要会欣赏。鸟儿在树上叫着，鸟儿在说什么话呢？鸟的语言我是不懂的，我只觉得它叫得好听就是了，做一个倾听者。还有，多做好事，把做的好事当做治病的良方；不再恨人，对待朋友亦不能要求他像家人一样。钱当然还是要爱的，如古人说的那样，具大胸襟，爱小零钱嘛。以文字立身，用字画养性，收藏古董让古董也收藏我。不浪费时间，不糟蹋粮食。还是一句老话：平生一片心，不因人热；文章千古事，聊以自娱。"

4月　长篇小说《病相报告》刊于《收获》增刊春夏卷。

收到俄罗斯圣彼得堡大学函件，圣彼得堡大学设立"中国当代著名作家贾平凹的创作与生平"研究专题，希望贾平凹给予支持。贾平凹回信：

（一）有关我的评论文章报刊上都有，但我没有，中国人民大学复印报刊资料汇编上有目录可以查。（二）《废都》的删节部分可以说是一种写作手法，但初稿时并未删那么多，出版时考虑到国情，编辑又多删了一些。(三)《浮躁》在美国获奖后的评论美国专家葛浩文那儿有。《废都》在法国获奖后的评论安博兰那儿有。(四)用于学生课本的作品有：初中的是《一棵小桃树》，高中的是《丑石》，大学、电大、自考大的参考书里分别有《腊月·正月》《浮躁》《商州初录》等；拍成电影的有《野山》(小说名：《鸡窝洼的人家》)、《乡民》(小说名：《腊月·正月》)、《桃李满天红》(小说名：《美穴地》)、《五魁》(与小说同名)、《月月》(小说名：《小月前本》)、《古堡情事》(根据《白郎》、《美穴地》、《五魁》合编)、《天狗》(同名小说)。(五)国内没有专门研究我的刊物或者机构，但不少刊物办过我的研究专辑，如《当代作家评论》《小说评论》等。(六)未整理我的作品年鉴、年表。(七)译成外文的作品十几种，名字说不清。(八)有的问题老孙能说清，他是研究我的一个专家，我把他的电话告诉你。[①]

5月23日 参加"北大讲坛"主办，中国散文学会协办的"中国散文论坛——20世纪末中国散文回顾与总结"系列讲座。在讲座中，贾平凹对"文学与政治"的关系发表自己的看法："文学是摆脱不了政治的，不是要摆脱，反而需要政治，这种政治不是狭隘的政治，而是广义的政治。这如同我们都讲究营养，要多吃蔬菜，但又必须保证主食。""中华民族是一个苦难的民族，又加上儒家的影响造就了强烈的政治情结，所以关注国家民族、忧患意识是每一位作家都无法摆脱的，这也是中国作家的特色，如何在这一情景下，这一基调下按文学规律进行创作，应该以此标尺衡量每一个作家和每一件作品。而新的文学是什么？我以为应该是有民族的背景，换一句话说就是政治背景，但他已不是政治性的。如果只是纯粹的历史感、社会感、人生感成为中国人所强调的'深刻'那就可能将限制新文学的进步。"贾平凹理解的政治是一种"大政治"，是渗透在自己精神气质中的政治，是与"社会感""历史感""人生感"交融在一起的博大精深的忧患意识，是个性化的，寓含在作家的创作过程中，而不是"政治化散文"所表象的"写光明比写黑暗重要"，要

[①] 孙见喜、孙立盎：《贾平凹传》，陕西新华出版传媒集团、陕西人民出版社2017年版，第272页。

"永远向人们启示光明"的狭隘的"小政治"。

5月 短篇小说《饺子馆》刊于《北京文学》第5期。

小说集《饺子馆》由新世界出版社出版。

单行本《病相报告》由上海文艺出版社出版。《病相报告》受到全国十多家出版社的青睐,上海文艺出版社文学部主任陈先法亲赴西安,签订出版合同。

5月16日 散文《画家王炎林》刊于《大众日报》。

5月31日 散文《一个老头》刊于《大众日报》。

6月23日 在上海书城为读者签名售书。

6月 书画集《大堂书录》由陕西旅游出版社出版,书中辑录了贾平凹152幅书法作品。

7月 中篇小说《阿尔萨斯——一千四百年前发生在姑臧的故事》刊于《北京文学》第7期。

文论《对当今散文的一些看法——在北京大学的演讲》刊于《美文》2002年7月上半月刊。

9月 散文集《贾平凹短文》由四川文艺出版社出版。

《走过十年——〈美文〉十周年酒会上的致辞》刊于《美文》2002年9月上半月刊。

散文集《长舌男——贾平凹幽默作品选》由作家出版社出版。本书收入贾平凹幽默散文46篇,幽默小说数篇,这些作品的共同点就是充满了机智和诙谐,从各个角度反映社会大变革中各色人等的生活形态,探索人性在传统文化桎梏下的抗争。

10月 中短篇小说集《听来的故事》由人民文学出版社出版。共收入中短篇小说十四篇,篇目为:一《阿吉》、二《猎人》、三《玻璃》、四《饺子馆》、五《阿尔萨斯》、六《小楚》、七《听来的故事》、八《制造声音》、九《库麦荣》、十《梅花》、十一《读〈西厢记〉》、十二《任氏》、十三《白朗》、十四《晚雨》。

11月17日 由延安大学、延安市人民政府、榆林市人民政府、陕西省作家协会共同举办的"路遥逝世十周年纪念大会暨学术报告会"在延安大学举行。"路遥研究会"成立并召开了首届会员大会。同日陕西师范大学新闻传播学院在长安新校区邀请省文学艺术界、新闻界人士举办纪念路遥逝世十周年会议,贾平凹参加会议。

12月 《关于语言——在苏州大学"小说家讲坛"上的讲演》刊于《当代作家评论》2002年第6期。贾平凹的观点是:"好的语言要看整体,看是否表达出了人与事的情绪,而不在于它是否用了什么形容词";"要会用形容词";"要多用些动词";"要还原成语";"善于运用闲话"等。

贾平凹、王尧谈话录《在传统与现代之间的新汉语写作》刊于《当代作家评论》2002年第6期。两人就"文化身份"、"西方现代文学的影响"、"新汉语写作"、"如何看待《废都》作品以及引发的评论"、关于"意象写作"等问题展开交谈。

贾平凹认为自己的写作还是"传统"的成分多一点。"我从小所受的传统教育要浓厚一些","在我们那个地方,佛家和道家的成分特别浓厚","但是对于现代生活、现代意识的这种学习、借鉴、向往或者吸取,我觉得也是相当浓厚的"。

谈到"传统对于自己的生存、对于写作究竟有怎样的重要的作用"这一问题,贾平凹说:"我觉得传统对每一个人来说,都是根本的问题,属于一个基本的东西。现在的写字、画画就是产生一种生命本能的东西。因为我喜欢,是一种说不出的原因。但思想上,我觉得不能狭隘,而且要独立思考","我身上传统的东西也多,但传统的东西也不一样,主要看人的精神方面"。谈到"西方现代文学"对他的影响,贾平凹说:"对于外来的东西,我从七十年代、八十年代,一直在接触。我吸收的主要是美术方面的,而不是文学方面的东西。美术直接进入艺术","外国的印象派等,我吸收的比较多。当然,我不是特别精到","影响我的是大学时候看的那些短篇小说,是十九世纪俄国的那些东西。后来,美国文学对我影响很大,包括海明威、福克纳等人。后来的《尤利西斯》这部书也是如此。大家都在读博尔赫斯的时候,我也看过一部分"。"从《百年孤独》的作者,到川端康成,到大江健三郎这些人的作品,基本上都是吸收外来的东西,写他本民族的东西,我一直想走这个路子,精神境界吸收外来的东西,形式上用本民族的东西,一个是传统,一个是民间,也只有这两条路子。这样做,给人一种错觉,认为传统得很。我对刘绍棠当年那一类的乡土文学是绝对反对的。那种东西没有更多的人类意识,没有现代意识。"谈到"新汉语写作"问题,贾平凹说道:"每种语言的产生,都与这个民族的生存环境、哲学、文化有很大关系,如果把语言一换，就把语言中的那些内涵全都弄丢了，只能附到别的民族、别的语言上去。"

对如何看待"《废都》及其评价"的问题，贾平凹的回答是："《废都》出来之后给我带来的那种伤害、压力等一些不好的因素是很多的。直到这两年来才有所好转。""从我的角度来讲，我认为知识分子在一些方面是不健全的。""我感动的是，别人传过来季羡林先生说的话：二十年后《废都》会大放光彩，马原也多次对《废都》表示肯定。有一个老先生、一个新潮的作家对我作品肯定，我就感到很安慰了。我觉得一部现在认为是好的作品要是五十年后没人看，那就不是好作品。《废都》在我的小说写作中起码是一个阶段性的、开创性的、转折性的作品，对后面的《白夜》等作品的写作产生了重要的影响。"

对于自己作品的"意象写作"的问题，贾平凹做出了解释："以前我写'商州'，包括《废都》，关于意象的思考都是支离破碎的，严格地讲，也就是采取更多的相等的东西，硬塞进去的感觉"，"手法上也更生硬。如《废都》中一会儿阉牛，一会儿吹箫，一会儿是城墙等东西，当时我的想法就是对待一个事物，人怎么看的，动物是怎么看的，各种视线运用来加强作品的层次感。那些东西想得是好，但我觉得那些东西一看就知道是做起来的、焊接起来的东西，不是自然而然地生出来的东西，而是接起来的东西"，"要是它自己长出来的、生出来的就好了。但比较难。做一个小散文、小品文比较容易，做一个长篇来说就艰难了"。"基本上这十年总在琢磨这些东西。我在每一部长篇小说的后记中都会说每一个阶段我的想法。这是时代的东西，为什么出现这个东西？这是时代的产物，像经济改革、开放等一些东西，都是为了走向世界。"

本年度重要研究论文

  郜元宝、葛红兵：《语言、声音、方块字与小说——从莫言、贾平凹、阎连科、李锐等说开去》，《大家》2002年第4期。

  高玉：《〈怀念狼〉：一种终极关怀》，《四川大学学报》2002年第5期。

  贾平凹、王尧：《在传统与现代之间的新汉语写作》，《当代作家评论》2002年第1期。

  贾平凹：《对当今散文的一些看法——在北京大学的演讲》，《美文》2002年第7期（上）。

李建军：《消极写作的典型文本——再评〈怀念狼〉兼论一种写作模式》《南方文坛》2002年第4期。

李建军：《〈病相报告〉之"病相"种种》，《文汇报》2002年9月28日。

刘阶耳：《"本色"与"技巧"的辩证——贾平凹〈高老庄〉的叙事特性》，《山西师范大学学报》2002年第2期。

刘保昌：《女性·死亡·国民性——关于〈废都〉与〈怀念狼〉的对读》，《山东社会科学》2002年第5期。

唐先田：《〈废都〉和废都意识的颓废影响》，《江淮论坛》2002年第2期。

汪政：《论贾平凹》，《钟山》2002年第4期。

王童：《2002：解读贾平凹》，《北京文学》2002年第7期。

颜敏：《"革命加恋爱"的人性表征——也评〈病相报告〉兼与李建军先生商榷》，《文汇报》2002年10月12日。

张川平：《论贾平凹小说所体现的宇宙观、人生观、哲学观》，《河北学刊》2002年第3期。

二〇〇三年　五十一岁

1月18日　贾平凹受聘担任西安建筑科技大学人文学院院长。
1月　短篇小说集《阿尔萨斯》由江苏文艺出版社出版。
散文集《五十大话》由长江文艺出版社出版。
散文《我要说的》刊于《北京文学》第1期。
2月21日　散文《张学德的书法》刊于《金融时报》。
5月25日　散文《读书虽好吃饭难》刊于《西安日报》。
5月　长篇小说《艺术家韩起祥》刊于《当代》第3期。
贾平凹主编的散文集《当代美文精品》由延边大学出版社出版。
批评家李建军先后发表《私有形态的反文化写作——评〈废都〉》(《南方文坛》2003年第3期)、《随意杜撰的反真实性写作——再评〈废都〉》(《文艺理论与批评》2003年第3期)、《草率拟古的反现代性写作——三评〈废都〉》(《文艺争鸣》2003年第3期)，对贾平凹的《废都》进行批评。
6月　获得由法国文化交流部颁发的"法兰西共和国文学艺术荣誉奖"。这是他获得"美孚飞马文学奖""法国费米娜外国文学奖"之后，又一次获得的国际文学奖项。"法兰西共和国文学艺术荣誉奖"是法国最高的荣誉奖之一，授予那些在文学艺术领域做出创造性贡献的人。法国驻华大使在给贾平凹的贺信中说："您的作品在法国影响很大，这项荣誉是授予您作品内容的丰富多彩性与题材的广泛性。"贾平凹在回信中说："法兰西是伟大的，法兰西的文学艺术是高贵的，巴黎就一直是世界文学艺术的中心，自1997年《废都》在法国获得'费米娜外国文学奖'后，今年又获得此奖项，我深感荣幸。"
短篇小说《贾平凹小说二题》(两个短篇小说《主任》《真品》)刊于《北京文学》第6期。

7 月　访谈录《贾平凹谢有顺对话录》由苏州大学出版社出版。对话的内容以《七盒录音带》为题目在 2003 年的《美文》杂志连续三期发表。

9 月　散文《拴马桩》刊于《收获》第 5 期。

散文集《贾平凹长篇散文精选》（收录《商州初录》《商州又录》《商州再录》《老西安》《西路上》等作品）由陕西人民出版社出版。获得"第三届鲁迅文学奖散文杂文奖"。

10 月　韩鲁华的专著《精神的映像——贾平凹文学创作论》由中国社会科学出版社出版。王仲生教授在该书的序言说道："该书从意象出发，追溯到作家的文化心理构成和精神世界，从这个深层视角对平凹进行了透辟的心理、精神分析。从现象扫描，从作品研究进入作家文学观念、审美机制、心理特征、个性和精神领域，这在贾平凹的研究中，是第一部。"

11 月 6 日　在北京师范大学图书馆为师生们讲"转型时期的文学创作"，北京师范大学张清华教授、梁振华副教授及北京大学陈晓明教授出席本次讲座。贾平凹认为中国目前处于社会转型期，转型期的社会很复杂，但为文学提供了丰富的写作素材。"中国当代作家的使命就是要写出转型期的中国经验，写出中国故事。""到哪里去寻找中国故事？当然是要自由自在地去体验。""我十多年来是每年都去北京、上海、广州几次，有时是开个会，有时仅仅是随便走走，这些地方代表着中国的先进、繁华和时尚，在那里常会听到盛世的说法，而我又用大量时间去西北偏僻的乡村，在那里漫无目标地走动，饥了进饭馆或农民家里去吃，晚上回县城酒店或乡镇旅馆去睡，在那里又常会听到危机的说法。盛世和危机是截然不同的，站在哪一方都不可能准确看待中国，从两头来把握，你才可能看到表象也看到本质。"他建议青年学生，在社会转型期如果从事文学写作，就必须关注这个时代，写作时，要强调中国文化的背景，真正关心社会，保持对生活的新鲜感，更要关注普通人的生活，不要胡乱编造，要把每一个真实的故事写得饱满。"写好普通人的生活，才能写好这个时代。""什么是中国经验？中国经验就是中国在走向人类进步的通道上不断出现矛盾，而解决矛盾的过程，这就给类似中国这样的国家一份启示，在人类史上提供一份这个族类所留下的足迹。"

11 月　创作谈《我心目中的小说——贾平凹自述》刊于《小说评论》

2003年第6期。

此文系统阐发了贾平凹关于"小说"这一文体的独特思考：文章分为四部分：（一）"说话"。贾平凹认为，小说是一种说话，说一段故事。小说要"说平平常常的生活事，是不需要技巧，生活本身就是故事，故事里有它本身的技巧"。（二）"精神"。贾平凹致力于追求"整体的，浑然的，元气淋漓而又鲜活"的艺术，"我的天资里有粗犷的成分，也有性灵里的东西，我警惕了顺着性灵的路子走去而渐巧渐小，我也明白我如何地发展我的粗犷苍茫，粗犷苍茫里的灵动那是天然的"。（三）"实与虚"。"越写得实，越生活化，越是虚，越具有意象"，"以实写虚，体无证有，这正是我的兴趣"。（四）"中与西"。中国的主流文学"重政治，重道义，治国平天下，不满社会，干预朝事"，"闲适是享受生活，幽思玄想，启迪心智"，"西方当然也有这两种形态，但其最主要的特点是分析人性。他们的哲学决定了他们的科技、医学、饮食的思维和方法，故对于人性中的缺陷与五恶，如贪婪、狠毒、嫉妒、吝啬、啰唆、猥琐、卑怯等等无不进行鞭挞，产生许许多多的杰作"，"如果能在分析人性中弥漫中国传统中天人合一的浑然之气，意象氤氲，那正是我的兴趣所在"。①

在第六届茅盾文学奖的评选中，贾平凹的《怀念狼》以第四名的得票率入围初评。

在由中国当代文学研究会、《中华文学选刊》杂志、《南方文坛》杂志和《南方都市报》等共同举办的"2003年度中华文学人物"评选活动中，贾平凹被评为"人气最旺的作家"。

本年度获奖作品

中篇小说《艺术家韩起祥》获2003年"中国文学金榜作品"称号。

本年度重要研究论文

邓楠：《理想爱情的建构、解构与颠覆——论〈天狗〉、〈五魁〉

---

① 贾平凹：《我心目中的小说——贾平凹自述》，《小说评论》2003年第6期。

和〈废都〉三部爱情小说的价值取向》,《文艺理论与批评》2003年第3期。

韩鲁华:《生存的忧虑——贾平凹精神人格分析》,《唐都学刊》2003年第3期。

李伟:《贾平凹的都市小说》,《小说评论》2003年第3期。

李建军:《私有形态的反文化写作——评〈废都〉》,《南方文坛》2003年第3期。

李建军:《随意杜撰的反真实性写作——再评〈废都〉》,《文艺理论与批评》2003年第3期。

李建军:《草率拟古的反现代性写作——三评〈废都〉》,《文艺争鸣》2003年第3期。

李遇春、贾平凹:《传统暗影中的现代灵魂:贾平凹访谈录》,《小说评论》2003年第6期。

李遇春、贾平凹:《拒绝平庸的精神漫游——贾平凹小说的叙述范式的嬗变》,《小说评论》2003年第6期。

罗关德:《论〈怀念狼〉情节的神秘数象——贾平凹意象小说探析之一》,《当代文坛》2003年第1期。

罗关德:《论〈怀念狼〉主题的多重意象——贾平凹意象小说探析之二》,《当代文坛》2003年第2期。

王一燕:《说家园乡情,谈国族身份:试论贾平凹乡土小说》,《当代作家评论》2003年第2期。

于红、胡宗峰:《乡村守卫者的悲歌——读〈土门〉与〈德伯家的苔丝〉》,《小说评论》2003年第1期。

二〇〇四年　五十二岁

1月1日　《贾平凹语画》作品集在王府井书店与北京的读者见面。《贾平凹语画》是贾平凹第一部图文对照、全彩印刷的绘画作品集，由山东友谊出版社出版。新作中选择的55幅画大部分都是贾平凹2003年所画。在采访中，贾平凹说道："我从来没有专门学过绘画，画画是我从小的一个爱好，用它来记录自己经历的一些事情，并没想到要发表或是展览。经不住朋友鼓励、吹捧，于是也办了展览，现在又出了这本书，其实是已经忘了原来的本意了。"①

3月3日　散文《〈我的乡村生活〉序》刊于《福建日报》。

10月　与女作家走走联合出版了访谈类作品《贾平凹谈人生》，由上海社会科学院出版社出版。本书以对话访谈的形式，以"人生"的话题为主，完整而清晰地展现了贾平凹独特的人生阅历与生活境界。如贾平凹的至深感悟："名人其实是个累人，有些事情很容易做到，比如爱好文学的领导，就会对你特别好，但也有故意刁难的。"在诸多社会角色中，贾平凹最钟爱作家这个角色："别的啥我都无所谓，我一生下工夫的只有作家这个行业和我当主编的这个行业，剩下都是无所谓的。"

经过有关方面的努力，贾平凹的《废都》准备再版，贾平凹为再版写序："《废都》1993年出版，2004年再版，一隔十二个春秋。人是有命运的，书也有着命运。十二年对于一本书或许微不足道，对于一个人却是个大数目，我明显地老了。关于这本书，别人对它说的话已经太多了！出版的那一年，我能见到的评论册有十几本，加起来厚度超过它十几倍，此后的十年里，评论的文章依然不绝，字数也近百万。而我从未对它说

---

①　黄亮：《〈贾平凹语画〉昨日首发　贾平凹只言新书不谈〈废都〉》，中国作家网，http://www.chinawriter.com.cn/2004/2004-01-02。

过一句话，我挑着的是担鸡蛋，集市的人都挤着来买，鸡蛋就被挤破了，一地的蛋清蛋黄。今年今月今时，《废都》再版了，消息告诉我的时候，我没有笑，也没有哭，我把我的一碗饭吃完。书房的西墙上挂着的'天再旦'条幅是我在新旧世纪交替的晚上写的，现在留着，留了许久。然后我寻我的笔，在纸上写：向中国致敬！向十二年致敬！向对《废都》说过各种各样话的人们致敬，你们的话或许如热夏或许如冷冬，但都说得好，若冬不冷夏不热，连五谷都不结的！也向那些盗版者致敬，十二年里我热衷收集各种盗版本，书架上已放着五十多本，它们使读者能持续地读了下来！"

但随后新闻出版总署为此发了《废都》暂不宜出版的通知。贾平凹又写了关于《废都》再版的申诉书，托友呈交给中央宣传部及有关部门，希望尽快予以再版。①

11月 天津百花文艺出版社出版了《贾平凹透视》，作者为何丹萌。本书写了作者与贾平凹交往中的种种"琐事"。内容共十七章，第一章：从平娃到平凹，第二章：贾门韩氏女，第三章：行孝与吊孝，第四章：过年·贾氏十兄弟，第五章：处女作引出两个老师，第六章：漫步在商州山地，第七章：我的目标是奥林匹克，第八章：患病十年，第九章：《废都》与婚变，第十章：新家，第十一章：朋友，第十二章：书画，第十三章：奇石与古玩，第十四章：八任"贾办主任"，第十五章：关于评论，第十六章：落选茅盾文学奖与中国作协副主席，第十七章：写作着是永远的快活。

中篇小说集《贾平凹中篇小说选》由上海社会科学院出版社出版。

本年度获奖作品

新时期中篇小说名作丛书之一"《贾平凹》卷"获"第一届国家图书奖"。

---

① 王辙：《一部奇书的命运——贾平凹〈废都〉沉浮》，花山文艺出版社2011年版，第133—134页。

本年度重要研究论文

范培松:《西部散文:世纪末最后一个散文流派》,《中国文学研究》2004年第2期。

韩鲁华:《心物交融,象生于意——贾平凹文学意象生成论》,《小说评论》2004年第2期。

刘宁:《论贾平凹地域小说中的文化意蕴》,《小说评论》2004年第5期。

邵宁宁:《转型期现象与无家可归的文人——关于〈废都〉的文化分析》,《甘肃社会科学》2004年第1期。

石杰:《贾平凹创作中的生态伦理思想》,《徐州师范大学学报》2004年第4期。

韦建国、户思社:《西方读者视角中的贾平凹》,《陕西师范大学学报》2004年第3期。

吴明东:《〈废都〉中隐语符码的解读》,《理论观察》2004年第1期。

王爱松:《贾平凹:自尊与自卑的挣扎与沉沦》,《理论与创作》2004年第2期。

叶君、岳凯华:《贾平凹90年代长篇小说创作的心理根源》,《中国文学研究》2004年第1期。

二〇〇五年　五十三岁

1月17日　《秦腔》后记《故乡啊，从此失去记忆》刊于《南方都市报》。该文以缜密的细节书写了贾平凹在故乡生活的点点滴滴，道出了贾平凹"我本性为农民"的思想渊源，总结了"故乡"对贾平凹成长的影响："就在这样的故乡，我生活了十九年。我在祠堂改的教室里认得了字。我一直是病包儿，却从来没进过医院，不是喝姜汤焐汗，就是拔火罐或用磁片割破眉心放血，久久不能治愈的病那都是'撞了鬼'，就请神作法。我学会了各种农活，学会了秦腔和写对联、铭锦。我是个农民，善良本分，又自私好强，能出大力，有了苦不对人说。我感激着故乡的水土，它使我如芦苇丛里的萤火虫，夜里自带了一盏小灯，如漫山遍野的棠棣花，鲜艳的颜色是自染的。但是，我又恨故乡，故乡的贫困使我的身体始终没有长开，红苕吃坏了我的胃。我终于在偶尔的机遇中离开了故乡，那曾经在棣花街是一件惊天动地的事情，记得我背着褥坐在去省城的汽车上，经过秦岭时停车小便，我说：我把农民皮剥了！可后来，做起城里人了，我才发现，我的本性依旧是农民，如乌鸡一样，那是乌在了骨头上的。"

贾平凹、王彪对话录《一次寻根，一曲挽歌》载《南方都市报》，《当代作家评论》2005年第2期转载。谈及小说的语言问题，贾平凹认为："散文是说话，其实小说也是说话，散文是作家直接说，小说是作家用作品的人物去说"，"一部作品能表现个性的首先是语言"，"说话的语言很重要，因为作家还承担着改造并规范语言的责任"，"我小说语言的基础是陕西的民间方言，关中地区和陕南的，这地域的民间语言本身就厚实"。谈到农村文化的"表现形态"问题，贾平凹认为《秦腔》的写法是"建立在血缘、伦理根基上的土性文化，它是黏糊的、混沌的"，"之所以把这部小说叫《秦腔》，秦腔是地方戏曲，而别的戏曲没有叫腔的。秦腔另一种意思就是秦人之腔。文章所写的作为戏曲的秦腔，它的衰败是注定的，传统文化的衰败也是注定的。李商隐诗：夕阳无限好，只是近黄昏。这一种衰败中的挣扎，是生命透着凉气"。

1月22日 贾平凹在西安荞麦园出席青年作家谭易的网络小说《红纸伞》的新书发布会。

1月 长篇小说《秦腔》在《收获》第1、2期上连载。《秦腔》是贾平凹的第12部长篇小说，也是他近10年来最重要的一部作品。贾平凹称自2003年年初开始动笔，历时近两年，是他费时最长、修改最多、最耗心血的一部作品。原本30万字的小说，三易其稿，最后写成90万字。《秦腔》出版后，文学评论文章近60万字，先后获得《当代》长篇小说2005年度最佳奖、中国小说学会专家奖、华语文学传媒大奖2005年度杰出作家奖、首届世界华文长篇小说奖"红楼梦奖"以及第七届"茅盾文学奖"。

散文《〈秦腔〉记》刊于《美文》第1期。

散文集《朋友》由重庆出版社出版。

2月5日 会见长江文艺出版社副社长李正武先生。

3月25日 由复旦大学当代文学创作与研究中心、《收获》及《文学报》联合举行的长篇小说《秦腔》研讨会在复旦大学召开。上海评论界对《秦腔》给予了很高的评价。陈思和在发言中说："在当代文学文坛上，有两位坚持最久的作家，一位是贾平凹，一位是王安忆。""在时代的变化不息的思潮中，贾平凹始终在自己的世界中开拓对人生和生命的理解，坚持着自己对文学的理解。"贾平凹发言说："我对那片土地确实有一种很深的感情，有很多的东西我看到了，我经历了，所以我很想把这种感情表达出来，说不清是什么感觉，也许是悲伤吧，也许不仅仅是。我只是想把自己一直憋着的感情抒发出来。所以我写《秦腔》就像完成一个交代，心灵的交代。对于《秦腔》的内容，我只是想说出农村的现在的状况，农民的生存状态如何。"王鸿生认为这部作品的总体风格是"反史诗的史诗性写作"，"《秦腔》提供的叙述范式则具有现象学和历史学的双重特征"。罗岗等称《秦腔》是在进行"史诗性"写作，写中国社会发生的巨大的变化，原来的农村生活方式要成为绝唱，"在贾的小说中一直有一种抗拒。在抗拒着时代中逐渐成为主流的东西"。栾梅健将"五四"之后鲁迅的《故乡》、新中国成立之后赵树理的《李家庄的变迁》、改革开放之后高晓声的《陈奂生上城》以及表现转型期的这部《秦腔》放在一起比较，认为它们先后反映了中国农村四个重要时期的面貌和变迁。刘志荣认为小说的叙述节奏平静而缓慢，由此暗示乡土中国发生的巨大变化是一点一滴积累而成。但同时也指出小说表达的是一种非常朴素的感情，不需要一个"很有特点"的叙述者，因为"这种朴素的感情本身便是好的，不太需要过分的装饰。如此看来，小说中那个痴痴傻傻、疯疯癫癫、神神道道的叙述者，便显得太突兀，太有特点，从这样的凹凸不平的透镜中看过去，再朴素的感情也不免变形了"。"一个普通的、朴素的叙述者的叙述效果其实更好，更可以牵动读者内心深处的那根弦。半痴不傻、半疯不癫、神神道道的叙述者，不但不一定能抓住读者，反而破坏了内心朴素的情感。"①

4月1日　贾平凹、郜元宝《关于〈秦腔〉和乡土文学的对谈》刊于《文汇报》。谈到中国"乡土"文学的表达形式和以往的"故乡"经验等问题，贾平凹感觉"没法把握了"，"我记忆中的那个故乡的形状在现实中没有了。农民离开土地，那和土地联系在一起的生活方式将无法继续。解放以来农村的那种基本形态也已经没有了，解放以来所形成的农村题材的写法也不适合了"，"在社会巨变时期，城市如果出现不好的东西，我还能回到家乡去，那里好像还是一块净土。但现在我不能回去了，回去后发现农村里发生的事情还不如城市"。"我在写的过程中一直是矛盾、痛苦的，不知道该怎么办，是歌颂，还是批判？是光明，还是阴暗？以前的观念没有办法再套用。我并不觉得我能站得更高来俯视生活，解释生活，我完全没有这个能力了。"

长篇小说《秦腔》由作家出版社出版。

4月12日　在西安建筑科技大学图书馆举行《秦腔》首发式。陕西省委常委、宣传部部长马中平，省委组织部副部长陈存根，省委宣传部副部长白阿莹，教育厅副厅长李军锋，省文化厅副厅长蒋惠莉，省文联副主席、评论家肖云儒等领导莅临。贾平凹在首发式上介绍了《秦腔》的创作历程及感悟："《秦腔》在2003年初动笔，到2004年9月落笔，这是我费时最长，修改最多，最耗心血的一部长篇小说。故乡几十年来一

---

① 陈思和等：《秦腔：一曲挽歌，一段深情——上海〈秦腔〉研讨会发言摘要》，《当代作家评论》2005年第5期。

直是我写作的根据地,但我大量的作品取材于一个商州概念的泛故乡,而真正描述故乡的,《秦腔》应是第一部长篇,可以说,《秦腔》的写作动用了我素材的最后一块宝藏。《秦腔》的写作,对于我来说,它不仅仅是一般意义上的写作,它倾注了我生命和灵魂中的东西,写它的时候,我甚至产生过不准备发表的念头,写作过程中没有企图去迎合什么,没有企图想去获利,在近两年时间内,我安静地去写,缓缓地去写,只是为了我灵魂的寄托,只是宣泄我胸中的块垒,只是想着为故乡树一块碑,对得起家乡的土地和土地上的父老。但是,这样的写作是在惊恐中进行的,我无法理清我复杂的感情矛盾,痛苦,分裂,困惑。我无法带任何观念进入作品,在现实生活面前我觉得任何观念都是渺小的、褊狭的、生硬的,所以我只是呈现,呈现出这一段历史。在我的认识里,这一历史通过平庸的琐碎的泼烦的日子才能真实地呈现,而呈现得越沉稳、越详尽,理念的东西就愈坚定突出。社会发生转型变革,它是关乎人类的事情,能引发许许多多值得思考的问题。而中国农村时下的状况,一切都混沌不清,处处都矛盾交错,常常是'最分明处最模糊'。时代给了我们太多的喟叹,人生透着一种苍凉,所以,对于'三农',今日的理解已不同以往,乡土文学的概念也截然和传统不同。面对着'无关痛痒'的生活,作品也就得重新寻找最合适的写法。佛语讲:安忍不动,犹为大地;静虑深密,犹为地藏。《秦腔》力求简淡,在简淡而迷离之中见苍茫。现在流行一种写法,是语言上极尽华丽,即色彩上的梦呓,状语连接式的推进,增加阅读上的快感。《秦腔》则是整体的、混沌的、循环的。最当下的生活是难写的,既要写出鲜活,又要写得没有光气。"①

仪式结束后,贾平凹为读者进行现场签名售书 400 多册。下午赶往西安图书大厦,两个小时内签了 700 多册。

4 月 14 日　晚,贾平凹赴陕西新华读者俱乐部为读者签名售书,两个小时内签了 500 多册《秦腔》,为读者俱乐部题词:"读者之家"。

4 月 22 日　散文《〈秦腔〉是献给家乡的一块碑》刊于《江门日报》。

4 月 29 日　贾平凹、郜元宝《关于〈秦腔〉和乡土文学的对谈》刊于《河北日报》。

5 月 1 日　"五一"期间,贾平凹由穆涛陪同,前往河北石家庄为读

---

① 《贾平凹新作〈秦腔〉西安建筑科技大学首发式记》,《美文》2005 年第 6 期。

者签名售书。

5月3日 在杭州市文二路的浙江图书大厦，贾平凹签名售书。

5月14日 在北京王府井图书大厦签名售书。

5月15日 长篇小说《秦腔》研讨会在中国作协召开。来自各省近五十名评论家出席了此会。出席《秦腔》作品研讨会的有：张胜友、雷达、吴秉杰、林建法、王必胜、潘凯雄、陈晓明、张颐武、李敬泽、白烨、王强、贺绍俊、孟繁华、于青、牛玉秋、胡平、白描、麦城、朱晖、阎晶明、刘雪枫、谢有顺、蒋原伦、朱向前、季红真、张陵、王干、张梅、文能、吴玄、韩鲁华等。雷达认为这部作品"突破了以往小说的写法"，"他抽取了故事的元素，抽取了悬念的元素，抽取了情节的元素，抽取了小说里面很多元素。可以说，这是一次冒着极大风险的写作。但《秦腔》却成功了"。陈晓明认为，"《秦腔》是乡土中国叙事的终结"，是"乡土文化想象的终结"，是"乡土美学想象的终结"。"在一个全球化想象的时代，乡土中国的叙事是以何种方式存在，何种方式建构的，我们其实一直没有找到一个最极端的表达方式，我们的文学叙事只是西方资产阶级文学想象的一种衍生物，而《秦腔》是把这一切推到极端了。他进行了一种阉割式的叙事。"李敬泽认为该书的主题就是沉默。"乡土中国此时此刻的终结也是一种特殊的终结"，"此时此刻的终结没有人知道什么要开始和将要怎么开始。一个巨大的沉默区域，是历史展现在那里。中国作家我觉得为数甚少，甚至我觉得在《秦腔》之前，没有看到哪个中国作家充分意识到这个问题"。孟繁华认为："《秦腔》有一种透彻骨髓的绝望感，也就是说贾平凹对于乡土中国的叙事彻底解构掉了"，"《废都》把男性伟大的活动想象和夸张推到了极端的地步，而《秦腔》的清风街上再也没有完整的故乡可以讲，历史的整体性，乡土中国所有的想象再也不存在了"。张颐武认为："《秦腔》是温旧梦寄遐思，旧梦是为了中国的新梦，所以我觉得这不是悲观之作，有很强的悲伤感觉，但不是悲观之作。"白烨认为：《秦腔》"不光是细节密集，而且细节很精彩"。"作品中塑造了三个非常重要的人物，一个是夏天义，代表了传统农民和传统农业生产方式的没落；一个是夏天智，代表了乡土文化的衰败；一个就是叙述人引生。这部书写出来是真正可以当枕头的书，可以终其一生死而无憾。"贺绍俊认为《秦腔》"体现了贾平凹的成熟。""《秦腔》是承续了传统文化中的日常叙事，比如《红楼梦》。虽然我们看重《红楼梦》，却实际上在我们的写作史中这样一种传统文化日常叙事的脉基本上断了，我觉得在这一点上《秦腔》非常具有叙事革命性的意义。"①

5月18日　李建军的《〈秦腔〉：一部粗俗的失败之作》刊于《中国青年报》。该文批评贾平凹的新作《秦腔》是"一部失败的粗俗之作"，"是一部似是而非、不伦不类的怪物"，是"一部僵硬、虚假的作品，一部苍白、空洞的作品"，整部小说是"一种琐碎、芜杂、混乱的自然主义描写"。

5月　贾平凹的故乡丹凤县决定在该县县城西15公里的棣花镇开发"贾平凹文学艺术苑"项目，以文化带动旅游开发。

贾平凹、郜元宝《关于〈秦腔〉和乡土文学的对谈》刊于《上海文学》2005年第5期。

6月25日　贾平凹应邀到深圳参加文学活动，在深圳大学作"文学与现实生活"的演讲。

7月8日　散文《我读〈五福〉》刊于《中国图书商报》。

7月13日　陕西省戏曲研究院院长陈彦邀贾平凹去易俗大剧院观看浙江省小百花越剧团演出的越剧折子戏。

散文《我读〈五福〉》刊于《中华读书报》。

7月23日　散文《我读〈五福〉》刊于《中国邮政报》。

7月　肖云儒的《〈秦腔〉：贾平凹的新变》刊于《小说评论》第4期。文章指出贾平凹的几点变化："由对人自身的倾诉，到为家乡（亦即民众和社会）树碑，由天马行空的性灵，到心存敬畏的苦吟。"文章也提出了《秦腔》的几点遗憾：第一，"作品对生活、人生和社会心理还缺乏重大的创造性的发现"。第二，通过引生这个"不可靠叙述者"来展开全书，似可推敲。在叙事学上，引生属于那种"不可靠叙述者"，"小说没有设置可靠的叙事者（这常常就是超然的全知的作家自身）来总揽、匡正全书，让读者始终透过不可靠叙述者的眼光来感知书中的世界，极易产生零碎、失真的后果，也极易影响甚至伤害真正的叙事者（即作者）的审美立场"。

---

① 张胜友、雷达等：《〈秦腔〉：乡土中国叙事终结的杰出文本——北京〈秦腔〉研讨会发言摘要》，《当代作家评论》2005年第5期。

短篇小说《羊事》刊于《上海文学》第 7 期。

9 月 14 日 短篇小说《小说二题》(《主任》《真品》)获得《小说月报》"第十一届百花奖短篇小说奖"。

9 月 谢有顺的《尊灵魂,叹生命——贾平凹、〈秦腔〉及其写作伦理》刊于《当代作家评论》2005 年第 5 期。文章指出:"无论是他(贾平凹——编者注)的小说还是散文,应用的都是最中国化的思维和语言,但探查的却是很有现代感的精神真相———他是真正写出了中国人的感觉和味道的现代作家。""贾平凹在这部作品中还建构起了一种新的叙事伦理,可以在非常短小的时间、非常狭窄的空间里,建立起恢弘、庞大的文学景象。"《秦腔》是"一种尊灵魂的写作",所谓尊灵魂,"即不忘在作品中找天地之'心'、寻人类之'命'———这样的意识,在当代写作界,正变得越来越稀薄,此是当代文学之主要危机"。

11 月 18 日 贾平凹在西安建筑科技大学作题为《沈从文的文学》的讲演,对沈从文这位重要作家出现的原因做了细致的分析:(一)绚丽的自然山水赋予了他特殊气质,带来多彩的幻想。(二)民族交混,身上有苗、土、汉的血液,少数民族在长期受压迫的历史中积淀的沉忧隐痛,使他性格柔软又倔强,敏感又宽厚。(三)出身地主豪门大户,经见得多,看惯了湘兵的雄武以及各种迫害和杀戮的黑暗。(四)在写作初期受尽艰辛,培养了安忍静虑的定力。

12 月 刘保昌的《审美缺席与精神迷失——长篇小说〈秦腔〉论》刊于《江汉论坛》2005 年第 12 期。该文认为贾平凹在《秦腔》中采用二元耦合的结构方式,这是由他近年来一直追求的混沌表达所决定了的结果。从《浮躁》到《废都》再到《秦腔》,贾平凹完成了从凸显审美品格到审美缺席的转变,而《秦腔》中主体精神的迷失则直接影响了其小说所可能取得的成就。

散文《悼巴金》刊于《美文》第 12 期。

本年度获奖作品

《小说二题》获得《小说月报》"第十一届百花奖短篇小说奖"。
中篇小说《艺术家韩起祥》获"首届《北京文学·中篇小说月报》奖"。
《贾平凹长篇散文精选》获"第三届鲁迅文学奖散文杂文奖"。

短篇小说《饺子馆》获"第一届《北京文学》奖"。

长篇小说《秦腔》荣获"《收获》年度金奖"、"第二届《当代》长篇小说年度最佳奖"、"第四届华语文学传媒大奖"。

本年度重要研究论文

陈晓明：《乡土叙事的终结和开启——贾平凹的〈秦腔〉预示的新世纪的美学意义》，《文艺争鸣》2005年第6期。

陈思和等：《秦腔：一曲挽歌，一段深情——上海〈秦腔〉研讨会发言摘要》，《当代作家评论》2005年第5期。

韩鲁华、许娟丽：《生活叙事与现实还原——关于贾平凹长篇新作〈秦腔〉的几点思考》，《当代作家评论》2005年第5期。

贾平凹、郜元宝：《关于〈秦腔〉和乡土文学的对谈》，《上海文学》2005年第7期。

刘保昌：《审美缺席与精神迷失——长篇小说〈秦腔〉论》，《江汉论坛》2005年第12期。

刘瑜：《"家"之思——关于贾平凹90年代以来长篇小说的整体解读》，《西南民族大学学报》2005年第4期。

李建军：《是高峰，还是低谷——评长篇小说〈秦腔〉》，《文艺争鸣》2005年第4期。

邰科祥：《论长篇小说〈秦腔〉在创作上的涨与跌》，《小说评论》2005年第4期。

王春林：《乡村世界的凋敝与传统文化的挽歌：评贾平凹长篇小说〈秦腔〉》，《海南师范学院学报》2005年第5期。

肖云儒：《〈秦腔〉：贾平凹的新变》，《当代文坛》2005年第5期。

谢有顺：《尊灵魂，叹生命——贾平凹、〈秦腔〉及其写作伦理》，《当代作家评论》2005年第5期。

张胜友、雷达等：《〈秦腔〉：乡土中国叙事终结的杰出文本——北京〈秦腔〉研讨会发言摘要》，《当代作家评论》2005年第5期。

二〇〇六年　五十四岁

1月　创作谈《生活会给我们提供丰富的细节》刊于《当代作家评论》2006年第1期，在这篇文章中，贾平凹谈了两点认识：（一）"长篇小说要为历史负责，成为一面镜子"，"如果写作只是急功近利地去迎合什么，或者受一点什么新奇的理念去打造个很精致的东西，都可能要辜负这个时代给作家提供的机遇"。（二）"生活会给我们提供丰富的细节，细节的丰腴和典型可以消除观念化带给作品的虚张，使作品柔软而鲜活"。

散文《我有一个狮子军》刊于《美文》第1期。

鲁风著《废都后院——道不尽的贾平凹》一书由重庆出版社出版。书中"披露"了很多贾平凹的逸闻趣事，具有知识性、趣味性和史料性。

2月18日　散文《读刘长春的散文》刊于《美术报》。

3月14日　散文《将历史融进身心》刊于《山西日报》。

3月25日　参加由陕西省文联、作协、陕西传统文化研究院、陕西国际文化交流中心、中华龙凤文化研究中心、西安日报社等7家单位联合主办的"龙凤之魅——庞进文化研究成果研讨会"，参加会议的还有：陈忠实、石兴邦、赵馥洁、尹维祖、苏明、郑涵慧、肖云儒、畅广元、李星、韩养民、费秉勋等一百多位专家学者。贾平凹在会上发言，认为庞进的《博大精新龙文化》和《凤图腾》两本书，"不但是集大成的两本书，而且还是有自己独特、完整的、有系统性理论体系的两本书"。

3月　散文《我读李宗奇散文》刊于《当代作家评论》2006年第2期。文中，贾平凹认为散文的语言要自然："语言和情操有关，与身体有关，不顾呼吸而硬要拉长句子或故意都是短句，就暴露了自己的作伪和虚张。眼下又似乎流行一种叙述，要么油腔滑调耍幽默，要么极尽铺设和华丽，但没有细节，读起来好像很激情，读完了什么也没留下印象。"

刘志荣《缓慢的流水与惶恐的挽歌：关于贾平凹的〈秦腔〉》刊于《文学评论》2006年第2期。文章认为"《秦腔》的叙述节奏平静而缓慢，由此暗示乡土中国所发生的巨大变化是一点一滴积淀而成。它散漫而铺张的叙述本身，并非要对乡土变迁进行条分缕析的社会剖析，而是力图让叙述自身，呈现处于巨变之中的现实的'象'。《秦腔》叙述背后，包含着作者面对乡村衰颓而惶恐、辛酸的情绪。"同时，作者对《秦腔》中的"引生"这一角色的处理也有一些批评："显得太突兀"，"考虑某种形式的因素超过了艺术表现本身的要求，从这样的凹凸不平的透镜中看过去，再朴素的感情也不免变形了。真要表现内心深处的哀伤、悲悼、惶恐、冲突、分裂、纠缠，一个洗去一切装饰的、普通的、朴素的第三人称叙述者的叙述效果其实更好，更可以牵动读者内心深处的那根弦。半痴不傻、半疯不癫、神神道道的叙述者，不但不一定能抓住读者，反而破坏了自己内心深处的朴素的情感。成全自己的常常也是束缚自己的，怪力乱神，恶浊之气，用来形成风格，甚而抓住不放则有失。"

4月8日 由《南方都市报》发起、《南方都市报》和《南都周刊》联合主办的第四届"华语文学传媒大奖"颁奖典礼于8日下午在中山大学礼堂举行。贾平凹的《秦腔》荣获年度大奖，贾平凹被评为"2005年度杰出作家"。颁奖词为："贾平凹是当代中国持续写作的重要象征。他30多年的写作历史，连同他不同凡响的创造力，自成一家的语言风范，富有争议的探索精神，成了当代文学稳步前行的缩影。他的作品既传统又现代，既写实又高远，憨厚朴拙的表情下藏着的往往是波澜万丈的心。他在灵魂的伤怀中寻求安妥，在生命的喟叹里审视记忆，他的写作，深刻地注解了生活世界和人心世界之间隐秘而复杂的关系。他在2005年度出版的《秦腔》，怀着对故土、对亲人的赤子之心，以谦卑、仁慈的写作伦理，细致、密实的叙事艺术，记述下了乡村社会动人心弦的变化，以及在这种变化中难以挽回的衰败、无地彷徨的哀伤。从'废都'到'废乡'的生命流转，贾平凹以一个作家的宽广和坚韧，出色地完成了对自我和世界的双重塑造。"

本届大奖的终审评委由北京大学中文系教授洪子诚，同济大学中文系教授、小说家马原，《当代作家评论》主编林建法，苏州大学文学院教授王尧，广东省作家协会评论家谢有顺组成。

贾平凹在获奖感言中说："沈从文建造的是文学上的小庙，我说的尽是些秦岭上那些我曾经探访的破旧小庙,这就在大师面前暴露了我蠢昧的村相。我时常冒出一个念头:如果我当年不以偶然的机会进大学读书,如果不是在大学里当时去向不明的状况下而开始了写作,我现在会是什么样子呢?肯定是一位农民,一个矮小的老农。或许日子还过得去,儿孙一群,我倚老卖老,吃水烟,蹴阳坡,看着鸡飞狗跳。或许生活陷入了困顿,我还得揉着膝盖,咳嗽着,进城去打工。"①

5月7日 由《当代作家评论》、苏州大学文学院、春风文艺出版社和上海久久读书人文化实业公司主办的"贾平凹作品学术研讨会"在江苏常熟召开。国内二十多位知名学者、教授、评论家、作家从多角度、多方面对贾平凹的文学创作进行了充分的学理探讨。这次会议不是针对贾平凹的某一部作品,而是就贾平凹三十多年的文学写作进行整体的学术探讨与定位。陈思和认为:"贾平凹的创作全景式地反映了中国尤其是中国乡村急剧变化的生活,并且与时代的情绪和心理暗合得非常紧密,为人们提供了相当大的信息量。他又是争议最大的作家,他的作品太多,使得有些评论家对他关注起来感到有点疲惫,也极易造成他的一些作品有时可能被低估甚至误读,所以引起种种争议也在所难免。"陈晓明谈了三个问题:"一、我们如何重新去理解《废都》以及《废都》的这个时期在我们的文化中所留下的痕迹?二、从《废都》到《秦腔》可以呈现当代文学什么样的变化过程?三、《秦腔》在中国二十一世纪乡土文学的叙事中显示了怎样的意义?"王尧认为贾平凹的小说里"呈现了好多现代所压抑的东西,这在他身上是一个矛盾的相连体,他小说中这样的矛盾给我们留下了一个巨大的解释空间。他既是文人,也不排斥他是现代知识分子的某些东西,矛盾地统一"。

作家叶兆言、苏童、范小青、林白等人也谈到,一个作家在成名之前,可能觉得成名非常困难,但实际上成名之后能够不停地将旺盛的创作精力延续下去,则更是困难的。这点贾平凹做到了。他不管外界的风吹草动,有时引起争议也仅仅是做些看似很无力的解释。其实他个人的精神世界很强大,而这个空间只属于他自己,正是从中闪发出的一些东西可以支撑他创作相当长的时间。

此次研讨还印证了文坛里另一个流行的说法:"说不尽的贾平凹"。

---

① 贾平凹:《在热爱的写作中不顾一切》,《名人传记》(上半月) 2007 年第 9 期。

不少与会者谈到,以前我们研究贾平凹总习惯于像解剖麻雀一样分析得非常清楚,再把一些结论组合在一起,以为那样看贾平凹就十分清晰了。但实际上我们对于贾平凹的认识依然是混沌的。同一个文学对象在不同的时代也会给我们提供不同的反思方式。重新阐释总是一个无限度的开始。贾平凹在创作中也有许多困惑。而我们研究贾平凹,面对的不仅是他的困惑,而始终也是我们自己内心的困惑和痛楚。①

5月 张学昕的《回到生活原点的写作——贾平凹〈秦腔〉的叙事形态》刊于《当代作家评论》2006年第3期。文章认为:"贾平凹的《秦腔》的叙述在努力回到最基本的叙述形式,可以说是说故事的方式。但在叙事观念上,他是想解决虚构叙事与历史的叙述,或者说写实性话语与想象性话语之间一直存在的紧张关系,他更加倾向将具有经验性、事实性内容的历史话语与叙述形式融会起来,在文字中再现世界的浑然难辨的存在形态。"在叙事形态上,该文认为"贾平凹所采取的是一种'反逻辑'的叙述"。

陈晓明的《本土、文化与阉割美学——评从〈废都〉到〈秦腔〉的贾平凹》刊于《当代作家评论》2006年第3期。文章认为贾平凹的小说"以文学的方式,以他的独特的文学表达方式表现了当代——也就是新世纪'后改革'时代中国农村的存在状况"。首先是"乡土中国历史的终结"。"现在年轻一代的农民以及农村干部,他们以完全不同的方式在推进农村的历史。但这种历史与传统中国乡村,甚至与社会主义总路线时期的中国乡村都很不相同。历史在改革中断裂了,或者可以说终结了。"其次,"是表现乡土中国文化想象的终结。""'秦腔'是传统文化及其价值的象征","白雪这个美丽的女子作为秦腔表演的代表,她的遭遇本身是传统中国的文化价值的失败写照"。再次,"它的叙事方式本身表达了乡土美学的终结。""这个叙述人引生不再能建构一个完全的历史,也不可能指向历史的目的论,它只能是一些无足轻重的贱民的生活与一个疯子的迷狂想象。"最后,"乡土美学想象的终结也就是乡土历史的终结。""乡土中国的生活现实已经无法被虚构,像贾平凹这样的'乡土文学'最后的大师也已经没有能力加以虚构,那就是乡土文学的终结,就是它的

---

① 陈思和、丁帆、苏童等:《作家,是属于时代的——"贾平凹作品学术研讨会"发言》,《当代作家评论》2006年第5期。

尽头了。《秦腔》表达的就是它的挽歌，就是它的最后一次的虔敬。"

王尧的《重评〈废都〉兼论九十年代知识分子》刊于《当代作家评论》2006年第3期。文中对以往的研究结论有所质疑："我们通常认为贾平凹熟悉乡村而不熟悉城市，他总是站在'土门'口眺望'城市'的"，该文则认为"贾平凹的矛盾和痛苦就在于他一方面确认农村变革的成绩，另外一方面他又不能不忧心'故乡啊，从此失去记忆'"。"如果说《秦腔》书写了农民在乡村变革中的'拔根'状态，那么《废都》则叙述了知识分子在文化转型中的'无根'状态。"

7月27日 散文《我是农民》刊于《三亚晨报》。

7月 长篇小说《秦腔》获首届世界华文长篇小说大奖"红楼梦奖"。

散文《沙家浜记》刊于《美文》第7期。

南帆的《找不到历史——〈秦腔〉阅读札记》刊于《当代作家评论》2006年第4期。"札记"分为"细节的洪流""根与土地""粗鄙""苦恋""魔幻""叙述人""秦腔""文人""找不到历史"几部分。其中，对于贾平凹小说中无所不在的"粗鄙"手笔，作者给予了这样的解释："为什么粗鄙成为贾平凹的美学趣味？我猜测，这或许是一个重要原因：贾平凹对乡村失望了。记录商州时体验到的田园风情不再是沁人心脾的美学对象。幻象已逝，贾平凹深刻地意识到了乡村生活之中的鄙气。"

8月 西安建筑科技大学中国现当代文学研究中心编选的《秦腔大评》评论集由作家出版社出版。

散文《看世界杯足球赛》刊于《美文》第8期。

9月13日 首届世界华文长篇小说奖"红楼梦奖"颁奖典礼在香港举行，贾平凹以长篇新著《秦腔》获奖。在颁奖典礼上，贾平凹说："《秦腔》这本书，是我对世纪之交的中国社会巨变的生活记录，也是我对故乡、家族的一段沉重记忆，能得到来自各个地区评委的认可，给了我极大慰藉和鼓励。"旨在提升中文长篇小说创作水平的"红楼梦奖"每两年举办一次，评奖经费及奖金由香港著名企业家张大朋赞助。主办"红楼梦奖"的浸会大学校长吴清辉致辞说："期望未来'红楼梦奖'拥有与法国'龚古尔文学奖'、日本'芥川文学奖'同样的地位，成为汉语文学奖的最高荣誉。"

9月23日 由西安建筑科技大学投资建成的"贾平凹文学艺术馆开

馆"。全国政协副主席、中国工程院院士徐匡迪，陕西省委常委、常务副省长赵正永，西安建筑科技大学徐德龙以及数百位省内外知名人士参加了开馆仪式。该馆收录了贾平凹文学创作生涯中的图片、作品、影像、实物等资料，如实地反映了作家的成长历程、生活点滴及创作经历。在开馆仪式上，贾平凹发表讲话表达了他的感恩和"惶恐"之情："建筑科技大学建立'贾平凹文学艺术馆'，从我得到消息到今日揭牌开馆，我一直处于一种大意外和大惭愧的意识中。因为我仅仅是一位普通的写书人，似乎以写书有一点名而已，但是写的书能不能传之后世，时过境迁还有没有人阅读，这还是个未知数。再一点，成名并不代表成功呀！所以建立这个馆，我承受不起，我汗颜和羞愧。当得知要建时，我曾惊恐不安和反对，但这是学校的决定，我无力去改变，我只能视作这是建筑科技大学对我的厚爱，是社会众多读者和同人对我的支持。""馆建起来了，它是学校的一座建筑，它记载了一段历史，凝聚了社会的一种期盼，但我看着它是我的钟鼓楼，我看着它就感到巨大的压力，似乎能听见晨钟暮鼓在催促我不得懈怠，不得沉沦，不得止步。我将以最大的努力去工作去学习，做出成绩，以不辜负这个馆，不被后人耻笑，不被历史嘲弄。"

11月22日 贾平凹正式回应甘肃作家陈玉福状告贾平凹著作权侵权案。在兰州市中级人民法院开庭审理之前，贾平凹先委托陕西永嘉信律师事务所律师高漫致函陈玉福，后又向法院递交了书面答辩状。

11月25日 新版《贾平凹文集》编纂启动。新版《贾平凹文集》是以1998年陕西人民出版社出版的14卷本《贾平凹文集》为底本，新收集贾平凹的小说、散文、序跋、文论等作品，并增加《秦腔》《高兴》，共计20卷。将于2008年由陕西人民出版社推出。

11月 散文《受奖词两篇》（《在首届世界华文长篇小说奖"红楼梦奖"上的受奖词》、《在第四届华语文学传媒大奖上的受奖词》）刊于《美文》第11期。

散文《〈秦腔〉台湾版序》刊于《美文》第11期。

获首届"柳青文学奖"突出成就奖。

12月21日 散文《凹石》刊于《浙江日报》。

本年度获奖作品

获"首届柳青文学奖"。
获"华语文学传媒大奖 2005 年度杰出作家奖"。
《秦腔》获首届世界华文长篇小说"红楼梦"奖。
《秦腔》获中国出版工作者协会组织评选的"首届中华优秀图书奖"。

本年度重要研究论文

陈晓明：《本土、文化与阉割美学——评从〈废都〉到〈秦腔〉的贾平凹》，《当代作家评论》2006 年第 3 期。

洪治纲：《困顿中的挣扎——贾平凹论》，《钟山》2006 年第 4 期。

贾平凹：《生活会给我们提供丰富的细节》，《当代作家评论》2006 年第 1 期。

南帆：《找不到历史——〈秦腔〉阅读札记》，《当代作家评论》2006 年第 4 期。

刘志荣：《缓慢的流水与惶恐的挽歌——关于贾平凹的〈秦腔〉》，《文学评论》2006 年第 2 期。

邵燕君：《"宏大叙事"解体后如何进行"宏大的叙事"——近年长篇创作的"史诗化"追求及其困境》，《南方文坛》2006 年第 6 期。

吴义勤：《乡土经验与"中国之心"——〈秦腔〉论》，《当代作家评论》2006 年第 4 期。

朱静宇、栾梅健：《论〈秦腔〉在乡土小说史上的意义》，《当代作家评论》2006 年第 3 期。

张学昕：《回到生活原点的写作——贾平凹〈秦腔〉的叙事形态》，《当代作家评论》2006 年第 3 期。

二〇〇七年　五十五岁

5月　陈思和的《新世纪以来长篇小说创作的两种现实主义趋向》刊于《渤海大学学报》第3期。该文通过对贾平凹的《秦腔》和余华的《兄弟》这两部较有影响的长篇小说的具体分析来探讨新世纪以来长篇小说的创作趋向。文章认为："《秦腔》可以称做是一种模拟社会、模拟自然、模拟生活本来面目'法自然的现实主义'。""反腐倡廉的小说基本都是有固定模式的，作家先预设了一个生活的本质，根据这个本质来构思情节和安排人物。而《秦腔》完全倒转过来，描写的是一个村子几户人家的日常琐碎事，今天是清风街演出秦腔，明天是清风街领导班子发生矛盾，后天又是哪一家造房子，一件事接着一件事，日复一日。突然有一天，有一位地位重要的老人去世了，人们才发现，在村里竟然找不到青壮年抬棺材。原来是青壮年都已经出去打工了，整个农村已经荒芜。""阅读《秦腔》的感受就好像在读一部日记，似读流水账，然而整部小说通读完后，就会感到中国农村和农村文化的衰败与颓亡非常令人震惊。""贾平凹不是一个慷慨激昂、虚张声势的人，他看上去是一个黏黏糊糊、不善于表达的老好人，可是他又是一个非常尖锐的作家，他的尖锐是放在无数的生活细节当中，我们感觉不到他尖锐；他很平和，可是他把很深刻的思考展示出来。"

6月4日　参加在宝鸡文理学院举办的"贾平凹作品生态学主题研讨会"。在会上他首次披露长篇小说《高兴》的创作历程，说这是他多年来修改次数最多的一部作品，最早叫《城市生活》，后来叫《刘高兴》，正式出版时叫《高兴》，是以他儿时的伙伴刘书桢为原型写的，想要探讨"乡下人进城"之后的出路问题，"我是从农村出来的，真正去接触了那些城市边缘人的生活后再写，很容易就想为他们愤愤不平，写着写着，自己那种根深蒂固的农民意识就出来了。""无数农民工他们要在这个地方谋生活，他们的后代也将在这里繁衍生存"，"第一代农民工怎么挣扎求生，不重要。重要的是第二代第三代怎么生活"，"这才是中国亟待解决的问题"。①

7月3日　散文《做一个时代的记录者》刊于《文艺报》。

7月　长篇小说《土门》由广州出版社出版。

8月31日　《西安晚报》开始连载长篇小说《高兴》。

8月　湖南文艺出版社出版散文随笔集《混沌》，收入了《废都》再版序文。贾平凹在文后加了说明："2004年，《废都》再版一切就绪，却又停止。我当年害大病时，多方求医，治疗效果不明显，人就很浮躁，如此折腾了数年，人就疲沓了，心态也好了许多，说：既然上天还不让我病好，那就是苦难还没有磨够，那我便安然地承受和享受吧。"

散文《六棵树》刊于《美文》第8期。

9月18日　陕西省作家协会第五次会员代表大会在西安召开。大会选举产生了新一届省作协理事会和主席团成员。贾平凹当选为省作协第五届理事会主席，陈忠实被聘为省作协主席团名誉主席，有14名作家同时当选陕西省作协副主席。在这些作家中，除叶广芩、高建群等已在文坛有较高知名度的作家外，还有红柯、朱鸿等一批中青年作家，王愚等15名同志被聘请为省作协主席团顾问。著名文学评论家雷达表达了祝贺："作为作协的领导，领导才能是否出众并不重要，关键是靠有分量的作品说话。贾平凹的文学成就无可非议，尤其是他那种刻苦的创作精神，以及作品扎根底层的品质，值得后来者学习。"② 贾平凹接受媒体采访时说："第一，陈主席虽然因为年龄限制卸任，但从他的资历、能力和经验来看，继续在这个职位上干下去，都是最合适的。第二，很感谢组织和同志们对我的信任。说实话，这次当选的副主席中谁都可以担任这个主席职务。第三，陕西是一个文化大省，全国的文学重镇，我担任这个职务，是很有压力的，感到很惶恐。但作协党组加强了建设，我感觉自己也有了依靠。雷涛书记本身就是作家，是内行，在作协干了八年，经验非常丰富，政治觉悟也很高，大家团结一致，争取把工作做好，开拓新的

---

①　孙见喜、孙立盎：《贾平凹传》，陕西新华出版传媒集团、陕西人民出版社2017年版，第317页。

②　韩鲁华主编：《〈高兴〉大评》，陕西人民出版社2008年版，第46页。

局面。"①

9月 贾平凹母亲去世。贾平凹书挽联:"相夫教子慈悲贤惠,持家有道六十年;扶困济危知理明义,处世传德八十载。"在散文《我不是一个好儿子》中,贾平凹记叙了母亲对自己的呵护,抒发了对母亲的深厚情感:"母亲对我的好使我不觉得母亲对我的好,当我得意的时候我忘记了母亲的存在,当我有委屈了就想给母亲诉说,当着她的面哭一鼻子。"

长篇小说《高兴》刊于《当代》第5期。

长篇小说《高兴》由作家出版社出版,并入选2007年网络盛典年度畅销书。《高兴》是贾平凹的第13部长篇小说,历时3年,修改5次,最初写了十多万字,又全部推倒重写。《高兴》是一部完全建立在真实基础上创作完成的小说。在两年时间里,他采访了近百位在西安拾破烂的商州同乡。所有的小说人物都有原型,所有的人物经历和细节都在现实生活里发生过。在小说中,贾平凹表达了对这一群体的高度关注:"他们能够为城市接纳吗?打工能够让他们富裕起来吗?没有劳动力的新农村如何建设?城市与乡村是逐渐一体化还是拉大人群的贫富距离?"在与评论家韩鲁华的一次对话中,贾平凹说:"《高兴》这本书和《秦腔》是一个连贯的过程,《秦腔》主要反映的是一群人怎么走出农村,到哪里去了?进城了,生活怎样?失去土地农民最后还得回去,回去不是老弱病残就是死亡尸体,有这个内在的东西在里面。这个人的命运不是偶然的是必然的,命运赶在那儿。这些都不属于小说范畴了,但是它必须是小说范畴背后的东西。"② 在写法上,《高兴》与2005年出版的《秦腔》大不相同。《秦腔》采用"密实的流年式的书写方式",《高兴》则故事性强,很好读。评论家孙见喜说:"《高兴》是贾平凹创作中的根本性转型,它彻底抛弃了传统的审美方式,采用纯北方语言的'口述体',不仅让汉语重新焕发出活力,也使作家自己重获新生!"③

10月1日 长篇小说《浮躁》由广州出版社再版。

10月11日 由中共陕西省委、陕西省人民政府设立,中共陕西省委宣传部组织实施的"首届陕西文艺大奖"举行颁奖晚会。贾平凹的长篇

---

① 辛敏:《贾平凹纪事》,陕西师范大学出版总社有限公司2012年版,第3页。
② 韩鲁华主编:《〈高兴〉大评》,陕西人民出版社2008年版,第27页。
③ 同上书,第50页。

小说《秦腔》、红柯的长篇小说《西去的骑手》获奖。陈忠实、贾平凹、肖云儒以及刘文西、赵季平、吴天明、张克瑶7人获首届"陕西文艺大奖艺术成就奖"。

10月23日 "鲁迅读书生活展"在贾平凹文学艺术馆开展。"贾平凹文学艺术馆"被写进新版《西安旅游大全》(陕西人民出版社2009年版)。

10月 小说集《病相报告》由广州出版社出版。

11月18日 散文《怀念路遥》刊于《华商报》。

11月22日 散文《怀念路遥》刊于《南方周末》。

11月28日 贾平凹长篇小说《高兴》研讨会在西安隆重召开,中国作协副主席陈建功到会祝贺并讲话。来自中国作协、北京大学、苏州大学、华东师范大学、《收获》杂志等单位的评论家贺绍俊、孟繁华、邵燕君、王尧、李东华、罗岗、肖云儒、李星、程永新等人参会。

陈建功对贾平凹坚持"做时代的记录者"的文学立场表示赞赏。陈建功说,"贾平凹创作《高兴》的过程,本身就为文学界提供了一种可资借鉴的创作姿态。《高兴》告诉我们,只有时刻保持警惕,努力深入生活现场,才能打通血脉,获得对广大民众深切而真实的精神观照","写作者需要以一种平等的态度,与我们所描绘的对象展开真正的对话,才能发现我们这个时代的心灵的细微变化,才能准确地呈现精神嬗变的轨迹"。孟繁华认为《高兴》"超越了众多写作底层民众生活的作家拘于表现苦难的局限,观照到了这一群体从生活自救到精神自救的乐观与顽强",十分可贵。贺绍俊认为《高兴》开拓和深化了文学对当下农民工生活和精神世界的叙述,以乡村精神和共鸣姿态,拓展了新的思想和艺术表现空间。《高兴》"大大开拓也大大深化了底层写作的叙述。它的开拓和深化在于贾平凹的这种写作姿态,我将这种写作姿态叫共鸣姿态。他的共鸣在于他骨子里浸透着一种乡村精神,所以他对农民工进城的不归路有深深共鸣"。李星认为《高兴》的意义是由"底层写作"来的,但它的价值远远超过了一般的"底层写作":"它完全生活化、细节化,写得又十分放松,而且带有一种欢乐的气氛,愉悦的色彩。""刘高兴这个形象,是崭新的人物形象,可能在刘高兴的身上有平凹的影子,有平凹理想化的影子,但它又是那么真实,现实生活的真实。"王尧认为应该"把《高兴》和《秦腔》要合在一起看……城市乡村形成一个殖民的过程，不仅乡下人，城里人也有压抑和恐惧"。罗岗认为，"《高兴》是从一个城市边缘人的角度来把握一个城市的。""贾平凹塑造出这个形象，高兴恰恰不是一般意义上的，写了这个人在城市面前的渺小感，写了人的主观世界里有那么一种要克服这个城市、进去这个城市的强烈的欲望。"马平川认为，《秦腔》唱响的是"一曲承载生命和灵魂之重的农耕文化的挽歌，《高兴》则奏响了一曲困窘和强悍交织的生命壮歌"。肖云儒认为，这个作品一个很大的成功之处，是刘高兴生存空间中精神上的进步和自立，他们遇到了新问题，但同时他们提升了新境界。①

11月 散文《又上白云山》刊于《北京文学》第11期。

12月12日 由西安建筑科技大学、中国国画院西安分院、广州花城出版社和贾平凹文学艺术馆主办的"贾平凹书画展暨《贾平凹书画》首发式"开幕。中国工程院院士、西安建筑科技大学校长徐德龙，中国美术家协会副主席、西安美术学院院长杨晓阳等人致辞祝贺。

12月27日 参加陕西省作协和华商报社共同举办的杨莹作品研讨会，参加者有畅广元、肖云儒、王仲生等陕西省十多位文艺评论家。贾平凹在发言中说："作为一个作家，和街道钉鞋的、卖油条的一样，都是为了生计，但不能老写过上几年没作用的东西，当时针对什么问题可能很有激情的，但时过境迁后，留下的，应该是人性的东西。""杨莹没有故作深沉，也没有油滑的感觉，也没有玩世不恭的文风，也没有刻意写观念，是自在的发展的状态。"

在2007年度"世界读书日"贝塔斯曼书友会举办的"当代读者最喜爱的一百位华语作家"评选活动中，当代大陆作家有10人入榜，他们是王蒙、莫言、王朔、史铁生、王安忆、铁凝、张贤亮、贾平凹、余秋雨、虹影。入榜的古代文人分别是曹雪芹、白居易、韩愈、柳宗元、欧阳修、苏轼和王安石。

本年度获奖作品

《秦腔》获"首届陕西文艺大奖·文学作品奖"。

短篇小说《饺子馆》获"淄矿杯·首届蒲松龄短篇小说奖"。

---

① 冯德华：《"做时代的记录者"——贾平凹长篇小说《高兴》研讨会在西安召开》，http://www.chinawriter.com.cn/bk/2007-12-01/30336.html.

本年度重要研究论文

白浩：《贾平凹诅咒了什么——析〈秦腔〉对乡土神话的还原与告别》，《江汉论坛》2007年第6期。

贾平凹、黄平：《贾平凹与新时期文学三十年》，《南方文坛》2007年第6期。

邱才桢：《想象与寄托之邦——读贾平凹的绘画》，《文艺研究》2007年第2期。

石杰：《没有归宿的旅途——从贾平凹小说创作历程看其精神求索的轨迹》，《河北师范大学学报》2007年第1期。

王光东：《"乡土世界"文学表达的新因素》，《文学评论》2007年第4期。

叶君：《乡土乌托邦的建构与消解——解读文本中的湘西和商州》，《江淮论坛》2007年第6期。

张英伟：《疾病对文学创作的影响——贾平凹与史铁生比较研究》，《首都师范大学学报》2007年第3期。

王鹏程：《由〈秦腔〉获"红楼梦奖"看当下批评的混乱和危机》，《当代文坛》2007年第1期。

二〇〇八年　五十六岁

1月　散文集《五十大话》由人民文学出版社出版。
散文《寻找商州》刊于《收获》第1期。
4月4日　清明，祭扫柳青墓。
4月12日　由西安工业大学和《小说评论》杂志社联合主办的方英文小说《后花园》作品研讨会在西安工业大学举行。贾平凹做书面发言："他（编者注：方英文）形成了独特的文学风格，这得益于中原文化和楚文化融合的生长环境，得益于与生俱来的一种浪漫情怀，得益于他的聪慧的、机智的、幽默的、诡异的叙述方式。在陕西文坛，可以说他是另类的，他的创作现象值得研究，这对于我们有着不同地理环境、不同文化趣味的省份的文学发展，必会产生重要意义。"
5月　与韩鲁华就《高兴》的写作动机等问题进行对谈。《写出底层生存状态下人的本质——关于〈高兴〉的对话》一文刊于《西安建筑科技大学学报》2008年第3期。后收录于韩鲁华主编的《〈高兴〉大评》。贾平凹说："我写的这个主要是在关注整个农民问题，整个社会问题，大量透露的是社会信息，通过这个平台说整个社会的事情。""怎样塑造新式农民形象，官方一般是村支书带领农民致富塑造农民形象，或许那是一个方面，我觉得还有另外的方面，写出来之后，你可以觉得他像堂吉诃德一样，他的理想、追求在城市无法实现，但是他的精神高贵着呢。这种高贵表现出来的东西，只能是让人发笑的、荒唐的，但是又让人心酸的。这就是为啥当时要把他的名字定成高兴，每一个人想适应，而又无奈，自己安慰自己罢了。"
7月17日　散文《野旷天低树　江清月近人》刊于《民族日报》。
7月　散文《有责任活着》刊于《美文》第7期。
8月21日　散文《房子是囚人的》刊于《广州日报》。

9月23日 由贾平凹的同名小说改编的电影《高兴》在北京举办发布会。导演是阿甘,主演为郭涛、冯砾、林雪、海一天等人。

9月30日 散文《学会拒绝》刊于《广州日报》。

10月6日 散文《儿子是父亲的影子》刊于《牛城晚报》。

10月27日 长篇小说《秦腔》获第七届"茅盾文学奖"。得知结果那天,贾平凹说,"那天的天气真的很好,心情也好,给屋子里的佛像烧了香,在父母遗像前烧了香,我就去街上吃了一顿羊肉泡馍。"

10月30日 中共陕西省委书记赵乐际给贾平凹发来贺信,信中说,"《秦腔》此次获奖,是继路遥的《平凡的世界》和陈忠实的《白鹿原》之后,我省作家第三次摘得中国文坛长篇小说的最高奖项。""希望你以此次获奖为契机,自觉遵循先进文化的前进方向,积极投身改革开放和现代化建设的生动实践,充分发挥自己的聪明才智,创作出更多更好的体现时代精神、反映现实生活、展示陕西新形象的作品,为繁荣我省的文学事业、建设文化强省做出新的贡献。"

10月31日 西安市文联召开座谈会,祝贺贾平凹创作的长篇小说《秦腔》获第七届"茅盾文学奖"。西安市委常委、市委宣传部部长周德喜,陕西省作协副主席晓雷等出席座谈会,省、市著名作家和部分文学爱好者参加座谈。

11月2日 第七届茅盾文学奖在乌镇举行颁奖仪式。评委谢有顺宣读《秦腔》授奖词:"贾平凹的写作,既传统又现代,既写实又高远,语言朴拙、憨厚,内心却波澜万丈。他的《秦腔》,以精微的叙事,绵密的细节,成功地仿写了一种日常生活的本真状态,并对变化中的乡土中国所面临的矛盾、迷茫,做了充满赤子情怀的记述和解读。他笔下的喧嚣,藏着哀伤,热闹的背后,是一片寂寥,或许,坚固的东西都烟消云散之后,我们所面对的只能是巨大的沉默。《秦腔》这声喟叹,是当代小说写作的一记重音,也是这个大时代的生动写照。"贾平凹发表了获奖感言:"在我的写作中,《秦腔》是我最想写的一部书,也是我最费心血的一部书。当年动笔写这本书时,我不知道要写的这本书将会是什么命运,但我在家乡的山上和在我父亲的坟头发誓,我要以此书为故乡的过去而立一块纪念的碑子。现在,《秦腔》受到肯定,我为我欣慰,也为故乡欣慰。感谢文学之神的光顾!感谢评委会的厚爱!获奖在创作之路上是过河遇到了桥,是口渴遇到了泉,路是远的,还要往前走。有幸生在中国,有幸中国巨大的变革现实给我提供了文字的想象，作为一个作家，我会更加努力，将根植于大地上敏感而忧患的心生出翅膀飞翔，能够再写出满意的作品。"

贾平凹、蒲荔子：《贾平凹谈〈废都〉之争：写的时候没有想到风险》刊于《南方日报》。

12月5—7日 由陕西省委宣传部和省作协主办的"贾平凹获第七届茅盾文学奖表彰暨陕西省青年创作会议"在西安召开。陕西省副省长郑小明宣读了《陕西省委省政府关于对贾平凹长篇小说〈秦腔〉荣获第七届茅盾文学奖进行表彰的决定》，对贾平凹获得"茅盾文学奖"进行通报和表彰，并奖励人民币10万元。贾平凹宣读了获奖感言："社会如此关注文学，如此关心支持作家，证明文学依然是神圣的，文学并没有边缘化，它让我感到了一种温暖，同时更感到一个作家身上的责任。能获奖，当然是好事，但我清醒地知道，获奖并不是文学的目的，它只是对一部作品的认可和肯定，但这部作品已经写过了，摆在我面前的路还很长很长。说心里话，我还没有写出我想象中的那种境界的作品，我还得再努力，以获奖为新的起点，植根于大地，力争再有收获。"

随着《秦腔》荣获"茅奖"，出版界掀起了《秦腔》出版热潮。自2005年第一次印刷起，到2008年12月，共印刷13次，印数高达299000册。

12月20日 "大学教育与西北大学作家群现象学术研讨会"在西北大学南校区召开。开幕式上，贾平凹发言："一个人对母亲的感情总是深刻的，每个人都认为这世界上最好吃的饭就是母亲做的，而我们这群人对西大都有一种对母亲般的深厚感情。不讳言地说，我是'文化大革命'后首批工农兵学员，但西大的教学环境非常宽松，大学期间我在图书馆泡了几年，切实受到了文学的熏陶。其实大学带给你最重要的财富就是一种氛围，不在乎学啥，你就是一根棍子，也成精了。"

12月30日 由陕西省作协、西安市文联、陕西人民出版社等联合主办的"立足文学 铸就辉煌——贾平凹从《满月儿》到《秦腔》三十年获奖历程展暨新版《贾平凹文集》首发式"在西安建筑科技大学贾平凹文学艺术馆举行。此次展览共展出了贾平凹30余年中创作的长篇小说、中短篇小说集、散文集、书画集、诗集和文论集在内的200余种文学著作和研究贾平凹的专著，以及从《满月儿》到《秦腔》30年来所获68个奖项的证书和奖杯，并配以多幅照片让广大读者了解了贾平凹创作的成长历程和获奖过程。

12月 散文《〈秦腔〉获奖感言》刊于《美文》第12期。

韩鲁华主编的《〈高兴〉大评》由陕西人民出版社出版。

本年度获奖作品

长篇小说《秦腔》获第七届"茅盾文学奖"。

本年度重要研究论文

陈国和：《20世纪90年代以来乡村小说的当代性——以贾平凹、阎连科和陈应松为个案》，《文艺评论》2008年第1期。

贾平凹、蒲荔子：《贾平凹谈〈废都〉之争：写的时候没有想到风险》，《南方日报》2008年11月2日。

李星：《人文批判的深度和语言艺术的境界——评贾平凹长篇小说〈高兴〉》，《南方文坛》2008年第2期。

李剑清：《审视农民生存状态与精神状态的错位——评贾平凹的长篇小说〈高兴〉》，《当代文坛》2008年第1期。

刘保亮：《地域文化视阈下新时期秦地文学的苦难叙事》，《宁夏社会科学》2008年第2期。

刘玮、贾平凹：《〈废都〉带给我灾难和读者》，《新京报》2008年12月12日。

邰科祥：《〈高兴〉与"底层写作"的分野》，《小说评论》2008年第2期。

吴艳：《论贾平凹、林清玄散文的佛理禅蕴》，《当代文坛》2008年第1期。

徐德明：《乡下人进城的一种叙述——论贾平凹的〈高兴〉》，《文学评论》2008年第1期。

张丽丽：《都市里漂泊的乡野的灵魂》，《小说评论》2008年第2期。

二〇〇九年　五十七岁

1月8日　散文《地平线》刊于《老年日报》。

1月17日　在西安图书大厦为新出版的《贾平凹文集》《秦腔》等书签名。

1月　散文《给〈美文〉编辑们的一封信》刊于《美文》第1期。

2月19日　散文《在路上，学着活（一）》刊于《广州日报》。

2月20日　散文《在路上，学着活（二）》刊于《广州日报》。

3月11日　散文《茶杯》刊于《老人报》。

4月29日　和评论家李星到咸阳职业技术学院讲座。贾平凹谈了对当下社会的认识和文学的使命："我们身处在社会就是大水走泥。"做人在任何时候都应该有做人的基本，文学也同样在任何时候都有文学的基本。""在中国古典文学传统里，有天下之说，有铁肩担道义之说，有与天为徒之说，崇尚的是关心社会，忧患现实。在西方现代文学的传统中，强调现代意识。现代意识也就是人类意识，以人为本，考虑的是解决人所面临的困境。所以，关注社会，关怀人生，关心精神是文学最基本的东西，也是文学的大道。"①

5月　散文《官员》刊于《美文》第5期。

孙先科的《〈秦腔〉：在乡土叙事范式之外》刊于《河南师范大学学报》2009年第3期。孙先科认为，《秦腔》在乡土叙事的宏观背景中，在认知方式上以及与这种新的认知相匹配的美学呈现方式上都进行了创新。作品将乡土小说写作中已规范化的认知身份、认知角度进行了"悬置和加括号，中止价值判断与理论预设，最大可能地呈现、还原了乡村

---

① 《贾平凹谈写作》第八讲：《关心精神就是文学的大道》，搜狐网，2017年9月20日。http：//www.sohu.com/a/193262979_727188。

生活的场景"。同时，小说采用疯癫叙事的方式，试图达到不给人先入之见而实现对乡土社会进行还原的目的。这种创新对于当前的"底层写作"讨论具有启示意义。

6月30日　"陕西作家创作研究基地"在西安工业大学设立。由贾平凹、陕西省作家协会党组书记雷涛和西安工业大学领导组成领导小组。

7月22日　散文《文学不应丢失"大道"》刊于《新华日报》。

7月28日　《华商报》以《〈废都〉解禁大变身——贾平凹为它一痛17年》为题做了报道。报道总结这次《废都》再版的"三变一不变"：变化一，"□□□"变"……"；变化二：封面变鲜艳；变化三：价钱"涨了"。不变：内容没变。北京出版社的旧版《废都》和解禁后的《废都》在文字内容上并没有区别，也未做文字的删减，字数和页数基本一致。

贾平凹在接受《华商报》记者采访时说："文学有文学自身的规律，文学有文学的大道理，要坚守文学的品质。作家是社会的观察者，永远要观察这个国家和民族前进的步伐和身影，永远要叙述这个社会的伦理和生活，更要真实地面对现实和自己的内心，尽一个从事作家职业的中国人在这个大时代里的责任和活着的意义。"

7月　长篇小说《废都》被查禁16年后，由作家出版社再版。作家出版社以《贾平凹三部》的形式，将《废都》《浮躁》《秦腔》放在一起同时推出。重新出版的《废都》将原版中的方框改成了省略号，书前加上了李敬泽的《庄之蝶论》、陈晓明的《穿越本土，越过"废都"——贾平凹创作的历史语义学》、谢有顺的《贾平凹小说的叙事伦理》三篇文章作为序言部分。李敬泽说："《废都》重新出版一点也不意外，当年《红楼梦》还是禁书呢！几百年前《红楼梦》出版的时候，人民不能忍受其中一些描写，而现在，却觉得根本没有什么。从《废都》被禁到现在重新出版，这十几年中国发生了非常大的变化，20年前我们不能接受的事物，现在早已习以为常。"

8月8日　《贾平凹三部》合集首发式暨贾平凹文学艺术馆网站开通仪式在贾平凹文学艺术馆举行，西安建筑科技大学校长徐德龙致辞："《贾平凹三部》是贾平凹先生三十多年文学创作、三个年代最有代表性的作品。这三部作品出版，可说是对平凹老师三十多年的文学创作做了一次艺术经典性的检视。尤其是《废都》重新正式出版，既说明这部作品的艺术魅力和思想价值，不仅没有因为时间的流逝而减弱，反而在不断地被发现，被丰富，而且昭示着我们的文化思想、我们的国家民族、我们的社会时代，更加开放、更加进步、更加自信、更加强健，也更为睿智！"

《废都》解禁后，供不应求。据8月7日《华商报》报载：新版《废都》7月底上架以来，便跃上了各大书店的畅销书榜，各大网站均做了"《废都》解禁"专题。再版之后，贾平凹送给田珍颖一套书，写着"田珍颖责编、老师、大姐：十七年前为此书，您倾注了心血，也受到了委屈，成为我们心中的一个痛。十七年后解禁再版，最想告知最要感念的是您。十七年岁月过去，往后的日子，盼您健康快乐。不管怎样，我们干了一件事。"①

8月 散文《镇巴行》刊于《求是》第16期。

9月 《当下社会的文学立场——在咸阳的一次文学讲座》刊于《美文》第9期。

10月 散文《从棣花到西安》刊于《人民文学》第10期。

11月13日 散文《学会拒绝》刊于《甘肃日报》。

11月 长篇小说《古炉》在《当代》第6期上连载。

散文《钱语录》刊于《美文》第11期。

贾平凹、李星访谈录：《关于一个村子的故事和人物——长篇小说〈古炉〉的问答》刊于《西安日报》11月28日。

散文《文学的大道》刊于《文学界》2010年第1期。

12月29日 陕西省文艺创作座谈会在西安举行。大会表彰奖励在第十一届精神文明建设"五个一工程"和第二届"陕西文艺大奖"评选中获奖的作品、单位和个人，通报本年度重大文化精品项目和重点文艺创作资助项目。贾平凹的长篇小说《高兴》、红柯的长篇小说《乌尔禾》等10部作品获第二届"陕西文艺大奖"。

本年度获奖作品

长篇小说《高兴》获第二届"陕西文艺大奖"。

---

① 魏华莹：《田珍颖口述：我与〈废都〉》，《文艺争鸣》2016年第4期。

本年度重要研究论文

房利芳：《论贾平凹小说对传统文化的继承》，《贵州民族研究》2009年第1期。

孙先科：《〈秦腔〉：在乡土叙事范式之外》，《河南师范大学学报》2009年第3期。

张丽军：《新世纪乡土中国现代性裂变的审美镜像——读贾平凹的〈秦腔〉与〈高兴〉》，《文艺争鸣》2009年第2期。

谢有顺：《贾平凹小说的叙事伦理》，《西安建筑科技大学学报》2009年第4期。

周燕芬：《贾平凹与三十年当代文学的构成关系》，《当代作家评论》2009年第5期。

宋洁：《贾平凹与民间文化》，《当代文坛》2009年第4期。

孟繁华：《评贾平凹散文集〈大翮扶风〉》，《文艺争鸣》2009年第6期。

二〇一〇年　五十八岁

2月　散文《"儒"这个字》刊于《美文》第2期。

3月22日　散文《太阳路》刊于《四平日报》。

5月10日　散文《我们互为彼此的影子》刊于《安徽青年报》。

6月22日　散文《从棣花到西安》刊于《淮北晨刊》。

6月24日　散文《向鱼问水》刊于《兰州日报》。

7月14日　散文《从棣花到西安》刊于《甘肃日报》。

7月26日　散文《阅历与情感》刊于《解放日报》。

8月3日　散文《说奉承》刊于《广州日报》。

8月5日　散文《通渭人家》刊于《民族日报》。

8月26日　散文《一块土地》刊于《南方周末》。

8月30日　散文《毕竟还是珍珠》刊于《文汇报》。

9月1日　散文《〈古炉〉后记》刊于《晶报》。

9月2日　散文《走了几个城镇》刊于《淮北晨刊》。

9月7日　散文《太阳路》刊于《广州日报》。

9月14日　散文《忘掉自己是病人》刊于《广州日报》。

9月21日　散文《自负的人》刊于《中国青年报》。

散文《走了几个城镇》刊于《美文》第9期。

10月16日　位于西安市大唐芙蓉园的曲江贾平凹馆开馆。

10月21日　散文《写给母亲》刊于《淮北晨刊》。

10月29日　散文《看人》刊于《今晚报》。

小说集《饺子馆》由新华出版社再版。

散文《文学的大道》刊于《文学界》2010年第1期。

散文《〈古炉〉后记》刊于《东吴学术》创刊号。

11月19日　散文《一块土地》获"2010年度人民文学奖"。

11月20日 四川省委宣传部和四川省文化厅举办"祝贺魏明伦从事文艺六十年"活动,贾平凹赴成都祝贺,为魏明伦题字:"大笔担当"。

11月27日 散文《说奉承》刊于《丹阳日报》。

11月28日 贾平凹、李星对话录《关于一个村子的故事和人物——长篇小说〈古炉〉的问答》刊于11月28日的《西安日报》。贾平凹谈了《古炉》的写作动机和写作方式、目的:"《古炉》的内容我一直想写,但一直没有动笔,原因是十多年来写了许多长篇,都是现实题材,写起来停不下,更重要的是对于'文化大革命'的认识在沉淀,如何写还琢磨不透。当《高兴》一书写完后,想对现实题材放一放,才考虑了《古炉》。这本书在心中酝酿太久,是自信我能写出我的经见和认识,至于写出来能否得到认可,我还吃不准,因为对于'文化大革命'可能各人有各人的解读。但我觉得我一定要写出来,似乎有一种使命感,即便写出来不出版,也要写出来。'文化大革命'离得越来越远了,再过几年,经历的人更少了,对于人类的这个大事件,应该有人正面来写的吧。""在写《高兴》前我回商洛采访了许多当事人,又花了三天在档案馆翻阅'文化大革命'中商洛武斗的史料。当然,更多的材料还是来自自己的记忆,以我老家的村子发生的事来构思的","我想告诉读者,我们曾经那样走过,告诉读者人需要富裕、自在、文明、尊严地活着"。

散文《钱语录》刊于《美文》第11期。

11月29日 散文《回忆我的母亲》刊于《安徽青年报》。

11月 长篇小说《古炉》在《当代》第6期上连载。共连载两期,至2011年第1期结束。《古炉》的故事发生在陕西一个叫"古炉"的村子里,这本是一个偏远、封闭、保持着传统风韵的地方,但是这份宁静却从1965年冬天开始动荡了。古炉村里的几乎所有人,在各种因素的催化下,被迫卷入一场声势浩大的运动之中。一个山水清明的宁静村落,在"政治"虚幻又具体的利益中,演变成一个充满了猜忌、对抗、大打出手的人文精神的废墟。贾平凹用真实的生活细节和浑然一体的陕西风情,把当时中国基层"文化大革命"的历史轨迹展示在我们面前,是作家对那个时代中国农村的生动写照。《古炉》是贾平凹目前为止最长的长篇小说,计64万字。此书写作时间历时4年,之所以起名为《古炉》,贾平凹自有其用意:"古炉就是中国的内涵在里头。中国这个英语词,以前在外国人眼里叫做瓷,与其说写这个古炉的村子,实际上想的是中国的事情，写中国的事情，因为瓷暗示的就是中国。而且把那个山叫做中山，也都是从中国这个角度整体出发进行思考的。写的是古炉，其实眼光想的都是整个中国的情况，写'文化大革命'这一段，实际写中国人的生活状态。"《古炉》意在"反思'文化大革命'。"在《古炉·后记》中，贾平凹说："'文化大革命'结束了，不管怎样，也不管作什么评价，正如任何一个人类历史的巨大灾难无不是以历史的进步而补偿的一样，没有'文化大革命'就没有中国人思想上的裂变，没有'文化大革命'就不可能有以后的整个社会转型的改革。而问题是，曾经的一段时期，似乎大家都是'文化大革命'的批判者，好像谁也没了责任。是呀，责任是谁呢，寻不到能千刀万剐的责任人，只留下了一个恶的代名词：'文化大革命'。但我常常想：在中国，以后还会不会再出现类似'文化大革命'那样的事呢？说这样的话别人会以为矫情了吧？可这是真的，如我受过了5·12地震波及的恐惧后，至今午休时不时就觉得床动，立即惊醒，心跳不已。"①

12月19日　参加由陕西省作家协会、作家出版社、华商报社联合主办的作家安黎的长篇小说《时间的面孔》研讨会。贾平凹评价道："他的作品，不轻浮，不油滑，不俗气，而且也不土气。""你能感受到作品里弥漫着一种痛感。这种痛感，是底层人的那种痛感，是底层人那种生命的痛感，这一点，我觉得看他这本书时对我自己也很有启发。"

12月　贾平凹走访了甘肃定西地区。据此他写出了长篇纪实散文《定西笔记》。贾平凹坚持走访数十个村庄，不打招呼，不让接待，直接走到真正的底层中去，始终保持了对生活的"鲜活感觉"。"《定西笔记》中记叙乡间诸事，吃喝居住、山梁风物，营生希望、信仰惆怅，无不印证着社会学家概括的'乡土中国'的底色，从血缘到地缘再到精神，作家与笔下的人物成为'在相同方向和意向上纯粹相互作用和支配的精神共同体'。"②

---

① 贾平凹：《〈古炉〉后记》，《东吴学术》2010年第1期。
② 张联：《趋向本真：从〈定西笔记〉看贾平凹长篇散文的执著追求》，《当代作家评论》2012年第1期。

本年度获奖作品

获首届中国秦岭生态旅游节"金丝峡"杯征文大赛特别奖。
散文《一块土地》获"2010 年度人民文学奖"。

本年度重要研究论文

郭萌、赵学勇:《试论陕西当代小说创作的地域文化特色》,《山西大学学报》2010 年第 2 期。

黄平:《贾平凹与 80 年代"改革文学"——重读贾平凹"改革三部曲"》,《渤海大学学报》2010 年第 2 期。

侯业智:《路遥与贾平凹创作心理之比较》,《安康学院学报》2010 年第 6 期。

韩蕊:《从贾平凹三部曲看作家的悲剧情结》,《西安建筑科技大学学报》2010 年第 1 期。

唐晴川:《从贾平凹的〈高兴〉看底层文学写作》,《当代文坛》2010 年第 4 期。

孙新峰:《三个人的文学风景——路遥、陈忠实、贾平凹三作家的文化符号学意义》,《当代文坛》2010 年第 4 期。

二〇一一年　五十九岁

1月6日　散文《一块土地》刊于《甘肃日报》。

1月9日　中国人民大学文学院、中国人民大学文艺思潮研究所主办的贾平凹长篇小说《古炉》研讨会在中国人民大学文学院举行。中国人民大学党委副书记马俊杰，中国人民大学文学院院长孙郁，文学院程光炜教授、姚丹副教授、杨庆祥博士及来自中国人民大学、北京大学等高校的学生100多人参加了研讨会。会议由作家阎连科主持。马俊杰代表学校向贾平凹赠送了人大校徽。与会者高度评价了贾平凹在文学创作上取得的新成就，肯定了其倾心打造的新作《古炉》的文学价值与突破性意义。贾平凹结合自己的创作体验与大家进行了互动。他谈到，"文化大革命"是他一段刻骨铭心的记忆，但是50多年后，他对"文化大革命"有了全新的认识。书中大量写到人与人的仇恨，"文化大革命"是人性恶的一种总爆发。贾平凹还谈到，为确保人物的鲜活生动，他不想把故事性写得太强，写作时总是尽量去呈现生活，写大量的细节。在历史价值评判上，他认为自己不太喜欢在文学中作历史判断，主要致力于呈现人物的实际生活状态，从而把道德价值评判隐含其中。

1月13日　贾平凹文化艺术研究院成立盛典暨《古炉》首发式在西安曲江惠宾苑宾馆隆重举行。贾平凹在致辞中说："我在文坛上是有三十多年了，三十多年里，虽然不敢懈怠，一直在努力，但我的进步并不大，作品相对来说已不少，而自己满意的并不多。""我曾说过，我在五十多岁后，好像才稍微懂得一些创作上的事，基本上还可以心里怎么想，手下怎么写了，但年龄却大了，精力和激情在衰退了。我常感慨，我初上文坛时，自己的基础太差，文学土壤贫瘠，只能是一步步学习、研究、实践，比如，看国内一些影视，很少感动，可看了一些外国碟片，一些文艺片中的人和人性的东西很震撼人，比起咱们的影视，咱们就缺少那些令人震撼的东西。文学也是如此,总是缺这种缺那种,为什么不震撼人,为什么不追求呢?能力是一回事,但意识必须有呀!可我就想,为什么自己的这种意识来得这么晚呢?我想,文学是有个标杆问题,县上有县上标杆,省上有省上标杆,中国有中国标杆,世界有世界标杆,我们长久以来的标杆定得太低,以至于自我满足,以为自己多么能行,原来是那么幼稚可笑,而在低的标杆下还你扑我抢,争风吃醋,是多么无聊。但是,这种意识实在是觉悟太晚。正是基于这点,别人要办研究我的组织,或办文学馆之类,我开始都是反对的,我害怕我承担不起,我觉得我没有什么可研究的,便对他们说,如果你有价值,后人会研究的,你没价值,现在研究你,过后人会耻笑的。但是,世上好多事情不是以个人意愿可掌控的,办研究院和文学馆,大家又都是一片好意,我是不好一再反对的。其实我反对也没作用。我也知道,办研究院和文学馆,那是非常难的事情,他们要花精力、时间、心血,这是复杂而又细致的工作,我有时觉得对不住他们。"①

贾平凹文化艺术研究院是国内唯一研究贾平凹文化艺术成就的专业学术机构。主要研究贾平凹在小说、散文、诗歌、书画、收藏等方面的艺术成就,并广泛开展国内外学术交流活动。著名评论家李星担任会长,目前拥有研究专家200余名。

1月14日 散文《回忆我的母亲》刊于《今晚报》。

1月18日 长篇小说《古炉》(选载)开始连载于《渤海早报》。

1月19日 访谈录《关于一个村子的故事和人物——长篇小说〈古炉〉的问答》刊于《晶报》。

1月26日 长篇小说《古炉》开始连载于《新闻晚报》。

1月29日 散文《我与商洛》刊于《商洛日报》。

1月 《古炉》单行本由人民文学出版社出版。

《贾平凹、韩鲁华:一种历史生命记忆的日常生活还原叙事——关于〈古炉〉的对话》刊于《西安建筑科技大学学报》2011年第1期。

2月8日 散文《不能让狗说人话》刊于《新民晚报》。

2月23日 长篇小说《古炉》(节选)刊于《光明日报》。

2月28日 散文《树佛》刊于《安徽青年报》。

---

① 相关内容参见《贾平凹文化艺术研究院成立》,《西安晚报》2011年1月14日。

2月 长篇小说《古炉》连载于《深圳晚报》。

3月15日 "国际消费者权益日",贾平凹、刘心武、阎连科、麦家等50人联名发表《"3·15"中国作家讨百度书》,对百度网站在不经授权的情况下,向公众随意免费提供文档作品下载服务,对中国原创文学造成伤害一事进行"讨伐"。贾平凹向媒体透露:"他们不付费,从来连招呼也不打,这种做法太不尊重作家的劳动了。所以,这次有几个作家朋友让我参与这次联名'讨伐'百度文库的行动,我非常乐意。""尊重作家的劳动,这应该是社会公德嘛!现在百度删文了,这也算有些成效了。具体以后要怎么办,我们是有代表的,他们会处理","我对网上的文学是赞赏的,当然有些芜杂,但其中优秀的确实是好。现在有才华的人太多了,他们的思维、想象、文字感觉真好。网络文学、数字出版、手机阅读等新兴媒体对传统文学已产生了很大影响,可以想见,一切还都在变,在发展,冲击更大,以后传统的出版也只是一个方面了。这个时代,开车、摄影、写作,人人都可为之,但专门的司机、摄影家、作家依然也在,也逼着他们更专业。将来可能在这些行里只有事业没有职业了"。[①]

《"3·15"中国作家讨百度书》由作家慕容雪村执笔,全文近3000字,文中写道:"由于读者的支持,作家才能得以生存,并提供有价值的读物。但百度并非像它宣称的免费分享是出于单纯为读者考虑的目的,它只是利用读者来增加其自身的影响力,它的股价会涨,它的获利更多……我们蔑视这种所谓的'免费分享',因为它只是个卑鄙的借口,它伤害的是我们每个人,每个作者和每个读者,这不公平。"

4月14日 贾平凹接受凤凰卫视《名人面对面》的寻访,谈有关《古炉》的创作思想。记者问:"《古炉》为何要选择从一群生活在农村的、最平实的农民的角度去写?"贾平凹回答:"'文化大革命'不是从基层爆发的,它是从上层引发起来的,但为什么这个火很快就能在全国烧起来?基层到底是怎么回事?中国社会土壤是个什么样子?所以从这个角度写,我觉得更能从人性方面反映当时的中国最基层的一些情况。再一个是因为我熟悉农村生活。"

[①] 《贾平凹答人民日报记者问:"老革命遇到了新问题"》,人民网,2011年4月6日,http://culture.people.com.cn/GB/87423/14316960.html。

记者问："当时的社会土壤里到底有些什么元素导致了'文化大革命'的爆发？"贾平凹回答："在我的认识里，一个是极度贫困，再一个是农村基层积怨太多，然后是人性里有恶的有善的东西，恶的东西平常被遏制了，'文化大革命'这种机会到来以后，它集中爆发了。这就是'文化大革命'当时能迅速蔓延的原因。它在上层是一种政治斗争、路线斗争，但一旦到基层，它没有这些政治和路线，在一个山区、农村能有多少深仇大恨，就是些日常生活中鸡毛蒜皮的家长里短、是是非非，平常积攒的小毛病，在那个时候都借着运动爆发。而且新中国成立以后运动也特别多，国人习惯于运动了，实际上每个人也必须运动着。所以在'文化大革命'这种大的群众运动来了以后，大家有惯性，很容易就落进去。一开始的时候，大家兴奋得不行，对于年轻人来说它仿佛是一种节日的狂欢。当时我年纪小，初中一年级吧，整天精力旺盛，不吃不睡整天跑。"①

散文《辞宴书》刊于《甘肃日报》。

5月9日 散文《写给母亲》刊于《安徽青年报》。

5月11日 散文《成名之后》刊于《广州日报》。

5月15日 陕西省散文学会成立，陕西省社科院研究员陈长吟当选为会长，和谷、邢小利、周养俊、刘炜评、忤埂、穆涛、祁玉江、刘云为副会长。贾平凹为名誉会长，王蓬、朱鸿为名誉副会长，周明、王宗仁、杨尚勤、雷涛、肖云儒为学会顾问。贾平凹在会上发言，谈论了他对于当代散文的认识："散文不同于小说，小说家两三年不写就会被人遗忘，散文家几十年不写，人们同样记得你是写散文的。小说是有革命性的变化，需要不断吸收外来新的东西。而散文是纯粹中国化的东西，其理论、观念几十年不动弹。这恐怕就是它的特点。"

5月19日 散文《儿女的生命是属于儿女的》刊于《广州日报》。

5月26日 散文《辞宴书》刊于《洛阳日报》。

5月 王辙著《一部奇书的命运——贾平凹〈废都〉沉浮》由花山文艺出版社出版。本书作者以第一手资料真实地记述了《废都》从出版、畅销、争鸣、获奖、被禁到开禁、再版的全过程，揭示了转型时期中国当代文学的发展历程，不乏有关文学创作和出版的思考和感悟，是一部

---

① 《凤凰卫视"名人面对面"专访贾平凹》，《西安晚报》2011年6月7日。

研究贾平凹以及当代文学史的独特文本。

6月1日 长篇小说《古炉》读者见面会在长春国际会展中心举行。

6月2日 由陕西省委宣传部、人民文学出版社、陕西省作协联合举办的"《古炉》研讨会"在北京中国现代文学馆举行。

著名作家、中国出版集团总裁聂震宁认为《古炉》是不可多得的"宏大历史叙事中的乡村文本",是"用一种见微知著的方式进行历史文化反思",有着"天然大美意境的作品"。李敬泽说:"放在整个当代文学,特别是三十年文学关于'文化大革命'表现的书写谱系中,《古炉》是很强大的、很独特的。《古炉》的写法,是他在量子力学的水平上做出的宏大叙事。"孙郁认为,过去贾平凹小说里也写到一些鬼怪、图腾等乡村的东西,多少还有点做作,但"《古炉》则非常成熟了,这是《聊斋志异》之后中国人写现象和鬼神之间,写人的希望,写人的梦想和苦难之间,找到新的审美的表达方式"。从鲁迅的"未庄"到贾平凹的"古炉村"的变化"有一个宿命","维系乡村人内心的文化因子慢慢都消失了,他写到问题的残酷,所以是一部大的忧患之书,让人看完感到心灵的震撼。"雷达认为,我们原先以为的"文化大革命"的血腥、暴力、残酷都没有,而是"非常平凡的"。"这部小说不是靠情节、靠故事,也不是靠大起大落的架构,而以人物、细节、场景为主要,特别是场景,看起来非常有序、有趣、令人感动。"贺绍俊认为《古炉》是一次富有挑战性的写作。首先,是对小说叙事的挑战,是"非常日常性的、非常碎片性的叙事,这从《秦腔》就开始了,《古炉》走得更加彻底"。其次,"是对'文化大革命'思维的挑战。他要摆脱好像我们已经被公共化的'文化大革命'叙事的模式。"最后,它也是对当今阅读习惯的挑战。南帆在发言中说:"细节的洪流把我们给淹没了",这个细节"完全是一种更为自在、更自由、更散漫、更纷杂的细节,它有很强大的传统,又摆脱了我们现有的为了一个故事的结局而读小说的叙事习惯"。陈晓明认为:《古炉》是"落地的叙述,落地的文本","其叙述之微观具体,琐碎细致,分子式的叙述,甚至让人想到物理学的微观世界,几乎可以说是汉语小说写作的微观叙述的杰作"。李星认为,《古炉》写出了"对'文化大革命'的反思",体现的是"作者对乡土中国的文化与伦理恒常的哲学感悟",从而"带来了他长篇小说叙事的革命性变化:如结构与人物关系的近乎原生态的自然生活逻辑流程,语言与叙述的散文化、意象化;对神韵、意境的诗化追求；重精神重情感气韵，抽象而丰富的人物意象，代替设计目的明确的典型环境、典型冲突下的典型性格"。白烨认为，《古炉》主要的贡献是写了狗尿苔这个人物："我觉得在阿Q之后，人物形象上能够跟他比较接近的很少。这个人物可以拿来作为指认这个时代的符号。"中国作协创联部副主任何向阳认为，《古炉》"在文本上是向《红楼梦》致敬的作品，它的叙事，其意义还不仅是物质世界的现实复原这个层面，还是贾平凹式的对乡村人的独特审美方式的构建"。韩鲁华认为《古炉》是贾平凹迄今最好的小说，"是中国目前有关'文化大革命'这类题材创作中最独到、最激励、最人性、最有人类意识的一部作品，也是与中外经典大作有着文学本质、文学精神相通的作品"，"就'文化大革命'叙事而言，别人是把生活当政治去写，他是把政治当生活去写"。王春林认为《古炉》在"在书写'文化大革命'的同时，把笔触伸向了人性"。吴义勤认为《古炉》首先在"传统小说描写的能力"方面发挥到了极致，其次是"叙事的能力，以没有情节的叙事来推进小说，这种叙事的耐心以及从耐心体现出的自信和能力在当代作家中少有"。

贾平凹最后发言说："人的一生确实干不了一两件事情，有时候一生干一件事情也干不好。在文坛上自己也几十年了，从自己十几岁进入文坛，到现在已经是老头子了还在这里面。自己又不甘心从文坛上淘汰掉，正是想把自己作品写的有一点突破，但是突破又特别难，要想很多办法，《古炉》出来以后我接到好多外界的电话，为这种写法感到特别有意思。""从《废都》一直到《高老庄》，一直到《秦腔》、《高兴》、《古炉》，目前的这种写法也是经过几十年的探讨。就像运动员每次破纪录都是破0.1，但是咱们确实要突破0.1特别难。人是很悲观的动物，人生也是很悲观。《古炉》出来以后有半年时间，因为当时写《秦腔》以后很放松，在写《古炉》的时候也不知道符合不符合要求，但是出版以后看到社会的反响自己稍微感到欣喜。""我就是把作品按照自己的要求写，作家某种程度是为自己写。在座好多评论家从我二十多岁就关心我、支持我一直到现在。希望以后大家还继续关心我的创作，自己精力虽然不如前几年，但是写作的欲望还没有熄灭，还有好多东西要写。"[①]

[①] 详见中国作家网：贾平凹长篇小说《古炉》研讨会，中国作家网。http://www.chinawriter.com.cn/z/gulu/index.shtml。

中共陕西省委宣传部文艺处齐雅丽、陕西省作协王芳闻、文艺报阎晶明、西安建筑科技大学储兆文、中国作协创联部彭学明、复旦大学栾梅健、北京大学邵燕君、北京师范大学蒋原伦、中国作协创联部牛玉、中国艺术研究院李云雷、陕西作协创联部王晓渭、光明日报朱晖、人民日报文艺部王必胜、人民文学出版社编辑孔令燕等人参加了会议并发言。研讨会持续近四个小时，全程由新浪微博和腾讯微博进行直播，在线的很多读者都通过微博参与了"网络研讨"。

6月16日 散文《如莲的喜悦》刊于《科学时报》。

6月19日 参加西安建筑科技大学文学院与贾平凹文学艺术馆联合召开的"贾平凹《古炉》作品研讨会"。

7月22日 散文《期待〈米脂婆姨绥德汉〉走向经典》刊于《光明日报》。

7月31日 散文《说话与说道》刊于《羊城晚报》。

7月 散文选集《天气》由作家出版社出版。

散文集《定西笔记》由人民文学出版社出版。

8月12日 散文《说话》刊于《今晚报》。

8月19日 散文《天气》刊于《开封日报》。

8月31日 散文《辞宴书》刊于《老年日报》。

9月23日 散文《前后半生，我们互为彼此的影子》刊于《今晚报》。

10月14日 散文《儿女的生命是属于儿女的》刊于《今晚报》。

10月21日 参加首届"施耐庵文学奖"颁奖典礼。著名作家陈建功、范小青、阎连科、董启章、宁肯、池莉等参加典礼。贾平凹的《古炉》、阎连科的《我与父辈》、董启章的《天工开物·栩栩如真》、宁肯的《天·藏》4部作品获得"首届施耐庵文学奖"。贾平凹在致谢词中说："当我在二十多岁的时候，对文学充满了兴趣和幻想。而这种个人的兴趣和幻想，随着年龄阅历的增长，逐渐意识到了写作是职业、也是事业的社会责任感和使命感。""在我十多年间放下拾起、拾起放下的过程中，始终伴随着犹豫、怀疑和恐惧。""这个时代确实是伟大的时代，全中国都企盼着伟大时代里的伟大文学，我国更多的作家们摇着波涛闪着浪花弄出些海潮的喧嚣，让那些鼎钟去大鸣吧。鼎钟大鸣会将一切喧嚣覆盖。我就是这样消除了自尊和自卑，从此去默默地做我力所能及的工作。是一株麦子就不指望去结玉米棒子，而力争把麦穗结好。那么，坚持，坚持着自己，就成了我十多年间写作的唯一信念。有句外国的谚语说，吻过了无数的青蛙才能吻到王子。我可能永远无法吻到王子，但无数的青蛙吻过，构成了我写作的经历和价值。"

10月29日 散文《读范炳南先生的书画》刊于《美术报》。

散文《向鱼问水》刊于《柴达木日报》。

11月6日 散文《伯乐不是遇，是要寻的》刊于《新快报》。

11月11日 散文《我们互为彼此的影子》刊于《作家文摘报》。

11月12—14日 常熟理工学院举办"贾平凹、王安忆的长篇新作《古炉》、《天香》学术研讨会"。此次研讨会，由复旦大学中国文学创作与批评研究中心、常熟理工学院、当代作家评论杂志社主办。贾平凹、王安忆及陈思和、丁晓原、王尧、季进、张学昕、栾梅健、宋炳辉、汪政、徐德明、王侃、林建法、金理等20多位评论家出席，评论家们深入探讨了这两部长篇小说的创作特色与价值。陈思和认为，贾平凹在《古炉》这部小说的创作中达到了一种通天地的境界。"好的作品必然是作家生命气象的浑然天成，在泥沙俱下的'藏污纳垢'中获得极致的艺术张力，《古炉》在小说叙事和人物塑造上几乎达到了随心所欲、自由圆融的境地"。王尧认为，"贾平凹在《古炉》中描绘的中国底层乡村在'文化大革命'时期的人间百态，完美地诠释了古炉村之于整个中国的象征寓意"。张学昕认为，"作家觉察到乡村的裂变，以'文化大革命'为背景书写一代人、一段历史、一个民族的命运，宛如一面镜子，映照出道德崩坏的当下。"贾平凹发表了对《天香》的看法，他认为王安忆的文字有一种高贵的气质，空间感很大。他觉得王安忆已经到达了自由的创作阶段，足以单纯地为自己、为中国文学而写，这也是《天香》问世的动机。

11月18日 散文《藏者》刊于《今晚报》。

11月23日 散文《藏者》刊于《中国剪报》。

11月25日 中国作家协会第八次全国代表大会闭幕。陈忠实连任中国作协副主席，贾平凹为主席团委员。

11月29日 散文《不能让狗说人话》刊于《广州日报》。

12月21日 "《当代》长篇小说年度论坛"在北京举行，经过网上评选和专家媒体的现场评选，贾平凹的《古炉》、格非的《春尽江南》、刘慈欣的《三体Ⅲ：死神永生》、王安忆的《天香》、严歌苓的《陆犯焉识》获得"长篇小说（2011）年度五佳"奖。在这五部作品中，又评选出"长篇小说（2011）年度最佳"奖，贾平凹的《古炉》以绝对优势当选。

12 月 25 日　散文《说铜仁》刊于《铜仁日报》。

散文《藏者》刊于《广州日报》。

12 月 29 日　陕西省文艺评论家协会、《小说评论》编辑部在西安联合举行"纪念笔耕组成立三十周年座谈会"。原笔耕组成员及评论家肖云儒、李星、畅广元、费秉勋等以及作家陈忠实、贾平凹、叶广芩、红柯等参加了座谈会。"笔耕"文学研究小组成立于1981年，由时任陕西省作协党组书记的胡采提议成立，是全国最早成立的文学批评家团体。小组成员主要来自《延河》杂志的文学评论组。"笔耕组"在全国文艺批评界产生较大影响，得到时任中宣部副部长贺敬之的高度评价。

本年度获奖作品

长篇小说《古炉》获得《当代》"长篇小说（2011）年度五佳奖"。

长篇小说《古炉》获得"《当代》长篇小说年度最佳奖"。

长篇小说《古炉》获得"第二届中国图书势力榜之年度十本好书奖"。

长篇小说《古炉》获得"施耐庵文学奖"。

本年度重要研究论文

傅异星：《在传统中浸润与挣扎——论贾平凹的小说》，《文学评论》2011 年第 1 期。

郭萌、赵学勇：《地理的空间与文学的意象——以贾平凹小说创作为例》，《人文地理》2011 年第 2 期。

黄平：《无字的墓碑：乡土叙事的"形式"与"历史"——细读〈秦腔〉》，《南方文坛》2011 年第 1 期。

李震、翟传鹏：《论〈古炉〉的叙事艺术》，《小说评论》2011 年第 3 期。

梁颖：《"寻找属于自己的句子"——现实主义与路遥、陈忠实、贾平凹的文学创作》，《陕西师范大学学报》2011年第1期。

刘一秀：《赓续传统：现实主义的成长叙事——再论贾平凹的〈浮躁〉》，《学术界》2011年第5期。

杨庆祥、杨晓帆、陈华积：《历史书写的困境和可能——〈古炉〉三人谈》，《文艺争鸣》2011年第7期。

张川平：《徘徊在神妖之间——论贾平凹小说的两性关系模式及女性形象变迁》，《河北师范大学学报》2011年第2期。

赵学勇、王鹏：《欲望的纵情与狂欢——贾平凹20世纪90年代以来的欲望叙事》，《兰州大学学报》2011年第3期。

赵德利：《地域文化分异与文学精神整合——论陕西文学的苦质精神》，《文艺理论与批评》2011年第3期。

二〇一二年　六十岁

1月8日　在西安威斯汀酒店举办"首届华夏精神家园论坛"暨贾平凹同名小说《秦腔》影视项目启动仪式。《秦腔》影视剧由张纪中任导演，著名剧作家芦苇做编剧。

1月20日　散文《今年是龙年》刊于《光明日报》。

1月　中短篇小说集《美穴地》由作家出版社出版。

2月7日　散文《今年是龙年》刊于《作家文摘报》。

2月14日　散文《从嫩芽状到树的模样》刊于《商洛日报》。

2月16日　散文《今年是龙年》刊于《广州日报》。

2月17日　散文《怀念路遥》刊于《东营日报》。

2月20日　散文《从棣花到西安》刊于《中国科学报》。

2月　散文集《天气》由作家出版社出版。这是由贾平凹自己编辑的一部散文集，收录了贾平凹近4年来创作的34篇散文。之前，贾平凹对有些出版社出版的作品集不太满意，在《给责编的信》一文中说："虽然拒绝了许多出版社给我出散文选集的要求，但仍因种种原因推辞不了，出了几本，仍都是有几篇新作而大部分还是旧作。这种情况真的让我不满意，发誓再不允许任何人去编，一定要等新作的篇目达到应有的数字了，自己亲手去编。"散文集《天气》是一部贾平凹自认为"少激情"、"缺技法"、"淡抒情和优美"的"朴素型散文"集。在序言中他比较了小说和散文两种表达方式的不同："小说可能藏拙，散文却会暴露一切，包括作者的世界观、文学观、思维定式和文字的综合修养。我以前研读别人的小说，总要读他小说之外的文章，希望从中寻到一些关于他的规律性东西。"又说，"以现在的年龄，如果让我评估我的散文，虽不悔其少作，但我满意我中年以后的作品。年轻时好冲动，又唯美，见什么都想写，又讲究技法，而年龄大了，阅历多了，激情是少了，但所写的都是自己在现实生活中真正体悟的东西，它没有了那么多的抒情和优美，它拉拉杂杂，混混沌沌，有话则长，无话则止，看似全没技法，而骨子里还是蛮有尽数的。"《天气》出版后，《人民日报》登载过胡竹峰的一篇评论，题为《铜绿斑斑，大象缓步》。文章写道："《天气》所录者，叙事写情谈理，没有花架子，点到为止，如镜照人，其形态自现，又如古琴之音，缓缓而发……贾平凹下笔成文，长短自有定数，不求奇巧精工，但奇巧精工自来。"①

3月7日 散文《藏者》刊于《淮北晨刊》。

3月23日 散文《朋友多多益善》刊于《宝鸡日报》。

3月24日 散文《不写正经东西》刊于《新商报》。

3月30日 散文《好读书》刊于《陇南日报》。

4月26日 散文《泉》刊于《广州日报》。

4月27日 散文《西安小吃小识录》刊于《南阳日报》。

5月7日 在《在延安文艺座谈会上的讲话》发表七十周年之际，贾平凹接受《陕西日报》记者采访，对自己的创作道路做简要的回顾和思考："现在回想这几十年，实际上一进入文坛受的教育就是毛泽东《在延安文艺座谈会上的讲话》，几乎年年都在学习。我感觉我当年文学创作的基点比较低。因为当时整个的社会文学创作土壤比较贫瘠，而且西方文学那时还没完全进入到中国。所以说整个的文学氛围不是很浓，整体创作水平不高，我就是在这一基础上起根发苗的，所以说存在先天不足、营养不良的情况。这几十年一路走来，之所以还没有被淘汰，还在继续写作，得益于我经常讲的两句话：一个要和现实生活保持一种鲜活的关系。你起码要了解这个社会，和这个社会保持一种特别新鲜的关系、鲜活的关系；再一个你在写作过程中，一定要不停地寻找突破点，或者是常有新的一些东西出来。我现在是六十岁的人，基本上是和人家二十多岁的娃在一块写哩，文坛淘汰率特别残酷。所以说你只有把握住这两点，这样你才能写得更多一点，写得更好一点。我这几十年来就是这样过来的。坚持和生活保持一种鲜活态度的想法，严格讲也是受'5·23讲话'教育的结果。因为'5·23讲话'是在当时的特殊环境下毛主席对文艺方面做的一些论述，它有当时的历史状况，到现在几十年过去，社会发生

---

① 胡竹峰：《铜绿斑斑，大象缓步》，《人民日报》2011年9月13日。

了变化以后，好多地方不一定说很适合现状。但有一点没变：作品一定要想到是给谁写的——是给人民写的。一定要到生活中去，为人民而创作。我这一代作家都是五十岁以上的作家，社会责任感、忧患意识，我觉得比年轻人要强。我们从小就是受这种比较传统教育的作家，中国文人就是天下为责，为时代、为社会立言。"①

5月14日 散文《写给母亲》刊于《中国剪报》。

6月26日 散文《秃顶，有月亮能发出光来》刊于《钦州日报》。

7月3日 散文《每个生命都有自己的光芒》刊于《甘肃日报》。

7月8日 散文《天气》刊于《陕西日报》。

7月28日 散文《〈岳阳楼的传说〉序》刊于《岳阳日报》。

7月 《贾平凹作品》系列由译林出版社出版，共20卷，具体目录如下：《贾平凹作品：商州（第1卷）》、《贾平凹作品：白夜（第2卷）》、《贾平凹作品：浮躁（第3卷）》、《贾平凹作品：废都（第4卷）》、《贾平凹作品：妊娠·土门（第5卷）》、《贾平凹作品：高老庄·怀念狼（第6卷）》、《贾平凹作品：秦腔（第7卷）》、《贾平凹作品：高兴（第8卷）》、《贾平凹作品：病相报告（第9卷）》、《贾平凹作品：二月杏（第10卷）》、《贾平凹作品：鸡窝洼人家（第11卷）》、《贾平凹作品：天狗（第12卷）》、《贾平凹作品：五魁（第13卷）》、《贾平凹作品：满月儿（第14卷）》、《贾平凹作品：清官（第15卷）》、《贾平凹作品：王满堂（第16卷）》、《贾平凹作品：我是农民（第17卷）》、《贾平凹作品：丑石（第18卷）》、《贾平凹作品：坐佛（第19卷）》、《贾平凹作品：五十大话（第20卷）》。

8月15日 散文《走在太阳路上》刊于《陕西农村报》。

8月28日 散文《敲门》刊于《陇南日报》。

8月 长篇小说《怀念狼》由漓江出版社出版。

9月24日 散文《在二郎镇》刊于《经理日报》。

9月26日 在陕西省青年文学协会第一届会员代表大会上做《敬畏文学》的讲话。贾平凹在讲话中鼓励青年作家要有理想，敢想敢干："在文坛，两三年你不努力，马上就把你淘汰了，残酷得很。""你要有大的理想，就要去全国争，或者走得更远点，一定要有这些理想，才会写出

---

① 贾平凹：《中国文人要为时代立言》，《陕西日报》2012年5月8日。

好作品，有大气象","过去有句话说是人有多大胆，地有多大产，现在这句话当笑话来谈，但实际上有时还要有这种气魄。像项羽敢跟秦始皇说，我将来要取而代之，他过了几年就把秦朝推翻，当了霸王。陈胜吴广吧，在那时，别人都在嘲笑麻雀哪有鸿鹄之志，过两年就起义成功了。毛主席在十三岁就做过一首诗：'独坐池塘如虎踞，绿荫树下养精神。春来我不先开口，哪个虫儿敢作声'，后来就建立了新中国。所以说，有时就要有大的志向。有了大的志向以后，就不会耍小聪明，文学上有一个很忌讳的东西，就是耍小聪明，一时得利，一时觉得这篇文章写得不错，聪明一旦变成小聪明以后，最后就长不大。所以，要有大的理想就不会耍小聪明，不会争一时之胜。"①

9月30日 散文《说英石》刊于《新快报》。

10月27日 散文《散文是作者灵魂的记录》刊于《华商报》。

散文《花脸张马勺》刊于《宝鸡日报》。

11月16日 最新长篇小说《带灯》，分两期在《收获》上连载。《带灯》与《秦腔》在题材上有类似的地方，都是"描写中国农村基层干部生存状态的小说"，《收获》主编程永新说，"一个中国乡镇的角度，折射出中国正在发生的震撼人心的变化"。贾平凹在该书《后记》中说："我这一生大部分作品都是给农村写的，想想，或许这是我的命，土命，或许是农村选择了我，似乎听到了一种声音：那么大的地和地里长满了荒草，让贾家的儿子去耕犁吧。于是，不写作的时候我穿着人衣，写作的时候我披了牛皮。"

栾梅健的《与天为徒——论贾平凹的文学观》刊于《当代作家评论》第6期。该文认为贾平凹文学观的基石是建立在"商州"独特的地理环境和贾平凹本人的家庭背景与个人气质之上，"如果说人所处的山川地貌客观环境是一种外在的自然，那么，个人独具的生理、身世与气质便是内在的自然。""真正的艺术就应该是单纯、朴素与自然：在原石之上略凿一些流利线条，便能使虎栩栩如生，这才是艺术的极致，循着这样的思路，贾平凹将目光投向了自然，并在与大自然的对话中，体悟着文学创作的具体手段与方法。"所以说，贾平凹具有一种"尊重生活原样，皈依自然本性"的文学观。

---

① 贾平凹：《敬畏文学》，《陕西日报》2013年3月31日。

12月10日 《带灯·后记》刊于《陕西日报》。此文作于2012年8月14日，原载《东吴学术》2013年第1期，《当代作家评论》2013年第3期转载。

12月25日 散文《说话》刊于《嘉定报》。

12月 散文集《五十大话》由上海三联书店出版。

本年度获奖作品

散文《天气》获得"第二届朱自清散文奖"。

本年度重要研究论文

丁丑芳：《苦难中的伟大与崇高——贾平凹小说〈古炉〉的精神价值》，《北方论丛》2012年第1期。

胡竹峰：《铜绿斑斑，大象缓步》，《人民日报》2011年9月13日。

李勇：《海峡两岸乡村叙事比较——以贾平凹和黄春明、陈映真为例》，《文学评论》2012年第1期。

竺建新：《沉沦与救赎——贾平凹〈废都〉与阎连科〈风雅颂〉合论》，《文艺争鸣》2012年第1期。

张联：《从〈定西笔记〉看贾平凹长篇散文的执著追求》，《当代作家评论》2012年第1期。

栾梅健：《与天为徒——论贾平凹的文学观》，《当代作家评论》2012年第6期。

二〇一三年　六十一岁

1月8日　散文《说话》刊于《甘肃日报》。

1月10日　长篇小说《带灯》首发式暨电子版进驻腾讯阅读平台启动仪式在北京举行。贾平凹与中国出版集团公司副总裁潘凯雄对谈。

1月11日　散文《说话》刊于《嘉峪关日报》。

1月20日　作《致林建法的信》一文，谈《带灯》的创作思想，刊于《当代作家评论》2013年第2期。在信中，贾平凹说："我强调的是，中国基层社会出现的种种矛盾和人的各种行为，它是带着强烈的中国文化特点的。人类都在寻找新的发展，每个国家都在改善，寻找适应自己的发展道路，而中国的情况既不同于中东、非洲，也不同于东南亚和欧洲、拉丁美洲。中国人的人际关系和处事的思维决定了中国在社会大转型期的所有矛盾特点。顺着这个思维和角度去参考当下的中国，或许有许许多多的解法，或许一时仍是无解，但关注他、思索他，这是最重要的，任何极端的以西方思维和以专政思维去理解和处理都是难以适应的。正是寻找着中国文化特点下的背景和环境，带灯所在的樱镇才发生着种种矛盾纠纷，她也在其中纠结着，挣扎着，撕裂着。可以说，我们国家面临着深入改革的大的机遇，也面临了很大的困境，而如何面对这种困境和如何走出困境，这一切，都是为人类发展提供着一份中国的经验。"

散文《为什么写这种生活》刊于《劳动报》。

1月28日　《致林建法的信》刊于《陕西日报》。

1月　长篇小说《带灯》由人民文学出版社出版。

短篇小说集《红狐》作为"茅盾文学奖获奖作家的短经典"丛书由人民文学出版社出版。

2月1日　短篇小说集《远山野情》（收入《黑氏》《火纸》《遗石》《美穴地》《白朗》《五魁》《远山野情》）由中国社会出版社出版。

2月16日　散文《说话》刊于《中国剪报》。

2月20日　荣获"法兰西金棕榈文学艺术骑士勋章"。在西北大学商学院，法国驻华大使白林女士将勋章授给贾平凹。在授章仪式上，白林女士说，"贾平凹的作品呈现一种浓厚的陕西色彩，他书中的故事几乎都发生在陕西。比如《带灯》，就描述了当代中国适应现代化发展的步伐。从中我们也感受到，一个伟大国家的发展，需要尊重文化传统，尊重在这片土地上生活的人民，就像'带灯'这两个字表示的意义一样，文学可以在黑暗中给我们带来一丝烛光。"① 法兰西金棕榈文学艺术骑士勋章于1957年5月2日由法国政府文化部设立，1963年被总统戴高乐批准为国家功绩勋章，是法国政府授予文学艺术界的最高荣誉。这是贾平凹继1987年《浮躁》获得美国"美孚飞马文学奖"、1997年《废都》获得"法国费米娜外国文学奖"之后，又一次获得国际文学艺术荣誉。

2月23日　散文《和谐家庭》刊于《北京晚报》。

2月　短篇小说《倒流河》刊于《人民文学》第2期。获得"人民文学短篇小说优秀奖"。

3月15日　散文《孤独地走向未来》刊于《作家文摘报》。

3月25日　散文《美丽富饶》刊于《北京晚报》。

3月30日　陈忠实为《古炉》的编辑孔令燕颁发"白鹿当代文学编辑奖"。该奖由陈忠实个人出资，由人民文学出版社设立，旨在奖励该社的优秀编辑。

3月31日　白先勇拜访贾平凹。白先勇说，自己在台湾看过一次秦腔，那种发声自土地的原始爆发力和自己熟悉的昆曲的温婉是两种完全不同的情感表达形式，让他很是着迷。贾平凹告诉白先勇来到西安还应该去看看有"中国金字塔"之称的茂陵。

4月1日　短篇小说《二猫》刊于《北京晚报》。

4月2日　短篇小说《马连翘》刊于《北京晚报》。

4月3日　短篇小说《元家出人》刊于《北京晚报》。

4月13日　陕西省作协在陕西省图书馆举行公益讲座，名为"陕西作家有好书"。贾平凹、高建群、冯积岐、莫伸、冷梦、王海、寇挥等陕

---

① 《贾平凹获法兰西金棕榈文学艺术骑士勋章》，中国作家网，2013年2月27日，http://www.chinawriter.com.cn/news/2013/2013-2-27。

西省知名作家参加,陕西文学院院长常智奇对这些具有代表性的作家近年来的创作进行了一一点评。常智奇说,陕西文学有很多特点,如创作队伍阵容齐整、农村题材创作成绩突出、开放的现实主义、极强的历史使命感和社会责任感等。他评价贾平凹"是在批评声中成长起来的作家,极具独立性,是散文化小说的集大成者"。

4月27日 散文《落叶》刊于《鲁北晚报》。

4月 丁帆主编的《中国新文学史》(上、下册)由高等教育出版社出版。在下册第五章中描述了贾平凹的创作历程。书中把贾平凹的小说创作以1993年出版的《废都》为界,分为两个时期。前期多写社会变迁所引起的乡村变革,《废都》以后,贾平凹多考虑现代文化带给乡土社会的惶惑与焦虑。前期作品中较好的是《鸡窝洼的人家》和《腊月·正月》。相比同期描写社会变革的作家,诸如蒋子龙、柯云路、张洁等,"贾平凹的小说从附着于乡土人事的各种情感体验和伦理法则入手,把最先融入农村的乡土经济萌芽作为动因,与当时'改革小说'图解社会变革的写作类型有所区别"。到了《浮躁》,贾平凹"从乡村的变化中意识到改革的负面:一场利欲熏心的社会变革,摧毁的是传统的价值观念,留下的是文化的废墟"。1993年,《废都》的出现,实现了贾平凹"更为强大的对于文化危机的表述功能":"叙事者通过庄之蝶既记述了发生在社会各阶层的种种文化丑态,也间接折射出城乡生存以及人性的困局。"①

5月3日 散文《养生难在去欲》刊于《广州日报》。

5月13日 "北京师范大学国际写作中心"成立,莫言出任该中心主席。贾平凹是该中心第一位"驻校作家"。

5月15日 散文《我见到的孙犁》刊于《天津日报》。在文章中,贾平凹由和孙犁相见的场景引发为人处世的感怀:"当一个人从事了写作,又有了理想,他是宁静的,宁静致远。而宁静惯了,就不喜欢了热闹和应酬,物质的东西也都是累赘了。他浸淫在自己的文学世界里,别人便可能看作是孤僻;他需要身心自在,别人便可能看作是清高。这样的人都善良,却往往率真,眼里不容沙子,要么不开口,要么开口就可能有得罪,引起误解。"贾平凹评价道:"孙犁是为文学而生的,生前就待在那个空房子里,别人怎么说就怎么说去吧,他只在全神贯注于文学,只

---

① 丁帆主编:《中国新文学史》(下册),高等教育出版社2013年版,第170—175页。

是写他的书。福楼拜说过：要像写历史一样写普通人的生活，不要试图使你的读者哭、笑或者恼怒，而要像大自然一样使他们插上梦想的翅膀。孙犁的书就是这样，所以他的书长留在世上。"

5月17日 "中国笔会中心会员大会"在北京召开。会议审议通过了《中国笔会中心章程（修正案）》，选举产生了中国笔会中心新一届领导机构，大会选举丹增为中国笔会中心会长，张健为常务副会长，叶辛、叶梅、李存葆、何建明、张平、张抗抗、张胜友、阿来、陈忠实、陈建功、苏童、莫言、贾平凹、高洪波、廖奔、谭谈为副会长，刘宪平为秘书长。"中国笔会中心"成立于1980年4月，首任会长为巴金，同年5月在南斯拉夫国际笔会代表大会上被接纳为国际笔会会员。中国笔会中心的宗旨是组织中国作家参加国际文学交流活动，与各国作家建立友好联络，为推动中外文学交流工作发挥积极作用。

5月25日 长篇小说《带灯》研讨会在西安建筑科技大学召开。此次研讨会由《小说评论》杂志、《美文》杂志和《关天经济报》联合主办，西安建筑科技大学文学院承办。国内当代文学界知名评论家雷达、白烨等40余人莅临会议。专家们围绕《带灯》的创作从文本定位、主题内蕴、人物形象和叙事结构及贾平凹文学创作等方面进行了全方位深层次的学术交流。

雷达认为，《带灯》是"一部直面当今农村现实，探讨中国乡土灵魂及其痛苦的一部作品"，是"从民间的底层写起"，"从最细微处，最容易被遗忘的角落里去发现我们时代非常重要的信息，厘清事态真相"的一部作品。吴俊认为："《带灯》集中表现农村人物的命运，集中表现中国农村社会变迁当中历史的人性。对于近年的政治性和人性变迁的思考是非常的强烈的"，"这是作家个人的灵魂史，心灵史，也是社会人情的变迁史，中国农村的发展史，也是风貌独特的地方志和与时俱进的文学史"。李星认为《带灯》表现了"尖锐深刻而又现实的权力批判"，作品有"一种巨大的深刻的深切的人道关怀"，有着"坚硬的现实，优雅的超越"。王春林认为：《带灯》"是直面当下的中国社会现实之痛的优秀的长篇小说"，"是一部非常尖锐的，非常犀利的切入当今现实的一部小说"。《带灯》是一个巨大的象征，"写出了当下中国普遍的一种囚徒的处境"。谢有顺认为：贾平凹创造了一种结构——"日子的结构"，"他用这种模仿日子的方式来描写，来触及一种真实，属于日子本身的真实。细节很清晰，大局又是很混沌的，很模糊，但是背后的格局是非常大的"。韩鲁华认为：《带灯》这部作品与此前的《秦腔》、《古炉》等在艺术叙写方面有很大变化："一是内在的风骨更为突出，作品的内在质感更强；二是叙述上更加质朴，白描性、直叙性更强；三是于整体艺术建构上，意象性似乎在减弱，细巧的东西也少了，更加沉静、厚实、直白，是一种生活骨架本真式的呈现。"白烨认为：《带灯》是对中国当下社会问题的把握和揭示，"小说注重由于各种原因引起的社会生活的分野、分化、裂变所带来的问题"，"写了方方面面的分裂，包括所谓的经济发展、工厂占地对农村的分化，包括镇里的干部、镇长与书记之间的问题，群众因相互之间的隔膜而闹事"，"对于当下社会缺少和睦和谐揭示得非常深刻，非常触目惊心"。江苏省作家协会的汪政认为：贾平凹的《带灯》是《古炉》之后"从历史又一次反思到了现实"，这是一部可以从"社会学或者政治学的角度"做解读的书，"它的意义不仅仅在于文学，而且在社会学在政治学"。张新颖认为：通过读《带灯》，"感觉中国文化没有绝望到底，还是有一股微弱的力量在支撑"。"《带灯》一如既往地写到了基层社会盘根错节的问题，我们处在这样一个乱象丛生的社会里面，我们作为一个个体他会怎么办？贾平凹写的带灯式的人物让我充满喜悦感。"《文艺理论与批评》杂志副主编李云雷认为：从贾平凹的创作的艺术风格上来说，有两点特别值得关注，"一个就是他容纳了更多的比较尖锐的社会问题"，另一方面，"他用一种更加有情感的方式来面对周围的人和事物的态度，不是用一种功利或者是理智性的态度去面对"。

陕西师范大学的畅广元，辽宁师范大学的张学昕，西北大学的段建军、杨乐生，华中师范大学的李遇春，《美文》杂志的穆涛，陕西省作协的常智奇，西安音乐学院的仵埂，常州工学院的陆克寒，江苏广播电视大学的钱旭初都发表了精彩的言论。

贾平凹最后做了发言，他说："随着年龄的增长，世事经得越多越看不清这个人生命运。而且写作越来越惶恐。这我说的是真实话。这几年的写作可以说是这样。如果说是'潜心写作'四个字，平心而论，我觉得还是配得上。写作我还是潜心的，能全神贯注的。但是写作，一遍一遍不满意，每一部作品，尤其是这几年的作品，因为我都是手写的，每一部作品，起码我写三遍，我不是说在原稿上改，我改是从演草纸上的一个字开始重新再写。修改过程中抄写起码三次，最多写过四次，这工程量大得很。但是依旧是写来写去，老是写不到自己想象的那个程度，自己构思觉得有意思，但写出来就觉得这也不对那也不对。关于《带灯》，我在后记里说了好多。在写这一本书的时候，我害怕这本书出版不了，因为当时不能提'维稳'这两个字，我就害怕出版、发表不了，就都不准备发表，说老实话，当时是做好这个准备的。没想到《收获》和这个人民文学出版社看了以后说，'没事，好着呢，不会有啥事情的'，最后就发表了。发表以后杨澜来采访，采访在下午进行，上午正好有中央文件说，以后不准再限制上访人了。有这个文件，我说，'哎，这还好。'在写维稳这方面情况的，刘震云写过《我不是潘金莲》，但他主要写的是一个具体的个案。而这个《带灯》实际上是写一个乡政府的，写乡政府的日常运作，里边有好多东西。"①

6月1日 "雷达的文学评论与中国化批评诗学建设研讨会"在兰州召开，会议由中国当代文学研究会、甘肃省文联、兰州大学文学院、西北师范大学传媒学院、东莞文学院等单位联合主办。中国作协书记处书记李敬泽，中国当代文学研究会会长白烨，评论家阎晶明、李国平，作家贾平凹、刘震云、邵振国、叶舟等出席研讨会。

6月10日 由南京大学文学院、复旦大学中国当代文学创作与研究中心、常熟理工学院、《当代作家评论》杂志社、苏州"沙家浜国际写作中心"主办的"贾平凹长篇小说《带灯》学术研讨会"在常熟沙家浜风景区召开。三十多位来自国内外的知名学者、评论家参加了研讨，学者们以贾平凹的《带灯》为中心，展开了热烈的讨论，并就贾平凹文学创作的地位和价值做出了新的探讨和定位。

丁帆说："在《带灯》里面，贾平凹第一次介入了政治性的批判，这个批判是对社会底层的反思，对中国社会，也就是对农民、农耕文明和生态文明的反思。贾平凹写了工业文明和农业文明之间，底层人民的阵痛，以及底层干部两难的困境。在这点上，他的批判力度又进了一步。"陈思和说："从鲁迅开始，出现的农民都不是一个真正的农民，他是一个在现代化对照下的表示我们必须要启蒙，必须要改造，必须要教育的这么一个对象。但是到了新世纪，包括莫言、贾平凹这样一批真正从农村

---

① 《贾平凹长篇新作〈带灯〉学术研讨会》，《中国作家网》2013年6月7日，http://www.chinawriter.com.cn/z/ddyth/index.shtml。

出来的人，他们的立场变了，他们把农民变成了主体，对农民已经不是站在一个居高临下的知识分子视角去看，《带灯》就是如此。"南帆认为，贾平凹小说的细节描写的功力非常深厚，那就是他并不采用故事式的写作，"而是使作品充满了大量生活片断和细节，这些细节并不是放在同一个情节链条上，而完全是靠细节内部来推进"。陈晓明认为，"在贾平凹的文学书写当中，有一个非常强大的对历史颓败，对整个文明衰败的表达的愿望，从《废都》、《秦腔》到《古炉》，我觉得他表达的是一个否定性的，对历史颓败的一种深刻的批判"。王尧说："不少文学作品写了民不聊生，而《带灯》却写出了官不聊生的社会现状，这更加深刻地表达出工业文明和农业文明碰撞之下底层民众，包括基层干部的阵痛。"张清华认为《带灯》可以用一句话概括："用传统文人的笔调，表达当代知识分子的情怀。"张新颖认为，贾平凹没有"文学高于生活"的观念，"他和生活是平行的，在生活当中的，不在现实之外，也不在现实之上"。陆建德认为读了《带灯》这样的作品，会对我们的社会复杂性，对我们的文化遗产有一种更深刻的认识。"中国社会有一个大的泥潭，姑且把它叫做一种无政府的状态"，"我们有时候要摆脱简单的'左'、'右'观点去看问题，因为这些其实都是我们上世纪五六十年代的概念，这种概念会限制思维。我们要超出这种限制，看一看社会究竟怎么样。我们的官员要了解中国社会的话，应该去看《带灯》这样的书。"吴义勤最大的感受是《带灯》作品艺术的张力。"贾平凹的小说都是贴着地面写的，鸡毛蒜皮"，"贾平凹对笔下的人物是充分尊重的，是让人物自主表演的一种写作，而不是五四以来的启蒙作家想象的建构。"吴俊从叙事艺术、叙事文体的角度来谈《带灯》，认为《带灯》是"在写实的框架之下来建构故事叙事。但是他写实的文体又具有亦幻亦真的特点，所以也可以说他的写实叙事里面有很多抒情式的色彩，也可以说他的很多写实叙事里面有中国的传统小说"。辽宁师范大学的张学昕认为贾平凹的写作是"境界已经大于技巧"。华东师范大学的黄平认为贾平凹的《带灯》是从女性视角展开的，所写的"乡土与城市之间的遭遇"，"从叙事的角度可能更容易理解他叙事背后牵连的大的文化语境。"《美文》副主编穆涛谈了贾平凹对小说的两个认识：一个是小说写的不能太像小说，另一个是小说仅有故事是不够的。中国文学还要有写景、意境，这是中国文学独特的东西。

贾平凹坦言，做时代的记录者是他的使命。他说："我通过写作，更深入地了解农村生存者的精神状态，了解社会基层存在的太多问题，它像陈年的蜘蛛网，动哪儿都落灰尘。或许我没法通过文学解决基层的问题，但我至少能如实地记录下来。""这个时代粗糙而坚硬。我要把一个普通人的故事当作史诗来写，让读者能够生出梦想的翅膀。"①

6月18日　散文《六十岁》刊于《广州日报》。

6月24日　散文《养生难在去欲》刊于《咸阳日报》。

6月　散文《从雷达说文学评论》刊于《文艺报》。

7月1日　散文《六十岁》刊于《兰州晚报》。

8月16日　散文《纪念胡采》刊于《陕西日报》。

8月27日　散文《丑石》刊于《甘肃日报》。

8月30日　散文《说话》刊于《今晚报》。

8月　中短篇小说集《美穴地》由花城出版社出版。

9月1日　在中国社会科学院学术报告厅参加"2013中德作家论坛"，出席的中国作家有莫言、刘震云、苏童、铁凝等。莫言做现场发言。贾平凹发言的题目是：《一种责任与风度》。他提到狄更斯在《双城记》中的那句名言"这是最好的时代，也是最坏的时代"。"我们从未有过让我们感受到的如此富裕，也从未有过让我感受到的如此焦虑。"贾平凹认为，人性恶的部分也在集中爆发，他说尽管目前文学艺术也被娱乐和消费侵蚀，但他还是相信，文学依然顽强神圣。

9月5日　散文《风雨》刊于《华商报》。

9月7日　散文《羊儿没了岔道》刊于《中国剪报》。

9月23日　散文《中国作家的天下意识》刊于《光明日报》。

10月8日　散文《定西笔记》刊于《陕西日报》。

10月11日　贾平凹参加德国法兰克福书展。在接受记者采访时，他谈到，"中国当代文学总体是好的，但是现在大量好作品没有被介绍出去，如果真的走出去了，我们的作品不逊于人家"，"咱们要想办法在经济发展起来后，让文化也产生影响"。他还提出，作家们一定要先把自己

---

① 贾平凹、丁帆、陈思和等：《贾平凹长篇小说〈带灯〉学术研讨会发言摘要》，《扬子江评论》2013年第4期。

的东西写好，它才能吸引人家。①

10月13日 应德国慕尼黑孔子学院之邀，参加在慕尼黑举办的读书讨论会，与在慕华人读者及德国读者进行交流。贾平凹用陕西方言现场朗读了《太白山记》选段，并与德国歌德学院总部工作人员柯理博士进行对话，探讨当代中国人文及社会现象。

11月5日 北京师范大学首任驻校作家贾平凹入校仪式暨"从《废都》到《带灯》——贾平凹创作回顾研讨会"在北京师范大学召开。20余位作家、评论家、学者对贾平凹的文学成就和创作特色进行了充分的研讨。研讨会由北京师范大学国际写作中心主任莫言主持。莫言对贾平凹作了高度评价："从上世纪70年代到现在将近40年的历程中，无论短篇、中篇、长篇小说还是散文，他都有着创造性的贡献。"贾平凹表示自己要珍惜这次驻校机会，会多学习、多交流，"多吸收北京师范大学的锐气，也想沾些莫言的才气"。在研讨会上，童庆炳教授认为贾平凹的创作"具有浓郁的地域性，是对传统民族文化的一种文学表达，具有真实性与诗意的完美统一，并能写出一种素朴的农民的幽默感和喜剧感"。莫言认为贾平凹是时代的忠实记录者，是"一直坚持不懈地写作的作家中最耀眼的一颗明星"，并提出两个研究维度："贾平凹生地秦岭南北交界、集合南方的灵秀和北方的粗犷的文学地理学意义，以及贾平凹小说语言中的方言运用"。白桦认为贾平凹是为文学而生，而且用文学的方式不断发现生活，洞悉人性，并始终我行我素，是不受读者与市场迁就的一位作家。孙郁则从文章学的角度，拿张爱玲和汪曾祺对比贾平凹的文体美学，认为他没有张爱玲的旧文人气息却有明清士大夫善于把玩的气质；他没有汪曾祺沿承京派的雅音正声，却可以直面丑的东西。孟繁华则反思了之前对《废都》过于简单的误判，肯定了贾平凹笔下的文人趣味及其对女人的精彩书写。陈福民、张柠、何向阳、梁鸿鹰等也做了发言。

贾平凹在发言中对自己的创作和文学批评之间的关系做了生动的解释："我之所以写了几十年，老了还在写，动力很多，其中有一种动力就是来自这两个方面的力量：一方面人家说你好，人都是'人来疯'，一说好咱就得表现，一说不好就又不服，想证明一下，就是这两种力量。"

---

① 《专访贾平凹：我们的作品不逊于人家》，人民网，2013年10月13日，http：//media.people.com.cn/n/2013/1013/c40733-23183562.html。

"写了这么多年,也可以说是你们夸出来的,也可以说是你们'砸'出来的,也可以说是你们'骂'出来的,也可以说是你们'逼'出来的。创作上,人都是有惰性的,为了'人来疯',为了证明自己,才不停地在弄这个事情。一旦都不说了,他也没劲了,也就不写了。所以以后如果自己再写作品,还得仰仗各位,在你们关注更矫健的马儿在草原上跑的时候,不要忘了一个老牛还在继续拉犁。"①

在接受《南方周末》记者专访时谈到"创作与当下现实的关系",贾平凹说:"现实生活比较难写。相较于历史上、新中国成立前的东西,写得放松,因为写的是大家都不甚了解的事情,作者可以随便写、随便编,但现实的东西不能走形,一走形大家就都看出来了,很多东西你是编不了的。""现在作家脱离生活,脱离现实,靠想象、靠社会新闻写作的现象比较严重,不去真正参与到社会里","人和人之间、故事背后,它有最重要的'生活气息'在里面。你如果纯粹只写一个事件,但不到现场去具体了解,你获得不了它背后的气息"。"当作家鼓起勇气走进现实、描写现实的时候,又会面对很多禁区,哪些能写、哪些不能写,确实是一个问题。我在写作时,有意无意地都会考虑到这些要求。我当时最真实的想法是,我把我知道的、看到的写下来,在我这一关上我力求真实,至于作品能不能出版,那是另一回事。"

11月8日 由《当代作家评论》杂志设立的第二届"当代中国文学批评家奖"颁奖典礼与主题为"作家作品的经典化与文学史研究的创新"的第五届中国当代文学高峰论坛同时在沈阳市辽宁友谊宾馆举行。第二届"当代中国文学批评家奖"评委会由莫言、贾平凹、李敬泽、南帆、陆建德、孙郁、阎连科、宗仁发、王尧、方宁和林建法组成,经过记名投票,在20位候选人中评选出陈众议、丁帆、王彬彬、吴义勤、程光炜、栾梅健、汪政、张清华、王德威和唐晓渡为获奖者。

11月21日 散文《生活的一种》刊于《中国财经报》。

12月9日 在北京参加由中国作家协会、中共陕西省委宣传部主办的"文学陕军再出发"学术研讨会。中国作协主席铁凝,中共陕西省委常委、省委宣传部部长景俊海,省委宣传部副部长陈彦,省作协党组书

---

① 《"从〈废都〉到〈带灯〉——贾平凹创作回顾研讨会"在京举行》,中国作家网,2013年11月8日,http://www.chinawriter.com.cn/bk/2013-11-08/73119.html。

记蒋惠莉,以及京陕两地作家、评论家雷达、陈晓明、张陵、白烨、何西来、高建群、叶广芩、莫伸、红柯等出席会议。中国作协主席铁凝在讲话中称赞:"20年前,陕西以集团军的阵势,集中推出陈忠实的《白鹿原》、贾平凹的《废都》、高建群的《最后一个匈奴》等长篇厚重之作,催生引发了当代长篇小说又一轮创作热潮,把长篇小说的艺术标尺,提升到了一个新的高度。""此后,又有一大批陕西作家相继涌现,获得全国各类大奖,丰富了陕西文学'军团'阵容。""大文化大发展的当下,如何评价这支'陕军',如何'再出发'"。

贾平凹在发言中说:"这次会议的主题是'文学陕军'再次出发,陕西文坛曾有过一次集体的喷发,但是它不满足于现状,不愿故步自封,它还想动员起来,争取出彩,所以我们要来北京开这样一个研讨会,因为北京是中国文学的中心。作家比的是什么?比的是创作的能量,这种能量当然也有天生的,但更多的是后天修养所致。年轻人要发挥自己创作能量的优势,调动自己创作的积极性,写东西要有一种狠劲,要下大功夫。"①

12月11日 2013年度"茅台杯人民文学奖"在鲁迅文学院举行颁奖典礼,贾平凹的《倒河流》获得短篇小说优秀奖。人民文学奖是我国文学界一项重要的文学奖,1986年首次评奖。2003年,人民文学出版社的《人民文学》杂志与贵州茅台集团达成合作意项,"人民文学奖"冠名为"茅台杯人民文学奖",每年评出优秀中篇小说、短篇小说、散文、诗歌等共10篇,由作家、评论家与读者代表共同组成评委会进行评选产生。

12月16日 散文《中国文学是世界文学精彩的一部分》刊于《文艺报》。

散文《文学与改革》刊于《人民政协报》。

12月18日 散文《任何土地都是越耕越长庄稼》刊于《中华读书报》。

12月30日 "《当代》长篇小说年度论坛奖"颁奖仪式在北京举行,《带灯》《北去来辞》《日夜书》《无愁河的浪荡汉子》《黄雀记》获

---

① 《中国作协开研讨会探讨"文学陕军"如何"再出发"》,人民网,2013年12月9日,http://media.people.com.cn/n/2013/1209/c40733-23791601.html。

"2013年度五佳奖",《带灯》同时获得《当代》长篇小说"2013年度最佳奖"。

本年度获奖作品

短篇小说《倒流河》获得2013年度"茅台杯人民文学奖"·优秀短篇小说奖。

长篇小说《带灯》获得《当代》长篇小说（2013）"年度最佳奖"。

长篇小说《带灯》获得广州"花地文学榜"年度"长篇小说金奖"。

本年度重要研究论文

陈晓明：《萤火虫、幽灵化或如佛一样——评贾平凹新作〈带灯〉》，《当代作家评论》2013年第3期。

程德培：《镜灯天地水火——贾平凹〈带灯〉及其他》，《上海文化》2013年第5期。

储兆文、韩鲁华：《论贾平凹对城市文化的文学叙述》，《小说评论》2013年第3期。

程光炜：《贾平凹与琴棋书画》，《当代文坛》2013年第2期。

李云雷：《以"有情"之心面对"尖锐"之世——读贾平凹的〈带灯〉》，《小说评论》2013年第4期。

马平川：《从"清风街"到"兴隆街"——贾平凹小说新变解读》，《当代文坛》2013年第6期。

徐勇：《现世的沉沦与飞升——评贾平凹的长篇新作〈带灯〉》，《文艺争鸣》2013年第4期。

王俊虎：《论贾平凹文学创作中的农民视角》，《小说评论》2013年第3期。

吴义勤：《〈古炉〉阅读札记》，《当代作家评论》2013年第2期。

二〇一四年 六十二岁

1月12日 2013年度中国小说排行榜在兴化揭晓。中国小说学会邀请30名评委,推荐出本年度长、中、短篇小说,提名篇目分别为30部、60篇、50篇。最终评出25部上榜作品,其中长篇小说5部,分别为苏童的《黄雀记》、乔叶的《认罪书》、贾平凹的《带灯》、田耳的《天体悬浮》、韩少功的《日夜书》。

1月15日 散文《说王春林》刊于《中华读书报》。

2月7日 散文《记录表达这个时代是我们的使命》刊于《陕西日报》。

2月17日 散文《说说周养俊》刊于《工人日报》。

2月20日 散文《什么样的爱》刊于《重庆日报》。

散文《惜时》刊于《铜仁日报》。

2月27日 "陕西百名青年文学艺术家扶持计划座谈会"在西安召开。贾平凹在座谈会上发言,他以自己的写作经历劝告青年们首先要在好的时代里把事业干好。"现在是多好的时代,文学艺术环境宽松,文学艺术氛围浓厚,这么多人在关心,在扶持,所以我要说你们是幸运的。"其次,要有占领行业高地的志气:"这就如国家短道速滑队教练说的:我能赢,我就赢!一定要眼往高处看,要盯着全国,盯着世界。将来你要当大家,当大师,在什么行当里干,就要占领这个行当的高地,不惜一切代价,去占领高地!有了这种志气你才会拼搏,才不怕挫折和困难,才可能干大事情,成大气候。"再次,"干事业要全神贯注,干精干大干强,不要一会儿想当官,一会儿想挣钱。不要把自己的聪明才智像当年的八旗子弟那样去玩去浪费。不可什么都想要,凡是什么都想要者,最后什么都没有。文学艺术本身是穷事情、苦事情,但只要把自己的专业搞好,干精干大干强,文学艺术就能养活你,就能给你名,也能给你利。

如果一会儿想当官，一会儿想挣钱，一会儿又想及时行乐，啥都想要，耐不住寂寞，经不住诱惑，那即使有天大的才华，也会浪费掉了。到头来只会平庸，只会贫困潦倒，还可能留下一副很怪的脾气。"最后，"不要急功近利"，因为"文学艺术是个终身事业，是马拉松，不比一时一事，最后成功才是真成功，最后胜利才是真的胜利"。①

3月1日 散文《老西安》刊于《中国剪报》。

3月2日 散文《文学艺术一如马拉松运动》刊于《陕西日报》。

3月4日 导演吴天明去世，贾平凹发悼念词。

3月20日 央视十套《大家》栏目——"鬼才"贾平凹第一集"弱者的敏感"播出。此节目由中央电视台和中国作家协会策划编导，贾平凹文化艺术院协助拍摄，共上下两集。分别于3月20日、3月27日在央视十套《大家》栏目播出。

3月22日 参加由羊城晚报社、广州市荔湾区宣传部联合主办的2014年"花地文学榜"颁奖典礼，参加者有多多、陈丹青等。

3月27日 央视十套《大家》栏目——"鬼才"贾平凹第二集"生命之坎"播出。

4月1日 散文《如果让狗说人话》刊于《中国剪报》。

4月23日 "中国好书"颁奖盛典在央视综合频道的黄金时间播出，《带灯》《大数据时代》《站在两个世界的边缘》《改革是中国最大的红利》《我爱平底锅》等25部年度优秀图书正式发布。在颁奖盛典的"我们的故乡""我们的时代""我们的亲情""我们的国家""我们的未来"五个篇章中，作家王蒙、贾平凹、钱文忠，经济学家厉以宁、高尚全，美术家潘公凯等知名人士，以演讲或访谈的形式，对获奖图书做了热情洋溢的分享和推介。

5月20日 文论《故事又突破了故事——读陈彦长篇小说〈西京故事〉》刊于《人民日报》第14版。贾平凹在文中写道："如何把西京里的故事叙述精彩，陈彦采取的倒还是传统写法。这并不是因为他缺少那些现代的手段——其实他在别的作品中对那些手段已经熟悉和老到，西京这个故事适宜于他现在采用的方式方法，甚至可以说用现在的方式方法

---

① 《陕西百名青年文学艺术家扶持计划座谈会在西安举行》，中音在线，2014年2月8日，http：//www.musiceol.con/news/。

更是一种难度。小说里的故事太丰厚、太扎实，他又有太多的想法，于别人或许是混沌的、杂乱的、难以理清头绪的，但他能把故事讲得复杂，情节交织，环环相扣，又显得条理清楚且敦厚蕴藉。这样，故事又突破了故事，整个时代的社会的气息弥漫开来，如同一片苍茫的丛山，山上有草有木，草木中有飞禽走兽，山中有沟有水，沟水里有鱼虫花卉，就不单单是一个峰头的风景了。"

6月1日 钟国康印馆在西安市开馆。贾平凹现场揭幕，并致贺词："钟国康先生刻刀抒艺，积印成馆，在西安乃至陕西还是第一例。欢迎钟国康到古都西安来。"

6月5日 第三届"《人民文学》长篇小说双年奖"在慈溪举行颁奖典礼。贾平凹的《带灯》、李佩甫的《生命册》、周大新的《安魂》、韩少功的《日夜书》、林白的《北去来辞》等五部作品获奖。《人民文学》长篇小说双年奖两年一届，由《人民文学》杂志社、中共慈溪市委、慈溪市人民政府主办，中共慈溪市委宣传部、慈溪市文学艺术界联合会、慈溪市作家协会承办。评奖范围为颁奖年度前两年内中国大陆首次发表的原创长篇小说。贾平凹长篇小说《带灯》的授奖词是："《带灯》在贾平凹长篇小说创作中具有变法意义。作家从现实与奇异夸张纠结在一起的《秦腔》至历史主义与写实主义熔于一炉的《古炉》，本已完成了一次深刻变法，而《带灯》在延续《古炉》精确、厚重、白描的叙事风格基础上，又有较多的明快、流畅、简约，让我们想起了他风格独特的散文写作；更由于作家把视角瞄准现实的村镇，关注的是一个往往被人们忽略的简朴真诚的女性和同样被人们忽略的各色人等，关注那里的生存状态和精神状态，事无巨细地展现了中国农村的现实风貌，引起读者的关切和忧郁，《带灯》也就不仅是作家在写作手法上的一种变法，更是作家整体创作风貌上的突破和升华。"

7月13日 参加陕西作家张培合作品研讨会。研讨会由陕西省作家协会、西安市作家协会、陕西人民出版社、贾平凹文化艺术研究院联合主办，陕西创意文化产业发展有限公司等单位承办，150多位嘉宾参会。会议在西安天域凯莱大饭店举行、贾平凹称其"场面最宏大"。

7月18日 散文《我见到的孙犁，宁静致远》刊于《先驱报》。

7月24日 散文《不能让狗说人话》刊于《先驱报》。

8月3日 "寻根与筑梦"之陕、港、澳、台四地文学座谈会在西安举行。台湾著名诗人余光中、香港作家联会会长潘耀明、澳门诗人袁绍珊和贾平凹等文化名家，针对中华人民共和国成立以来四地文学发展状况及传播状况进行座谈。陕西省作家协会党组书记蒋惠莉致欢迎辞。贾平凹在座谈会上说："陕西文学创作缺乏国际情怀和国际视野，应该走出去！""港澳台的作品所体现的中国民族传统文化比内地的更纯正一些，陕西文学创作的题材因为受地域影响，农村题材为主流，陈忠实的《白鹿原》、路遥的《平凡的世界》等优秀作品都取材于农村。改革开放以后，陕西并不像上海、北京一样完全吸收开放性的文化元素。陕西文学应该走出去！"[①]

8月5日 散文《谈读书：享受、吟味、深究》刊于《先驱报》。

8月6日 散文《看人》刊于《阜新晚报》。

8月7日 散文《孤独地走向未来》刊于《文学报》。

8月14日 散文《说花钱》刊于《中国财经报》。

创作谈《〈老生〉后记》刊于《重庆日报》。

8月18日 参加在北京举行的第三次汉学家文学翻译国际研讨会。此次研讨会以"解读中国故事"为主题，共有来自埃及、法国、德国、匈牙利、意大利、日本、韩国、墨西哥、蒙古、荷兰、俄罗斯、西班牙、瑞典、乌克兰、英国、美国等16个国家和地区的30位汉学家、翻译家参加。中国作协主席铁凝出席研讨会并致辞。中国作协副主席钱小芊、莫言、李敬泽，中国作协书记处书记阎晶明出席会议。参加研讨会的中国作家有贾平凹、阿来、刘震云、徐小斌、麦家、李洱、陈希我等人。作家、汉学家、翻译家们就如何推动中国当代文学作品的对外译介推广工作进行了广泛深入的交流。贾平凹在发言中说："要想解读好中国故事，既要了解中国文化，也要了解中国社会。无论什么样的中国故事，都离不开这两点，都取决于作家、翻译家对这两点认识得是否充分、深刻。因此，解读中国故事，作家和翻译家不仅要关注中国的政治、经济、历史、社会，更要关注普通民众的日常生活。""既要看到中国故事中的政治成分、宣传成分，还要看到中国文学中所批判的那些黑暗的、落后的、凶残的、丑恶的东西，更需要看到在这种政治的、宣传的、批判黑暗的、落后的、凶残的、丑恶的东西中，发现品鉴出真正属于文学的东西，真

---

① 任学武：《陕港澳台学者西安"寻根筑梦"》，《中国文化报》2014年8月7日。

正具有文学品格的作家和作品。"①

8月20日　散文《喝酒》刊于《阜新晚报》。

8月26日　散文《落叶》刊于《广州日报》。

散文《生活的一种》刊于《嘉定报》。

8月28日　散文《人为什么都不肯死》刊于《先驱报》。

8月31日　散文《让世界读懂当代中国》刊于《人民日报》。在这篇文字中,贾平凹提出了两个问题:一是"什么样的故事才可能是最富有中国特色的故事?"二是"从中国故事里可以看到政治,又如何在政治的故事里看到中国真正的文学呢?"他认为:"在中国的古典长篇小说里,最能代表中国文学、水准最高的是《红楼梦》,它是中国的百科全书,是体现中国文化的标本,它人与事都写得丰厚饱满,批判不露声色,叙述蕴藉从容,语言炉火纯青,最大限度地传导了中国人的精神和气息"。"基于中国的历史和现实,中国文学的批判精神历来是强烈的。拿现在来看,先是'文化大革命'之后,批判'文化大革命'中和'文化大革命'以前政治的、种种不人道的、黑暗的、残暴的东西,再是在改革开放发展经济之后,批判社会腐败、荒唐以及人性中的种种丑恶的东西。""我们不但需要让世界上更多的人了解中国的政治、经济、历史、体制,更应让世界上更多的人了解和关注中国普通民众的日常生活,真实的中国社会基层的人是怎样个生存状态和精神状态,普通人在平凡的生活中干什么、想什么、向往什么。只有这样的作品才能深入地、细致地看清中国的文化和社会。"

8月　由瑞典翻译家、汉学家陈安娜女士翻译的贾平凹的长篇小说《高兴》在瑞典出版。陈安娜表示,《高兴》中的主角刘高兴来自贾平凹的家乡,操一口地道的陕西土话,来到省城西安闯世界。贾平凹笔下的陕西式幽默深深地打动了她,这种底层人物极具感染力的语言特色令人过目难忘。瑞典汉学家马悦然认为,《高兴》是中国第一部真正的存在主义小说,其富有戏剧性的人物,来自这个社会的最底层,很多方面足可称为中国的《人鼠之间》。

9月6日　散文《我的启蒙老师》刊于《中国教育报》第2版。

---

①《第三次汉学家文学翻译国际研讨会在京举行》,中国作家网,2014年8月26日,http://www.chinawriter.com.cn/2014/2014-08-26/。

9月9日 散文《先生费秉勋》刊于《陕西日报》。对于这位发表过他第一篇作品的恩师,贾平凹充满了敬重和感激之情。在文中,他谈了费秉勋对自己的影响:"他的学问相当丰富,任何事情只要来了兴趣,他都能钻进去,这一点给我的影响十分大。每一个夏天,他避暑的最好办法就是把自己关在书房写专著,并不止一次传授这种秘密。""我二十岁时称他为老师,终生都称他为老师。这不仅仅是一般的尊称,确确实实他是在为人为文上一直给我做着楷模,我时时对自己说,也当着别人的面说:永远向费先生学习。"

9月11日 接受《华商报》的采访,解答《老生》为什么引用那么多《山海经》段落的问题。贾平凹说:"那里面,有中国人的思维方式和心灵密码。我在小说里,用的就是它的这种思维方式,写的是我所见所闻所经历的一件件事、一个个人。全书写了四个故事,有的人物是始终贯穿着,有的就只出现在某一个故事里,各人有各人的命运。写完这本书后,有一天我还在想,这次只是试着注解了几篇,将来有时间,我要把全本《山海经》都给注解了。"

9月12日 散文《让世界读懂当代中国》刊于《青海日报》。

9月20日 参加由陕西省作协、《当代》杂志社在西安联合召开"侯波小说研讨会"并发言。贾平凹认为,侯波的小说通过小人物絮絮叨叨,在表面漂浮的,习经见惯的世事下,以一种我们想象不到的韧度和硬度存在于他的作品中,而正是这些东西构成了他作品的灵魂。《人民文学》主编施战军,《当代》主编周昌义,陕西省作协党组书记、常务副主席蒋惠丽,以及评论家吴义勤、白烨、王春林、张艳梅、付秀莹、李国平、阎安、吴克敬、梁向阳、李星等来自省内外的三十余名评论家及作家参加了研讨会。

9月27日 散文《大萝卜》刊于《重庆日报》。

9月30日 位于陕西省丹凤县棣花古镇景区的"贾平凹文学艺术馆"正式对外开馆,贾平凹参加揭牌仪式。贾平凹文学艺术馆收集了贾平凹文学创作生涯中丰富翔实的图片、作品、影像、实物等资料,如实地反映了作家的成长历程、生活点滴及创作经历,令观者深切感受到浓郁的乡土气息和强烈的人文主义精神。

9月 长篇小说《老生》由人民文学出版社出版。《老生》的故事发生在陕西南部的山村里,从20世纪初一直写到今天,是现代中国的成长缩影。书中的灵魂人物老生，是一个在葬礼上唱丧歌的职业歌者，他身在两界、长生不死，他超越了现世人生的局限，见证、记录了几代人的命运辗转和时代变迁。小说在写作手法上也有所探索和创新，用解读《山海经》的方式来推进历史，具有很强的空间感。在《老生》的后记里，贾平凹说出了写《老生》的初衷："记忆我所知道的百多十年，时代风云激荡，社会几经转型，战争、动乱、灾荒、革命、运动、改革，为了活得温饱，活得安生，活出人样，我的爷爷做了什么，我的父亲做了什么，故乡人做了什么，我和我的儿孙又做了什么……"《老生》的封底上有贾平凹这样的自述："我有使命不敢怠，站高山兮深谷行。风起云涌百年过，原来如此等老生。""我说的'使命'，是在我写得顺手的时候，好像有别人借着我的手在写，完成它，就是我的使命。"

10月8日　散文《我不得不说的往事》刊于《甘肃日报》。

10月15日　参加习近平主席主持召开的文艺工作座谈会。在接受《西安晚报》采访时，贾平凹回忆起当天的许多细节："聆听了习近平总书记的讲话，大受鼓舞。在会议结束时习近平总书记与大家一一握手交谈，还问我最近有没有新作，我说刚出版了一本叫《老生》的长篇小说，他说：'好啊。你以前的书我都看过。'联想起他以前和作家贾大山的交往，总书记其实对文学界是一直熟悉和关心的。""文艺工作座谈会适时召开，总书记讲话里提出了那么多要点，我们就得努力着，奋斗着，以更多更好的作品来完成我们的使命。""文艺创作方法有一百条、一千条，但最根本、最关键、最牢靠的办法是扎根人民，扎根生活。两个不同时期两位领袖讲到同一个问题。这个问题或许是产生好作品、大作品的最基本的条件，但我们却常常忽略。""为什么写作？为谁写作？怎样去写作？永远是我们要追问的话。文学艺术是人类精神世界向未知领域突进的先声，它首先有一个底线，就是向上向善！我们常说文风取决于作者的性格，取决于文字背后的声音和灵魂，如果襟怀鄙陋，作品必然境界逼仄。要产生无愧于时代的好作品、大作品，一定要脚踩坚实的大地，把根扎在人民中，扎在生活中，不被金钱诱惑，不迎合低俗，不受名利驱使。这个大时代为我们提供了丰富的写作素材和巨大的想象空间，也给我们提出了大的担当。"①

"文学陕军新梯队"小说研讨会在北京召开。贾平凹因有其他安排未能参加，他委托省作协副主席李国平现场读了自己的发言。雷达、刘庆邦、陈晓明、孟繁华、梁鸿鹰、白烨、陈福民、郭艳八位评论家，逐一对王妹英、寇挥、周瑄璞、张炜炜、贝西西、范怀智、王宏哲、杨则纬八位陕西青年作家进行点评，对他们的创作风格、语言方式等提出意见。贾平凹在书面发言中说，"这次来京的陕西新作家一共八位，不是陕西文学新力量的全部，但绝对是中坚。他们都已经创作了多年，出版了相当多的作品，但如何能让他们成熟，在全国文坛上跑到第一线，仍需要'仙人指路'，仍需要'宝鼎炼丹'。陕西作家很多，急盼有几匹马跑在前列。城市里头没有几个地标建筑，这个城市就平庸，文学也是这样，陕西急需要有一些树木长大。"②

10月18日　散文《往事》刊于《陇南日报》。

10月20日　散文《脚踩坚实的大地》刊于《文艺报》。

10月24日　参加北京师范大学国际写作中心和北京师范大学文学院共同主办的"讲述中国与对话世界：莫言与中国当代文学国际学术研讨会"。贾平凹称莫言给了当下文坛四点启示："一、莫言的批判精神强烈，但他并不是时政的，而是社会的人性的。二、莫言具有传统性、民间性、现代性。三、莫言的文取决于他的格，他的文学背后是有声音和灵魂。四、他成功前是不可辅导的，成功后是不可模仿的。"

10月27日　由中国出版集团公司、人民文学出版社、中国移动手机阅读基地、北京大学中文系团委联合主办的"中国历史的文化记忆——贾平凹长篇新作《老生》读者见面会暨名家论坛"在北京大学举行。贾平凹与读者进行了面对面的交流。中国作协副主席李敬泽，北京大学教授陈晓明，意大利驻华大使馆文化处职员、翻译家李莎参加论坛。众人以《老生》为中心，围绕中国历史与个人记忆的文学传承展开了精彩对谈。

李敬泽谈到，贾平凹的小说《老生》，每一段都可以单独看，跳着读

---

① 贾平凹：《扎根于人民　无愧于时代——陕西文学界学习习总书记在文艺工作座谈会上重要讲话精神感言》，《西安晚报》2014年10月21日。

② 《从传统到现代的变奏——文学陕军新梯队小说研讨会发言（之一）》，中国作家网，2015年2月13日。http://www.chinawriter.com.cn/wxpl/2015/2015-02-13/。

也不会产生阅读障碍。整个作品非常松弛、从容，作者不大费劲就把文章写得有神采、有风致。陈晓明认为，贾平凹每次推出新作，都是力图对自我超越，更是向着汉语写作的难度挑战。在戏曲中，老生唱腔苍凉，在中国文学中，"老生风格"是以贾平凹为代表的当代作家的一致风格。

贾平凹表示，写中国人的东西一定要了解中国，但是作品境界应该是学习西方的。谈到"乡土文学"，贾平凹坦言："中国尤其年龄大一点的作家都是写乡土的，我本人也只会写这方面的一些东西。一个作家毕竟熟悉的东西、擅长的东西是有限的。"①

10月 创作谈《〈老生〉后记》刊发于《当代》2014年第5期。

散文集《老西安》由中国社会科学出版社出版。《老西安》收入了贾平凹给故乡商州所写的系列文章。其中收录的《西路上》一文，是贾平凹对丝绸之路的考察记录，在这条古丝路上，贾平凹和他的文友，探究历史，考察文化，记录生态民俗，感受着大自然带给他们的瑰丽与撼动。陈晓明评论道："贾平凹的文化大散文，实则是人文地理志，他把一个地方塑造成一个富有个性的形象，有如人物一般，写得有声有色，有模有样，在他的笔下立起而成为令人难忘的艺术形象。比如他的《老西安》、《秦腔》这类作品，确实可以把一个地方的历史，一种民间艺术的历史写得恢宏捭阖，但那里却又倾注了贾平凹个人非常独到的趣味。他总是要把一个地方、一种事物解释得别具一格，顽强地与所有临近事物区别开来。《老西安》算是'大散文'代表作，其中显现出他对历史的洞悉。他考察这座历史名城的政治、军事历史的演变，又有地方风情、人伦习俗的承传，而这种大历史或地方情调，都显示出西安与众不同的极致特色。里面倾注着贾平凹对西安别样的感情，通过把这个地域书写得极具特色，也寄寓了他对这个地域不可替代的情怀。"②

11月2日 创作谈《〈老生〉后记》刊于《劳动报》。

11月7日 散文《对月》刊于《甘肃日报》。

11月6—7日 由商洛学院、丹凤县人民政府联合主办，商洛文化暨贾平凹研究中心、《商洛学院学报》、《小说评论》编辑部、西安建筑科技

---

① 《贾平凹长篇新作〈老生〉与读者见面》，中国作家网，2014年10月29日。http://www.chinawriter.com.cn/bk/2014-10-29/。

② 陈晓明：《他能穿过"废都"，如佛一样——贾平凹创作历程论略》，《延河》2013年第5期。

大学当代文学研究中心等联合承办的"贾平凹与中国当代文学"全国学术研讨会在商洛学院隆重召开。中国现代文学馆馆长吴义勤教授,西北大学、陕西师范大学、山西大学、西安建筑科技大学等高校的知名学者,以及《小说评论》等知名期刊的编辑等百余位与会代表,就"贾平凹与中国当代文学史""贾平凹作品解读""贾平凹与商洛文化关系"等议题展开了热烈的研讨。

贾平凹出席会议并讲话。他以《我的故乡是商洛》为题,在讲话中抒发了自己对故乡商洛的热爱,指出商洛是自己文学立身的全部。在发言中,贾平凹说道:"无论在什么时候什么地方,说起商洛,我都是两眼放光。这不仅出自于生命的本能,更是我文学立身的全部。商洛虽然是山区,站在这里,北京很偏远,上海很偏远。虽然比较贫穷,山和水以及阳光空气却纯净充裕。我总觉得,云是地的呼吸所形成的,人是从地缝里冒出的气。商洛在秦之头,楚之尾,秦岭上空的鸟是丹江里的鱼穿上了羽毛,丹江里的鱼是秦岭上空的脱了羽毛的鸟,它们是天地间最自在的。我就是从这块地里冒出来的一股气,幻变着形态和色彩。所以,我的人生观并不认为人到世上是来受苦的。如果是来受苦的,为什么世上的人口那么多,每一个人活着又不愿死去?人的一生是爱的圆满,起源于父母的做爱,然后在世上受到太阳的光照,水的滋润,食物的供养,而同时传播和转化。这也就是每个人的天性里都有音乐、绘画、文学的才情的原因。"

吴义勤认为这次大会可以解决两个问题:"一是贾平凹与中国当代文学的关系。中国当代文学的很多现象、很多特点,都可以在贾平凹先生的作品里面找到,因此我们可以很系统地探讨贾平凹与中国当代文学的关系;二是可以解决贾平凹跟商州的关系。贾平凹跟商州已经成为两个互相成就的文化符号,贾平凹对于商洛文化的影响以及商洛给予贾平凹的写作动力和源泉等问题,可以得到进一步探讨。"

李星和王春林分别在大会上做了主旨发言。李星认为贾平凹以过人的胆识表现了普通中国民众在中国社会转型过程中的困境与尴尬,贾平凹用中国美学精神讲述中国故事,反映了人类共有的问题,具有一种高远的人类意识。王春林以"贾平凹与中国当代小说"为题,提出可以从中国当代文学史的角度、从20世纪中国文学史的角度来给贾平凹定位。他认为中国当代文学已经出现了多位经典作家、伟大作家,贾平凹就是其中的一位。李国平认为贾平凹的小说深刻地揭示了转型过程中的中国人的社会心理，中国当代文学的发展进程和贾平凹有深刻的关联，应该给贾平凹小说以充分的历史定位。孙见喜认为贾平凹的小说是真正的具有民族风格的、中国化作品，其叙述语言、人物塑造以及言行方式都是中国化的。西北大学杨乐生教授分析了贾平凹创作中的西方现代性因素，他认为贾平凹作品中最有价值的恰恰是那些非现实主义因素。西安建筑科技大学的储兆文教授认为我们不能仅仅把贾平凹置于中国当代文学史中进行考量，还要把他放在更广阔的坐标中进行观照。[1]

11月11日　散文《我的故乡是商洛》刊于《商洛日报》。

11月16日　散文《我为什么会写〈老生〉》刊于《钱江晚报》。

11月18日　散文《对月》刊于《广州日报》。

11月21日　短篇小说《老黑》刊于《羊城晚报》。

11月24日　散文《我的故事》刊于《羊城晚报》。

11月28日　短篇小说《换枪》刊于《羊城晚报》。

散文《说死》刊于《宝鸡日报》。

11月29日　短篇小说《钻山》刊于《羊城晚报》。

11月30日　短篇小说《训练匡三》刊于《羊城晚报》。

12月1日　散文《脚踩坚实的大地》刊于《张家界日报》。

12月6日　复旦大学为贾平凹的《老生》和徐兆寿的《荒原问道》召开长篇小说研讨会。复旦大学的陈思和，北京大学的陈晓明，中国现代文学馆的吴义勤，《小说评论》的主编李国平，《东吴学术》的主编林建法，评论家郜元宝、栾梅健、王鸿生、张晓琴、张定浩参会。

12月12日　《〈老生〉——长篇小说节选》刊于《光明日报》。

12月　接受《华西都市报》的访谈时，记者问"在写作上保持着这种旺盛的创作生命力，内在的动力源泉来自哪里？"贾平凹回答："作家，好比农民种一季庄稼，收一季庄稼，再种一季庄稼。虽然粮食已经够吃几年了，还得当种当收，这是工作嘛。"

---

[1] 张文诺、黄文英：《"贾平凹与中国当代文学"全国学术研讨会综述》，《小说评论》2015年第1期。

本年度获奖作品

散文《〈老生〉后记》获得第六届（2014）"在场主义"散文单篇奖。

长篇小说《老生》获得"腾讯商报华文好书"和"2014年度新浪中国好书榜年度十大好书"称号。

本年度重要研究论文

何英：《城市"边缘人"的精神困境与艰辛情路——评贾平凹的小说〈高兴〉》，《中华文化论坛》2014年第10期。

刘火：《〈带灯〉论——兼论贾平凹的乡村政治观》，《当代文坛》2014年第6期。

贾平凹：《让世界读懂当代中国》，《人民日报》2014年8月31日。

吴义勒：《平凹印象》，《扬子江评论》2014年第5期。

许子东：《寻根文学中的贾平凹和阿城》，《文艺争鸣》2014年第11期。

杨经建、伍丹：《存在的"虚无"之境与虚无的"存在"之义——王小波和贾平凹新论》，《扬州大学学报》2014年第6期。

张龙云、王毅：《略论当代长篇小说的现实书写》，《小说评论》2014年第6期。

二〇一五年 六十三岁

1月5日 散文《五十岁后才稍懂写长篇》刊于《齐鲁晚报》。

1月7日 由腾讯网与中国出版传媒商报联合主办的腾讯·商报"华文好书"活动在北京举办颁奖典礼。贾平凹的《老生》被评为"华文好书"。获奖理由是:"贾平凹一边回望中国百年历史,一边直面中国人生存的艰难历程,《老生》便是他近年如是思索的系列沉淀之作。他用解读《山海经》的方式解读历史,书中既对传统文化心存敬畏,也对人世饱含深情。"

贾平凹发表了获奖感言:"热爱写作,写作就要不厌烦,如同我们从不会厌烦吃饭。作家就是写作品,除此之外就是不务正业,在我还能写的时候,多写些,尽量让读者认可,这是我最大的愿望,以前我说过,鱼的坟墓在人的肚腹,我的毁誉在人间,这句话言犹在耳。"

1月9日 散文《学会拒绝》刊于《京九晚报》。

1月16日 散文《天才的文学不以题材决定作品的高低》刊于《贵州民族报》。

1月21日 由人民文学出版社、《当代》杂志举办的"当代·长篇小说年度论坛"在北京开幕,铁凝、冯骥才、王蒙等30多位作家获得"荣誉作家"称号。"《当代》长篇小说(2014)年度奖"5篇获奖作品分别是贾平凹的《老生》、徐则臣的《耶路撒冷》、杨绛的《洗澡之后》、阎真《活着之上》、严歌苓的《妈阁是座城》。得票最多的《老生》当选"年度最佳小说"。

散文《每个生命都有自己的光芒》刊于《咸阳日报》。

2月20日 散文《我的朋友》刊于《北京晚报》。

2月 李斌、程桂婷编著的《贾平凹创作问题批判》由湖南大学出版社出版。本书选编了批评家李建军、杨光祖、闵良臣、张宗刚、陈歆耕、唐小林等人关于贾平凹创作的评论文章，从不同角度指出了贾平凹创作存在的问题和局限。

3月6日 散文《每个生命都有自己的光芒》刊于《中老年时报》。

3月15日 "两会"期间，冯骥才参加文艺界小组讨论后接受记者采访时说，"作家应该真正地扎到生活里去"，"然后会有自然的积累，观察生活、认识生活，然后产生灵感"。他高度评价贾平凹这种"扎根生活"的做法："你比如贾平凹，两年基本找不到他，他下去在什么地方谁也不知道，两年回来，一本长篇拿出来了，就在大家热议的时候，找他就又找不着他了，我觉得这是一个作家最好的状态，作家就应该在生活里，作家不是人前的，是人后的。"①

3月19日 散文《每个生命都有自己的光芒》刊于《先驱报》。

3月22日 散文《他是夸父，倒在干渴的路上》刊于《天水日报》。

4月14日 散文《朋友》刊于《陇南日报》。

4月18日 散文《把草书当行书写》刊于《各界导报》。

4月24日 杨辉的《贾平凹：生命因文学而博大》一文刊于《光明日报》。

4月25日 "第十三届华语文学传媒大奖颁奖典礼"在广东顺德举行，贾平凹的新作《老生》获得本年度杰出作家大奖。徐则臣、沈苇、李洁非、毛尖、文珍分别摘得"年度小说家""年度诗人""年度文学批评家""年度散文家"和"年度最具潜力新人奖"。评委会给予贾平凹的授奖词是："贾平凹的写作厚重辽远，体量庞大，他苦心孤诣的乡土帝国，作为当代中国的现实回声，深具世界影响。他以一己之力，尽显乡土写作的超拔之志，既古朴，又现代。他出版于2014年度的《老生》，百年中国，以四个故事述之，让一个唱师穿行其中，几个时代的变迁，国族与个人的命运，在精细的白描中，令人伤怀、惊惧。回望历史，呈现的是现实的肉身从哪里走来，即便叙事上低语徘徊，也终究难掩贾平凹文观世宇的精神气概。"

著名作家阿来现场为贾平凹颁了奖。贾平凹十年前就曾以《秦腔》获得此项大奖，十年后再获殊荣。贾平凹在获奖感言中说感谢上苍让自

---

① 冯骥才：《作家不是人前的，是人后的》，中国新闻网，2015年3月12日。http://www.chinanews.com/shipin/2015-03-12/。

己从事了写作，因为"它适宜于我，给我一种生存方式，能随心所欲，异想而天开，简单又快乐"。

5月8日　散文《每个生命都有自己的光芒》刊于《九江日报》。

5月19日　散文《学会拒绝》刊于《生活晚报》。

5月24日　散文《为什么这是一个失忆的年代》刊于《新民晚报》。

5月25日　散文《纪念柳青》刊于《文艺报》。

5月28日　散文《每个生命都有自己的光芒》刊于《民族日报》。

5月29日　散文《每个生命都有自己的光芒》刊于《襄阳晚报》。

6月18日　散文《月迹》刊于《扬州时报》。

7月10日　散文《读王家民的画》刊于《华商报》。

7月11日　陕西省作协文学院主办的"陈毓小小说作品研讨会"在西安举行，蒋惠莉、贾平凹、杨晓敏、方英文、李国平、王维亚、邢小利、仵埂、冯希哲、段建军等文学评论家参加研讨会。贾平凹发言道："陈毓的小说有唯美的一面，但她不小资，她的小说题材宽泛，现代意识强烈，注重生命、人性的开掘，文学意向很硬，像刀在石头上咔嚓咔嚓地刻下去，尖锐而有力量，没有'欺世之作'的痕迹。另一点，她的小说构思特别巧，篇幅小，如何精炼，很考验作家。她的小说在写法上很独到，不仅语言，结构，开头，结尾，都要巧，巧而不露痕迹，这很难得。"他给陈毓的建议是："作为陕南人，受楚文化影响，开始唯美纤柔，但写到一定程度，就要警惕这些，不要太清澈，太优美，本性里就有，不要再去发展，太过精巧优柔会影响作品的境界，不能光吃精粉面，也要吃荞麦面，可以增加一些你可能看不上的东西，宁愿写得杂一点，丑一点，浑一点，泥沙俱下一点，这样可能会更有冲击力。也不要局限自己，给自己定框子，文章能写多长写多长，作品长成啥样子就是啥样子。写作没有定式，要像与不像，写作不要太老实，要似与不似。"①

7月24日　散文《延安街市记》刊于《新华日报》。

7月31日　散文《每个生命都有自己的光芒》刊于《古井报》。

8月5日　短篇小说《小楚》刊于《广州日报》

8月6日　散文《坚守中国文化立场　为时代为社会立言》刊于《华

---

① 杨晓敏：《陈毓小小说研讨会发言摘要》，http：//blog.sina.com.cn/s/blog‐678f83000102vnm9.html。

商报》。

8月27日 中央电视台CCTV-10科教频道《人物》栏目播出专题片《为时代而歌——贾平凹》。

8月29日 获"首届丝绸之路木垒菜籽沟乡村文学艺术奖"。贾平凹在发表获奖感言时说："我是有过各种各样的奖项，这一次却是如此的不同。乡村这两个字一下子让我有了角色感和位置感。""我就是乡村的一只鸡，吃主人的剩饭，吃撒落的谷粒，吃虫子和草叶，也吃石子和沙子，天明了就打鸣，有蛋了就下蛋。"该奖项在给贾平凹的授奖词中写道，"中国现代以来，乡土叙事构成了壮阔苍茫的文学高原，贾平凹以其执着的、不断演进的写作，建造了连绵险峻的山脉。多少年后，人们会在贾平凹的小说中回到已经失去的故乡，或者，人们将会发现，这个作家所铭记的一切，比任何史书都更真切地见证着经历现代性蜕变的古老文明，所以贾平凹是一个被选定的乡土书写者。"

8月 贾平凹作品版本收藏研究会在西安建筑科技大学贾平凹文学艺术馆成立。由贾平凹担任顾问，木南为名誉会长，赵坤为研究会会长。

9月15日 散文《有她的书读，这就够了》刊于《固原日报》。

9月24日 散文《月迹》刊于《广州日报》。

9月26日 散文《月迹》刊于《中国剪报》。

9月29日 散文《落叶》刊于《嘉定报》。

10月9日 散文《我们互为彼此的影子》刊于《广州日报》。

10月11日 散文《说美容》刊于《金陵晚报》。

10月23日 根据贾平凹同名小说改编的商洛花鼓戏《带灯》首次亮相西安，贾平凹在观众席中观看。《带灯》一剧由著名编剧、国家一级导演徐小强担任编剧和总导演，国家一级作曲、国家级"非遗"商洛花鼓的代表性传承人辛书善作曲，由商洛市剧团编排演出。剧中主要人物带灯由国家一级演员李君梅扮演。

11月10日 贾平凹在女儿婚礼上的致词：《给两个孩子的三句话》，刊于《今日女报》。

11月29日 "贾平凹研究中心揭牌仪式暨贾平凹与中国当代文学研讨会"在西北大学文学院举行。中国作协副主席李敬泽与西北大学校长郭立宏共同为"贾平凹研究中心"揭牌。贾平凹感谢西北大学为自己所付出的一切，他在发言中说："母校给了我知识，给了我文学创作的起根发苗，尤其当年写《废都》时，被批的我昏头黑脸，在西安城里沦落到无立足之地，西北大学给我提供了房子，让我在此疗伤，再次重新上路。"西北大学文学院院长段建军说："西北大学是贾平凹的母校，在这里成立贾平凹研究中心，有着特别的意义。贾平凹研究中心成立后，将以西北大学文学院为主体，汇聚整合陕西高校及科研院所的文学批评资源，集中精力对贾平凹的散文、小说、书法、绘画等多方面艺术成就进行全面研究，就贾平凹作品的人文精神和文化内涵、贾平凹与陕西文化、贾平凹与中国现当代文学、贾平凹与当代世界文学的关系等重要课题展开深入研究。"白烨、丁帆、陈彦、吴义勤、李国平等学者及西北大学文学院师生120余人参加了揭牌仪式。①

12月17日 散文《动物安详》刊于《蚌埠日报》。

2015年，贾平凹获"诺贝尔文学奖"提名。被诺奖提名的其余九个中国作家是：王安忆、北岛、张一一、方方、章诒和、阿来、苏童、阎连科、张悦然。

本年度获奖作品

  长篇小说《老生》获得"《当代》长篇小说年度奖"。

  长篇小说《老生》获得"第十三届华语文学传媒大奖·年度杰出作家大奖"。

  贾平凹获得"首届丝绸之路木垒菜籽沟乡村文学艺术奖"。

  长篇小说《老生》在"第六届中国图书势力榜"评选中获奖。

本年度重要研究论文

  段建军：《贾平凹与寻根文学》，《中国现代文学研究丛刊》2015年第12期。

  何言宏：《讲述中国的方法——贾平凹长篇小说〈老生〉读札》，《当代作家评论》2015年第1期。

  孙金燕：《贾平凹〈秦腔〉以来四部长篇小说的符号学解读》，《小说评论》2015年第6期。

---

① 《贾平凹研究中心在西大揭牌》，《西安晚报》2015年11月30日。

唐小林：《〈秦腔〉病象》，《中国现代文学研究丛刊》2015年第12期。

王亚丽：《"老西安"、"古典"传统与"招魂"写作——论贾平凹的西安城市书写》，《文学评论》2015年第1期。

王俊虎：《孙犁与贾平凹小说比较论》，《山东社会科学》2015年第9期。

夏豫宁：《论贾平凹〈老生〉中的死亡叙事》，《中国现代文学研究丛刊》2015年第12期。

谢有顺：《乡土的哀歌——关于〈老生〉及贾平凹的乡土文学精神》，《文学评论》2015年第1期。

杨辉：《"大文学史观"与贾平凹的评价问题》，《小说评论》2015年第6期。

李遇春：《贾平凹长篇小说文体美学的新探索——以〈老生〉为中心》，《文艺研究》2015年第6期。

参考文献

（按姓氏音序排列）

多维主编：《〈废都〉滋味》，河南人民出版社1993年版。

储子淮：《作家贾平凹》，陕西师范大学出版社2012年版。

丁帆：《中国新文学史》，高等教育出版社2013年版。

丹萌：《贾平凹透视》，百花文艺出版社2004年版。

费秉勋：《贾平凹论》，西北大学出版社1990年版。

郜元宝、张冉冉编：《贾平凹研究资料》，天津人民出版社2005年版。

黄平：《贾平凹小说论稿》，云南人民出版社2013年版。

惠西平主编：《突发的思想交锋博士　直谏陕西文坛及其他》，太白文艺出版社2001年版。

韩鲁华：《精神的映像：贾平凹文学创作论》，中国社会科学出版社2003年版。

贾平凹、韩鲁华：《穿过云层都是阳光：贾平凹文学对话录》，北京联合出版公司2016年版。

贾平凹、谢有顺：《贾平凹谢有顺对话录》，苏州大学出版社2003年版。

林建法、李桂玲主编：《说贾平凹》（上下），辽宁人民出版社2014年版。

李星、孙见喜：《贾平凹评传》，郑州大学出版社2005年版。

李斌、程桂婷编著：《贾平凹创作问题批判》，湖南大学出版社2015年版。

李继凯：《秦地小说与"三秦文化"》，商务印书馆2013年版。

鲁风：《废都后院：道不尽的贾平凹》，重庆出版社2006年版。

刘斌、王玲主编：《失足的贾平凹》，华夏出版社1994年版。

雷达、梁颖编选：《贾平凹研究资料》，山东文艺出版社2006年版。

孙见喜：《鬼才贾平凹》，北岳文艺出版社1994年版。

孙见喜：《中国文坛大地震——贾平凹畅销书创作出版纪实》，中国广播电视出版社2000年版。

孙见喜：《贾平凹前传》（1—3卷），花城出版社2001年版。

孙见喜：《贾平凹传》，陕西新华出版传媒集团、陕西人民出版社2017年版。

邰科祥：《贾平凹的心阈世界》，陕西旅游出版社2002年版。

王刚：《路途年谱》，北京时代华文书局2016年版。

王娜：《贾平凹的道路》，太白文艺出版社1998年版。

王辙：《一部奇书的命运——〈废都〉浮沉》，花山文艺出版社2011年版。

王新民：《贾平凹纪事》，山东人民出版社2015年版。

王仲生：《贾平凹的小说与东方文化》，陕西人民出版社1992年版。

王永生主编：《贾平凹文集》（1—14卷），陕西人民出版社1998年版。

辛敏：《贾平凹纪事》，陕西师范大学出版社总社有限公司2012年版。

许子东：《当代文学阅读笔记》，华东师范大学出版社1997年版。

许爱珠：《性灵与启蒙：贾平凹的平平凹凹》，团结出版社2007年版。

朱文鑫编著：《收藏贾平凹——贾平凹著作版本集录》，三秦出版社2002年版。

张英：《文学的力量：当代著名作家访谈录》，民族出版社2001年版。

致　　谢

　　1995年8月，高考结束，等待成绩的日子是那样压抑，百无聊赖中我跑到西安待了一段时间。大街上人来人往，我扛着重重的包裹穿行在陌生的人群中，汗如雨下。第一次出远门，来到大都市，一切都感到新奇，西安留给我的印象，除了棋盘式的马路，就是大街小巷报刊亭里大幅的贾平凹小说《白夜》的广告。白天里燥热异常，晚上，安慰我焦躁灵魂的就是贾平凹先生的长篇小说《白夜》。后来，读博的三年期间里，自己虽然做的是河南文学方面的研究，但心底里，总忘不掉1995年那个炎炎的夏日里贾平凹小说带给我的那份感动。现在看来，自己之所以选择文学研究之路，和当年困惑迷茫之际的那份阅读不无关系，正是那个夏日在阅读中的沉浸和感动，让我走出了迷茫，发现自我，坚定了自己的人生选择。

　　非常幸运的是，2014年博士毕业之际，受河南大学武新军教授之邀，我加入了他的研究团队。武老师作为"河南省哲学社会科学创新团队"的首席专家，正组织一项大的工程：编纂"中国当代重要作家年谱"。这是中国当代文学史料建设的一件大事，也是"当代作家经典化"的一次具体实践，接受任务之时，我荣幸之至，因为任务正是编纂"贾平凹年谱"。

　　由于贾平凹先生的巨大影响力，研究者甚众，这其中，有中国当代文学史上著名批评家的密切关注，也有如众多学子在扎实跟进，相关研究文献卷帙浩繁，内容繁杂。但是自己经过了两年多的认真阅读，搜集资料，也初步理出了一些脉络。虽说是"年谱"，但受各种条件所限，自己的主要精力其实还是放到了贾平凹先生作品的整理上，初步的想法是尽自己有限的能力给贾平凹作品的阅读者和研究者们一个较为清晰的线索。所以，本谱一方面细致地梳理了贾平凹先生的创作轨迹，另一方面尽量体现出贾平凹先生在某一个时段内的创作思想，尽可能地简要摘录作者的原文讲话。贾平凹早年的踪迹多从贾平凹的自述或自传（《我是农民》等）和孙见喜老师所做的系列传记中梳理出，后来则是重点整理各种报刊和期刊。幸运的是，一些"重大事件"如"《废都》事件""贾平凹打官司"等孙见喜、王新民、鲁风等人做了专著，贾平凹还有系列日记发表，这为本谱的写作提供了很大的帮助。此外，研究者们丰硕的成果，也为我提供了有效的线索，如王永生先生主编的《贾平凹文集》（1—14卷），郜元宝、雷达两位老师编辑的《贾平凹研究资料》，林建法、李桂玲老师编选的《说贾平凹》（上、下），《延河》杂志整理的《贾平凹获奖作品年表》等。所参考的文献和书籍大部分已在本书的"重要研究论著"部分已列出，但由于精力所限，难免有疏漏之处，还请作者们见谅。在此，向行文中引用著作的所有作者们表示最衷心的感谢：正是有了你们丰厚的研究积淀，在你们的"肩膀"上，我才有勇气在"贾平凹研究"这座令我仰止的高山上小心地攀爬。

很多时候，自己真的感觉如在一座云雾弥漫的高山上蜿蜒前行，几年来，但凡有时间，都在"山中"潜心前行。虽然竭尽全力，但仍觉得挂一漏万，留下了太多空白。书一摞摞买来，堆积起来，放满了书架，每晚在有关贾平凹先生的创作和著述的痕迹里前进，心灵不止一次受到震撼，一方面，自己无比敬佩贾平凹先生惊人的创造力，另一方面又感叹于他对自己的定位，那种谦逊的态度令人动容："在莽莽苍苍的崇山峻岭中，我仅仅是一块小小的石头；在白雪似的天鹅的王国里，我还是一只丑小鸭"，"成名不等于成功"……也正是这种谦逊和不满足，使贾平凹先生在创作上不断攀越新高峰，取得了非凡的成就。

感谢河南大学的武新军老师，正是在他的指导和督促下，我才完成了这部书稿。武老师扎实稳健的学风，开阔的视野，缜密的思路，给了我深刻的影响。感谢我的博士后合作导师，河南大学的张宝明老师和河南科技学院的周全星老师，此书稿是在我博士后流动站期间完成的，写作过程中得到了他们的大力支持，在此对张老师和周老师表示最诚挚的感谢。感谢此书的编辑王曦老师，一次次细心校对，一次次往复修改，她为本书的编辑付出了很多辛劳！感谢河南科技学院的高颜霞、沈恒娟、张敏、龚俊朋等老师，河南科技学院文法学院的研究生高飞、张俊芳、李媛、陈琳、逯遥等同学和中文141班的梁宇同学，他们在本书搜集资料、校对文稿的过程中，都给予过我很大的帮助。

最后，感谢我的妻子高颜霞女士，书稿最后的"冲刺"阶段，正是儿子清桐从出生到 8 个月最缠磨人的时期，女儿艺轩的功课也全靠她一手辅导，自己这几年任教课程多，行政事务也不少，妻子和母亲为了让我有时间完成书稿，包揽了全部家务，我除了吃饭时候逗逗孩子之外，其余时间几乎全在书桌前度过。妻子人很聪慧，文采亦斐然，书稿完成后，她还帮我校对全文。同时，弟弟妹妹也给了我强大的支持，温暖和睦的大家庭是我心灵最温暖的"栖息地"，也是我奋斗的动力源泉，感谢你们！

"中国当代重要作家年谱"是一个非常有价值的课题，自己做得还远远不够，很多资料还在不断地发掘中，希望专家们给予更多的批评意见，提供更多有价值的资料，希望不久的将来能将年谱修订完善。只要越来越多的研究者能够关注这项工作，中国当代文学的史料建设就一定能有效地推进，中国当代文学的研究也一定能不断地深化，取得更优秀的成果。

张东旭
2017 年 12 月 9 日

后　记

自 2014 年 6 月至今，书稿在一次次的自我怀疑和自我否定中终于完成了。由于本人所处地域和水平所限，虽然自己竭尽全力，但肯定有很多材料接触不到，后来得知复旦大学的郜元宝老师在做相关工作（已在《东吴学术》上发表过一部分年谱内容），曾有放弃的想法。在武新军老师的鼓励下，才坚持下来。读许子东老师的《郁达夫新论》，看到钱谷融先生为之写的序言中有"日光之下无新事"的话，想到名家自有名家的视野，自己也该有自己的思路，每个人看待事物的角度自有不同，在文学研究的园地，多一份"不同"又何妨？下面就本书的编纂思路作以简要的回顾，也权当是本人对当代重要作家年谱编纂方法的一个探索吧。再次对本书中引用的相关资料的作者和研究者们表示衷心的感谢。

程光炜教授提出"对据以重要地位的当代作家，有必要带着抢救历史资料的心情开展有步骤有系统的收集、整理和编纂。"[1] 在当代文学研究者的努力下，当代作家年谱的编纂工作已经卓有成效地展开：《东吴学术》陆续刊出了系列当代作家的年谱[2]，河南大学武新军教授带领课题组成员于 2011 年开始编纂的"当代重要作家年谱丛书"正陆续出版。但从目前来看，这项"工程"还处在探索阶段，现有的一批当代作家年谱中，有的年谱评论过多，"论文化"倾向比较明显，有的年谱对谱主内容考证的功夫还不够，有的还不够"宏博"等等。在年谱具体编纂的过程中，也有很多环节值得探讨，如对现有研究资料怎么取舍就是一个问题，梁启超有言："独立年谱是要将谱主的事迹摘要编年，使人一目了然。这种

---

[1] 程光炜：《文学年谱框架中的〈路遥创作年表〉》，《当代文坛》2012 年第 3 期。
[2] 中国社会科学出版社出版了《韩少功年谱》，复旦大学出版社出版了《莫言文学年谱》《铁凝文学年谱》《苏童文学年谱》《阿来文学年谱》《阎连科文学年谱》《范小青文学年谱》《余华文学年谱》。

全在去取得宜"①,但究竟如何才能"去取得宜"?通过编辑《贾平凹年谱》,编者提一点不成熟的看法和建议,不当之处,还请方家指正。

一 "自传""他传"等"同时代共生性资料"的整合运用

能列入当代"重要"作家年谱的出版序列,本身就意味着对这些作家们"地位"的肯定,他们在文学史上的意义也不言自明,会有大量的传记作品和研究资料。编纂者们可有效利用这些资料,以避免重复性的劳动。传记中作家们的详细生平经历、创作概况等,确凿的资料可以直接加注引入年谱。如有存疑的情况,重新考证,辨析后再入年谱。在本书的编纂过程中,本书就充分运用了贾平凹的"传记类"和"研究类"两类重要资料。"传记类"的资料大致有:贾平凹的自传《我是农民》(陕西旅游出版社2000年版)、《自传——在乡间的十九年》(《贾平凹文集》第12卷,陕西人民出版社1998年版),孙见喜的《鬼才贾平凹》(北岳文艺出版社1994年版)、《贾平凹传》(陕西新华出版传媒集团、陕西人民出版社2017年版)、《废都里的贾平凹》(陕西人民出版社2013年版),王新民的《贾平凹纪事》(山东人民出版社2015年版),鲁风的《废都后院:道不尽的贾平凹》(重庆出版社2006年版),李星、孙见喜的《贾平凹评传》(郑州大学出版社2004年版),贾平凹、走走的《贾平凹谈人生》(上海社会科学院出版社2004年版),王娜的《贾平凹的道路》(太白文艺出版社1998年版),许爱珠的《性灵与启蒙:贾平凹的平平凹凹》(团结出版社2007年版)等。

《我是农民》是贾平凹本人的自传,是贾平凹早期活动的重要参考。由于是本人的叙述,所叙述材料更加直观,很多彰显作者性情、影响本人心理的事件书中都有详细的描绘。贾平凹还有非常详细的《江浙日记》,将记事的时间精确到了"日",是难得的年谱资料。孙见喜长期"跟踪"研究贾平凹,对贾平凹生平、文学创作情况做了大量的跟踪调查,写出了一百多万字的《鬼才贾平凹》(《贾平凹前传》)和四十余万字的《贾平凹传》。孙见喜的传记对贾平凹的生长环境、家世渊源、性情喜好、交游踪迹做了极具有文学性的细节描绘,因此,这些资料作为《贾平凹年谱》"编年"的一个基本线索。鲁风的《废都后院:道不尽的

---

① 梁启超:《中国历史研究法》,河北教育出版社2000年版,第235页。

贾平凹》里面记载了作者和贾平凹交往的大量生活趣事，对这些事件，若和贾平凹的创作或者"文学史"相关，或者和贾本人的"性情"相关，选部分事件摘入。王娜的《贾平凹的道路》，许爱珠的《性灵与启蒙：贾平凹的平平凹凹》，李星、孙见喜的《贾平凹评传》、黄平的《贾平凹小说论稿》等著作重在通过贾平凹的创作经历、写作主题等来论述贾平凹作品的特点，从他们的论述以及反复引证的材料中，我们可看出哪些材料"重要"，哪些"典型"，从而知晓了材料取舍的"重点"。对于一些"大事"，如《废都》的出版，"贾平凹打官司"等持续时间长，社会影响大的事件，在《废都里的贾平凹》（孙见喜著）、《一部奇书的命运——〈废都〉浮沉》（王辙著）、《贾平凹纪事》（王新民著）等书中，都有详细的记载。对这些资料，考证确凿的话，"选精择萃"，加注引用。

研究类的资料有：郜元宝、张冉冉编的《贾平凹研究资料》（天津人民出版社2005年版），雷达主编、梁颖编选的《贾平凹研究资料》（山东文艺出版社2006年版），贾平凹、谢有顺的《贾平凹谢有顺对话录》（苏州大学出版社2003年版），林建法、李桂玲主编的《说贾平凹》（上、下）（辽宁人民出版社2014年版），朱文鑫编著的《收藏贾平凹·贾平凹著作版本集录》（三秦出版社2002年版）等。

1998年出版的14卷本《贾平凹文集》（2004年增加至18卷）800万字，是贾平凹作品之集大成，是规模最大的当代中年作家文集。文集编排非常严整，"按照体裁分类编年的体例，文集各卷，在分类的基础上，各篇文章的排列"，可贵的是文集"以作者在文尾所署时间或发表先后为序"①，这为年谱的编制提供了重要线索。郜元宝在《东吴学术》上发表的《贾平凹文学年谱》（上）（《东吴学术》2016年第3、4期）用大量当时的文学事件作为"谱主"的活动背景，在更宏阔文学视野下将贾平凹了"融入"了文学史，但是作为"独立的年谱"，所选材料应尽量和谱主密切相关，就文学史的"视野"而言，郜老师的确做到了"宏博"，但本年谱着力之处在于"问题"的深入和"现场"的还原，目的不同，资料搜集亦有差别。而且，郜老师的"文学年谱"对贾平凹所发表作品的整理偏重于期刊，对于贾平凹报纸上发表的作品较少，稍有遗憾（虽然贾

---

① 王永生编：《贾平凹文集第1卷·前言》，陕西人民出版社1998年版，第4页。

平凹作品在很多报纸上都是重复发表,但年谱也不能忽略这一"阵地")。张涛编的《贾平凹创作年表简编》(截至2011年)(《文艺争鸣》2012年第10期),《延河》杂志编了《贾平凹作品获奖年表》(截至2010年)(《延河》2011年第7期),这些资料简要整理了作者的创作过程。我们可以把"创作年表"视为《年谱》的第一步,或者说一部分。相比"年表",年谱"不但记载他的一生事迹,还要写出他的学问思想的历史"①,因为"单记事实而不能叙述思想的渊源沿革,就没有什么大的价值了。"②对于谱主的"思想渊源""学问历史"的丰富考查,这也正是年谱比年表更应该着力的地方。

总之,从现有的传记资料中我们可梳理出作品发表的情况,作家成长的过程,然后充分利用现有的研究资料,考察出年谱资料的"着力点",做一个初步的线索,在此基础上再查漏补缺,力求丰富完备。如有存疑处,进一步考证、辨析后再入年谱。

二 对谱主的"精到之言"简要"摘录"

做年谱时,大多数编者会用间接描述的叙事方法。但是,本人认为"摘录"谱主的原话,让谱主"直接发声"更有"对话"的现场感。胡适在为章实斋做年谱时候,提出要"把章实斋的著作,凡可以表示他的思想主张的变迁沿革的,都择要摘录,分年编入。"③并且说到"摘录的工夫,很不容易。有些于长篇之中,仅取一两段,有时一段之中仅取重要的或精彩的几句,凡删节之处,皆用'……'标出,删存的句子,又须上下贯串,自成片段。"④把谱主发表作品的感受和想法直接呈现,至于谱主本人言论到底是"言有所衷",还是"口是心非",是非曲直,自有批评家去辨析、判断,年谱的任务就在于"客观"呈现。这个方法在《韩少功年谱》(武新军、王松锋著,中国社会科学出版社2017年版)《范小青文学年谱》(何平著,《东吴学术》2012年第3期)的编纂中,已经充分运用。

本人认为可对下面两类资料情况"摘录"。

---

① 胡适:《章实斋先生年谱》序,《章实斋先生年谱》,商务印书馆1933年版。
② 同上书。
③ 同上书。
④ 同上书。

第一类，彰显谱主个体性情、创作心理的话语。

在创作之外，贾平凹发表了大量的创作谈，出版著作的前言、后记、访谈，包括日记等资料，从这些话中，编者能充分体察到作家的创作心理与创作个性。某些散文作品中，也有作者的"心迹"，亦可摘录。如贾平凹发表《满月儿》之后，在别人的赞颂声中，他却一味"检讨"，说自己"生活底子薄、思想水平低、文学修养差"（《爱和情——〈满月儿〉创作之外》）。在第一本散文集《月迹》的序言中，也说："可惜我的阅世太浅了，知识太狭窄了。""这便是我的散文吗？我感到了羞怯和不安"等等，文字中流露出一种"羞怯"和初入文坛的紧张。在小说集《贾平凹小说新作集》的序言《溪流》一文中，贾平凹一边抒发对商州山山水水的热爱："我愈来愈爱生我养我的山地了"，一边书写自己的"谦卑"心理："我甚至觉得，我的生命，我的笔命，就是那山溪哩。虽然在莽莽苍苍的山的世界里，它只是那么柔得可怜、细得伤感的一股儿水流。""柔得可怜，细得伤感"，道尽了贾平凹初出文坛的那份"小心"。时隔多年，他仍在《贾平凹小说精选》序言中说："出门在外，人唤我'著名作家'，听之觉得心酸，常常坠在无名状的惆怅里，生不尽的孤寂，我到底写了些什么呢，值得让人知道我？即使小小名气，成名岂是成功？作家充其量是个手艺人，我的'活儿'做得并不好。"在《一点想法——〈远山野情〉外语》中，作者自我突破的焦灼心理非常明显："我之所以要叫这些中篇是又一次'扑腾'，是我在写作中深深感到我的认识生活和艺术功力太差了。我渴望寻到我自己，我只有这么'扑腾'才有出路。"通过摘录不同时段作者的言论，我们可以在一个较长时段对作者进行有距离的观照，读者们也可以从中看到创作主体心态微妙的变化和一些不变的"情结"，这些都有助于人们对贾平凹作品内涵的深入理解。

第二类，表现谱主文学观念、社会意识的"精到之言"。

河南大学武新军教授认为年谱"应该通过对史料的精心编排，较为完整地复原作家的生平、创作经历，清晰地呈现出作家的思想观念和文学观念的变化"。[①] 对于作家而言，支撑他们进行文学创作的，可能是一种"观念"，这其中包含着对社会形势的判断、历史发展的忧思、对人性

[①] 张涛：《年谱编撰、史料拓展与新文学研究的新视野——"年谱与新文学经典化"研讨会综述》，《文艺争鸣》2016年第9期。

的深刻洞察等，在文学创作中，作家往往会将这种"观念"通过文学形象曲折地表达出，但在一些谈论中，作家往往直言不讳"和盘托出"，这些言论，可择要摘出。如贾平凹1984年在《变革声浪中的思索——〈腊月·正月〉后记》中，直白地说出这是他的一种"实验"：想"以商州作为一个点，详细地考察它，研究它"，以此为"案例"探讨"中国农村的历史演进和社会变迁以及这个大千世界里的人的生活、情绪、心理结构变化的轨迹"，借此思考如下社会问题："历史的进步是否会带来人们道德水准的下降，和浮虚之风的繁衍呢？诚挚的人情是否只适应于闭塞的自然经济环境呢？社会朝现代的推移是否会导致古老而美好的伦理观念的解体，或趋尚实利世风的萌发呢？"这些创作中，融入了贾平凹对社会现实的思考，亦可以作为社会学分析的一个文本，"商州系列"的《小月前本》《鸡窝洼人家》《腊月·正月》中都有此类的"社会问题"。对一些重大问题，如什么是"中国民族文学"、"中国文化独有的特点"等问题，贾平凹也有直接的陈述，如1983年10月28日与友人通信中，贾平凹提出要用"比较法"来得出"中国民族文学的特点"："比如诗词、小说、散文、书法、绘画、音乐、戏曲，乃至医学、建筑、园林、武术等等。如果细细地逐一加以中外比较，中国民族的美的传统的表现方法就显而易见了。"1985年4月27日，贾平凹为《上海文学》理论版"青年作家与文化"专栏做《四月二十七日寄蔡翔书》，提出"中国文化到底是些什么？又是如何形成的"这一重大命题。在年谱中，作家"现身说法"，"问题意识"才能凸显。重点摘录对上述此类问题的思考及其结论，我们才能理解贾平凹的文学观。这些零散的言论，只有连贯起来看，才能更清楚地了解作者的文学追求；只有系统地加以考察，才能得出文学史上可靠的结论。

三　与之相关的重要作家、重要评论家的代表性观点，适当引用

作家们走上创作之路伊始，往往会有一些老作家、评论家对他们产生过比较大的影响，通过对他们之间往来信息的展现，我们可以了解谱主创作思想的来源。如老作家孙犁和诗人邹荻帆在贾平凹创作初期对他的激励和建议，在《好了歌》发表后被批判时，老作家若冰对贾平凹的鼓励之语，均可做重点考证。贾平凹在自传中记录老作家孙犁给他的影响："我的日记并不是每日记那些流水账，而是模仿了《白洋淀纪事》的

写法，写我身边的人和事。我竟然为我的记述才能感动了。写完一段就得意忘形，念给身边人听……我写作的热情全是被这些煽动起来的。"①在贾平凹出版第一部散文集《月迹》时，孙犁为他作序，认为贾平凹的作品"有根据地"，"有生活基础"，还夸赞他"像是在一块不大的园地里，在炎炎烈日之下，或细雨之中，头戴斗笠，只身一人，弯腰操作，耕耘不已的农民。"② 这些激励之语肯定对初入文坛的贾平凹有较大影响。《美文》在杂志创办时，孙犁专门又致信贾平凹，给了很多建议。贾平凹发表《孙犁论》，赞孙犁"虽然未大红大紫过，作品却始终被人学习，且活到老，写到老，笔力未曾丝毫减弱……"③ 这些内容，都值得体现在年谱中。只有这样，读者才能"通过一个人看到一个时代"，"通过一个作家的生活经历、教育与阅读情况、重要社会活动和文学活动、个人交友等"，感受到"提供丰富的文学史发展演变的信息"。④

一般来说，一个成熟的作家身边会有一批"伴随"他们成长的评论家。对这些评论家们资料的挖掘也非常重要，梁启超甚至主张"和谱主有关系最密切的，可以替他做一篇小传"⑤。贾平凹自创作以来，除了陕西本土评论家费秉勋、李星等人的关注之外，其他如南京大学的丁帆、北京大学的陈晓明，复旦大学的陈思和、郜元宝，苏州大学的王尧，中山大学的谢有顺等人也对贾平凹的创作有精彩的评价。对这些评论家们的重要评论的摘录，可"在作家创作的周围，建立起历史的视野、根据、关联和背景。"⑥

评论家们与作家的互动往往有三种形式，一是发表专业的评论文章，二是通信，三是召开学术会议。一般来讲，作家们在创作起步、"转型"、"终结"类的作品容易引起关注，其公认的"好"作品、引起争议的作品更有轰动效应。对这些重要作品的评价，年谱应"摘其精要"而录入。在贾平凹刚发表作品时候，老诗人邹荻帆在《文艺报》上发表《生活之路：读贾平凹的短篇小说》对其鼓励。在贾平凹《商州初录》发表后，

---

① 贾平凹：《我是农民》，中国社会出版社2006年版，第142页。
② 孙犁：《〈月迹〉序》，《月迹》，百花文艺出版社1982年版。
③ 贾平凹：《孙犁论》，《当代作家评论》1993年第3期。
④ 武新军：《关于中国当代重要作家年谱编撰的几点想法——以《韩少功研究资料》为例》，《文艺争鸣》2013年第10期。
⑤ 梁启超：《中国历史研究法》，河北教育出版社2000年版，第244页。
⑥ 程光炜：《文学年谱框架中的〈路遥创作年表〉》，《当代文坛》2012年第3期。

许子东有《寻根文学中的贾平凹和阿城》一文，非常明确地指出了寻根文学中贾平凹的文学意义："其一，是让文学回到了'民间'和'传统'；其二，让作家们（尤其是'先锋派'作家）在语言和文体上要注意《世说新语》以来的汉传统的魅力；其三，贾平凹寻根的特点在于在民间感受乡情和儒风。"① 年谱中，这些评论语言的引入，可深化读者对作品的认识。《秦腔》发表并获得"茅盾文学奖"后，评论文章更多。一些与谱主关系比较近的人的论著，可在年谱中列出具体章节或者内容提示（如何韩鲁华的《精神的映象——贾平凹文学创作论》等）以供读者和研究者根据需要检索。

在当代文坛中，由政府部门、学界、协会等组织的文学作品研讨会、颁奖活动很多，尤其是对贾平凹这种"久负盛名"的老作家，有时候一部作品发表，会有几场研讨会在不同地点召开，如2005年《秦腔》发表后，一年内，分别由复旦大学、中国作协、《当代作家评论》、苏州大学、上海久久读书人文化实业公司等单位先后主办了三次研讨会，人数多，规格高，影响大。2011年《古炉》发表后，在北京、西安、常熟也先后召开了三次大型的学术研讨会。在这些会议中，贾平凹都有现场发言，谈自己的初衷和体会，谈自己的困惑和不足，评论家们也会从不同的角度对作品进行评论。经过作家与评论家的互动，评论家们之间的碰撞，会议"立体"呈现了作品的多层次内涵与作家的思想风貌，深化了人们对作家作品的认识。做年谱时，可将作家和评论家们的发言摘要记录，以备研究者从更宽阔的历史视野中更加细致地审视。

此外，还有评论家们对作品的争议问题，最好能简要陈列双方观点。引发评论家们争议的作品，是洞察当时社会的文化面貌和人们的思想状态的好材料，对这些材料，编者尤其需要重视，可以用最简练的语言将争议双方的观点说出，不加"按语"地"客观"陈列。"我们史家不必问他的功罪，只须把他活动的经历，设施的实况，很详细而具体地记载下来，便已是尽了我们的责任。"② 如1983年，贾平凹在杂志《江城》上发表小说《朝拜》后，引起了争论。《江城》上连续发表了8篇相关论

---

① 许子东：《当代小说阅读笔记》，华东师范大学出版社1997年版，第96—97页，引文系著者转述。

② 梁启超：《中国历史研究法》，河北教育出版社2000年版，第240页。

文。赞成者认为《朝拜》是"贾平凹探求社会与人生的道路上一个新的转机",反对者中有人认为"作者无视社会生活的历史性、具体性及生活本身的发展变化,用虚构的彩笔,捏造人物形象,从而扭曲了生活,减弱了小说应有的真实性的程度,妨碍了思想的表达"。对于《二月杏》《废都》等作品的争论也是如此,编者应尽可能地将争论双方的主要观点简要陈列,最大限度地"还原"争议的过程。

以上是对当代作家年谱编纂中如何筛选资料这个小问题的思考,也很不成熟,仅仅是本人在编撰过程中的一点摸索性的做法,肯定有太多不足甚至谬误,编撰当代作家年谱是个"系统工程",面临的难题还有很多,真诚希望大家批评指正,共同探索。陈思和先生认为:"年谱编撰是最花时间最吃功夫,同时也是最具有学术价值的一种治学方法。"① 程光炜先生提出"整理者应该有意识地对自己开展一点年谱整理的训练","邀请一些古代文学、社会学研究者做一点对话,以此弥补我们知识和经验的不足,同时可以借此了解到我们可以做什么,不可以做什么,也能够避免古代文学研究中的一些积习,使这项工作更具当代的鲜活性和历史性"。② 这的确是很好的建议。编制年谱需要很好的旧学功底,这对当代文学研究者的确是个考验。当代作家年谱的编纂者需要进行"史学"方面的训练,也需要在实践中摸索,久而久之,才能有所创新,找到属于当代文学学科独有的年谱编纂方法。

张东旭
2018 年 11 月 9 日

---

① 陈思和:《学术年谱总序》,《东吴学术》2014 年第 5 期。
② 程光炜:《文学年谱框架中的〈路遥创作年表〉》,《文艺争鸣》2012 年第 3 期。